ACCESO GRATIS *a la Lectura en la Nube*

Para visualizar el libro electrónico en la nube de lectura envíe junto a su nombre y apellidos una fotografía del código de barras situado en la contraportada del libro y otra del ticket de compra a la dirección:

ebooktirant@tirant.com

En un máximo de 72 horas laborales le enviaremos el código de acceso con sus instrucciones.

PARLAMENTOS Y PROTECCIÓN DE DATOS ANTE LA INTELIGENCIA ARTIFICIAL: ADAPTACIÓN Y RETOS

PARLAMENTOS Y PROTECCIÓN DE DATOS ANTE LA INTELIGENCIA ARTIFICIAL: ADAPTACIÓN Y RETOS

Coordinadora de la obra:

MONTSERRAT AUZMENDI DEL SOLAR

Letrada y Delegada de Protección de Datos del Parlamento Vasco. Presidenta de la ADPDP

tirant lo blanch

Valencia, 2025

En caso de erratas y actualizaciones, la Editorial Tirant lo Blanch publicará la pertinente corrección en la página web www.tirant.com.

© TIRANT LO BLANCH
EDITA: TIRANT LO BLANCH
C/ Artes Gráficas, 14 - 46010 - Valencia
TELFS.: 96/361 00 48 - 50
FAX: 96/369 41 51
Email: tlb@tirant.com
www.tirant.com
Librería virtual: www.tirant.es
DEPÓSITO LEGAL: V-3769-2025
ISBN: 979-13-7021-038-0

Si tiene alguna queja o sugerencia, envíenos un mail a: *atencioncliente@tirant.com*. En caso de no ser atendida su sugerencia, por favor, lea en *www.tirant.net/index.php/empresa/politicas-de-empresa* nuestro procedimiento de quejas.

Responsabilidad Social Corporativa: http://www.tirant.net/Docs/RSCTirant.pdf

Listado de autores por orden alfabético

Esther de Alba Bastarrechea
Miguel Ángel Andúgar Moreno
Mercè Arderiu i Usart
Montserrat Auzmendi del Solar
Isabel Cañas Palacios
Iñaki González González
Francisco Javier López Hernández
Roberto Mayor Gómez
Nicolás Pulido Azpíroz
Ángel L. Sanz Pérez

Índice

Prólogo
Algoritmos en el corazón de la democracia. Inteligencia artificial para transformar y fortalecer el parlamento 11
LORENZO COTINO HUESO

Inteligencia Artificial y protección de datos: cumplimiento del RGPD y del Reglamento de Inteligencia Artificial 21
ESTHER DE ALBA BASTARRECHEA

Implantación y uso de la Inteligencia Artificial. Medidas técnicas de seguridad 53
MIGUEL ÁNGEL ANDÚGAR MORENO

Aspectos psicológicos, sociológicos y políticos de la Inteligencia Artificial 79
IÑAKI GONZÁLEZ GONZÁLEZ

Inteligencia Artificial en los parlamentos: directrices generales 111
MONTSERRAT AUZMENDI DEL SOLAR
ESTHER DE ALBA BASTARRECHEA

Inteligencia Artificial y procedimiento legislativo 145
MONTSERRAT AUZMENDI DEL SOLAR

Inteligencia Artificial en la función de control parlamentario 179
NICOLÁS PULIDO AZPÍROZ
ÁNGEL L. SANZ PÉREZ

Inteligencia Artificial en la función presupuestaria 205
ISABEL CAÑAS PALACIOS
FRANCISCO JAVIER LÓPEZ HERNÁNDEZ

La Inteligencia Artificial en la función de impulso parlamentario 261
MERCÈ ARDERIU I USART

Inteligencia Artificial en la labor de los servicios jurídicos y en los servicios de documentación y estudio.. 289
Roberto Mayor Gómez
Esther de Alba Bastarrechea

Proceso de implantación de sistemas de Inteligencia Artificial en los parlamentos. Papel de los delegados y delegadas de protección de datos..... 321
Roberto Mayor Gómez

Prólogo
Algoritmos en el corazón de la democracia. Inteligencia artificial para transformar y fortalecer el parlamento

LORENZO COTINO HUESO
Presidente de la Agencia Española de Protección de Datos, Catedrático de Derecho Constitucional de la Universidad de Valencia

Es un honor aceptar la invitación de la muy activa Asociación de Delegados y Delegadas de Protección de Datos de Parlamentos, con el motor de Montserrat Auzmendi, para presentar esta obra colectiva. De un lado, porque me ha obligado a sumergirme en una lectura que me ha resultado muy estimulante, pese a la escasez de tiempo disponible. Del otro lado, porque además me ha impuesto abordar un tema que, aunque tiene claras relaciones temáticas y los autores son especialistas, trasciende con creces a la protección de datos. Los estudios de este libro ofrecen una visión amplia, transversal y rigurosa del impacto de la inteligencia artificial (IA) en los parlamentos de nuestro tiempo. Afortunadamente había hecho ya algunas lecturas de colegas como Tudela o Roca, así como conocía algún documento básico como los de la Unión Interparlamentaria[1], pero no había tenido ocasión de hacer una inmersión en el tema y una reflexión sobre el mismo. En esta presentación, sin duda, voy a ser mucho más superficial que los autores de este libro, pero dada la invitación a prologarla, aprovecho y me permito expresar algunas reflexiones sobre el tema.

Cuando comencé a trabajar el ámbito del Derecho digital hace más de veinticinco años, resultaba difícil imaginar el escenario en el que hoy nos encontramos. La irrupción de la IA, en especial la generativa, no es una simple evolución tecnológica. Es un punto de

1 www.ipu.org/ai-guidelines

inflexión histórico. La IA marca un antes y un después en la historia de la humanidad. Así de claro, posiblemente con más impacto estructural que la llegada de internet, posiblemente incluso mayor que revoluciones históricas como la imprenta o la electrificación. No se trata de retórica: hablamos de una transformación estructural que redefine el conocimiento, el trabajo y las formas de decisión. Y también, inevitablemente, va a impactar en la democracia, en las cámaras representativas y en el mismo constitucionalismo parlamentario. Riesgos los hay, y muchos. No obstante, aventurándome a mirar a un futuro a 5 o 10 años —una eternidad hoy día—, me atrevería a decir que parecerán obsoletos y arcaicos algunos debates sobre si usar o no usar la IA en muchos contextos. El uso de la IA en cámaras representativas será tan natural e inevitable como hoy lo es enviar un correo, firmar electrónicamente, consultar Google o trabajar con un procesador de textos. La pregunta no será si se usa, sino cómo se garantiza que su uso sea compatible con los principios de un Estado constitucional democrático y hacia dónde va el parlamento en un mundo con IA.

Para que se vea con normalidad el uso de IA dentro de unos años, es hoy cuando debemos *hacer los deberes* y definir las condiciones jurídicas, tecnológicas políticas y organizativas para garantizar que este cambio refuerce —y no debilite— tanto los órganos parlamentarios como nuestros valores constitucionales democráticos. Precisamente en estos tiempos convulsos en los que las democracias parlamentarias parecen estar amenazadas, la IA no ha de ser un *palo en las ruedas*, sino precisamente un instrumento de refuerzo de la democracia y las cámaras. Este libro permite ver que la IA puede y debe ser una palanca y multiplicador de las funciones parlamentarias, con sus riesgos. Por eso, hay que liderar y apostar no sólo por la IA, sino porque los principios jurídicos que ya se van consolidando en este ámbito, algunos a partir de los principios básicos de la ética de la IA, se proyecten y modulen al ámbito parlamentario. Es esto precisamente lo que se reivindica y desarrolla desde la Unión Interparlamentaria en sus criterios de 2024, al igual que la práctica totalidad de los estudios del libro: principios como la rendición de cuentas, el respeto a la dignidad humana y la privacidad, la justicia, la igualdad y la no discriminación, la transparencia y explicabilidad algorítmica, la participación pública, el cumplimiento legal y el respeto al Estado de Derecho y a los valores democráticos. Todo ello ha de definirse en exigencias concretas y operativas como un control y supervisión humanas reales y efectivos, la trazabilidad, una adecuada gobernanza y garantías de los derechos fundamentales tanto de los individuos como en una visión colectiva de los mismos, con especial atención —como es lógico en el enfoque de esta obra— a la protección de datos personales.

Como en muchos de los estudios del libro se reflexiona y detalla, *la IA tiene un potencial transformador que afecta a todas las funciones clásicas del poder legislativo*: la producción normativa, la fiscalización del poder ejecutivo, la función presupuestaria, la promoción de la participación democrática, así como la gestión interna y la transparencia institucional.

En su función legislativa, la IA ya permite colaborar en la generación preliminar de borradores normativos, comparar legislaciones, hacer una evaluación previa de impacto normativo, puede mejorar la calidad y técnica de los textos mediante el análisis de su claridad, coherencia y viabilidad normativa. Se abren así posibilidades reales de subsanar déficits históricos en técnica legislativa en los que entre otros la Unión Europea viene apostando hace años. Algunos países como Emiratos Árabes Unidos ya exploran con su *Regulatory Intelligence Office* modelos avanzados de inteligencia legislativa automatizada que integran en tiempo real leyes, jurisprudencia, datos administrativos y de impacto social. Anuncian propuestas normativas, detección de redundancias e incoherencias y aceleración normativa de un 70%. La emergencia de estas iniciativas también acelera las cuestiones que debemos plantearnos ya.

La IA también tiene enorme potencial en la función de control parlamentario, según se detalla en varios capítulos. Así, puede ser especialmente útil para un uso masivo de datos públicos y para hacer minería de información y lograr la detección automática de desviaciones e ineficiencias en la acción y políticas del ejecutivo al que se controla. Las cámaras representativas pueden reducir su tradicional asimetría informativa y situación de debilidad respecto al Ejecutivo y fortalecer su efectiva capacidad de control. La tecnología no debe sustituir al juicio político, pero sí que puede darle mayor precisión, anticipación y profundidad. La tecnología no sustituye pero puede potenciar y complementar la deliberación e interactuación política.

En el plano presupuestario, muy bien atendido en varios de los estudios, en el que el predominio gubernativo es natural y clásico, la IA puede revitalizar al parlamento. La IA permite simular escenarios de gasto, realizar análisis coste-beneficio, detectar ineficiencias estructurales en la legislación y políticas públicas. También en las funciones de impulso político y representación, así como de gobierno abierto, transparencia y participación, las cámaras pueden beneficiarse de sistemas de IA para analizar grandes volúmenes de demandas ciudadanas, identificar problemáticas y mejorar los mecanismos de escucha. Los asistentes virtuales, las plataformas deliberativas moderadas automáticamente pueden ser muy útiles. Obviamente, en un mundo de datos, hay que tener cautelas para no marginar a personas y colectivos que no están representadas por los datos. Tampoco hay que anular la interacción social por procedimientos algorítmicos despersonalizados, o de interpretar la representación política como mera agregación estadística. Como ocurre con el amor, la participación democrática, también en el parlamento, no puede reducirse a datos: sigue requiriendo cercanía, escucha y alma.

En cuanto a la gestión interna, la IA facilita y mejora la planificación, optimización de recursos humanos y materiales, automatización de procesos administrativos, mejora de la organización documental. En los servicios jurídicos y de documentación parlamentaria, la IA puede facilitar la revisión técnica de normas, el apoyo a la elaboración de dictámenes, la organización semántica de archivos legislativos o la consulta multilingüe de bases jurídicas. También, son claras las funcionalidades para la comunicación de las instituciones, como las cámaras, con *chatbots*, generación automatizada de contenidos en medios y redes sociales.

Sin duda que la proyección de la IA en todas estas funciones parlamentarias conllevará una transformación de la misma institución, con efectos colaterales difíciles de predecir. La clave estará en que la IA refuerce la naturaleza constitucional de los parlamentos, sin erosionarlos, sin una delegación al algoritmo y lo haga cumpliendo con todas las garantías constitucionales, políticas y jurídicas exigibles.

Pero cabe ir más allá en la reflexión. *Los parlamentos, que funcionan razonablemente bien en nuestros sistemas democráticos, no sólo pueden funcionar mejor, sino que pueden redefinir sus propias funciones constitucionales.* No solo se trata de eficiencia, automatizar tareas o acelerar procesos, sino que la IA puede impactar en las cámaras, llevando a repensar incluso qué papel debe seguir desempeñando el parlamento como órgano democrático en un mundo de decisiones automatizadas y normas inscritas en modelos algorítmicos.

Como en otros lugares he insistido, la IA tiene un claro impacto colectivo por encima de los derechos e intereses individuales. Y ello puede tener interés en instituciones como el parlamento. Los algoritmos no afectan solo a personas concretas, sino que operan clasificando poblaciones, segmentando colectivos, condicionando dinámicas institucionales e incluso el modo en que se entienden los procedimientos deliberativos. Esto exige un nuevo enfoque jurídico-constitucional que ponga en el centro la transparencia estructural, la rendición de cuentas colectiva, el derecho a la participación en el diseño y uso de estos sistemas, y la vigilancia del impacto social acumulado. Las cámaras pueden pasar a ocupar un lugar importante para velar por el impacto colectivo que tiene el uso de IA para las decisiones políticas.

En razón de la IA, muy posiblemente habrá que replantearse lo que es la acción normativa, la ley y, con ella, su actor fundamental y legítimo que es el parlamento. Desde que trabajé el libro de Ben-Sharar y Porat sobre la *ley personalizada* hace años, no dejo de darle vueltas a un futuro no tan cercano[2]. La IA permite ya formular normas u obligaciones a partir de datos históricos, modelos matemáticos y decisiones automatizadas; sistemas algorítmicos de influyen directamente en las decisiones colectivas y que permiten formular y aplicar normas y obligaciones con personalización masiva. Las normas algorítmicas no se redactan ni se votan en los parlamentos. Sin embargo, pueden desplegar efectos normativos de gran alcance, a menudo sin visibilidad ni deliberación pública. De ahí que el uso de IA en los órganos representativos, en un medio plazo y más allá de los cambios más inmediatos, no se quedarán en la superficie de ser una herramienta de apoyo y potenciación.

Habrá que plantearse el papel del parlamento cuando la normatividad ya no se genera solo a través de textos, sino también de estos

---

[2] BEN-SHAHAR, O. y PORAT, A. 2021: *Personalized law: different rules for different people*, Oxford University Press

modelos. Si ello se produjera, las cámaras no deben resignarse de ningún modo a quedarse como mera figura decorativa, ajena al verdadero centro del poder regulador contemporáneo, sino que debe reivindicar su centralidad y papel político, deliberativo, representativo y legitimador entre plataformas, sistemas automatizados y modelos predictivos que producen efectos reguladores. El parlamento habría de vigilar, evaluar y en su caso, corregir los sistemas de IA que implican nuevas fórmulas regulatorias que no gozan ni de transparencia ni de legitimidad democrática. Pero al mismo tiempo los legisladores habrán de centrarse en establecer los objetivos de las normas y los medios para alcanzarlos para trasladarlos a estas nuevas fórmulas normativas. En la línea de este autor, las máquinas habrán de impulsar la discrecionalidad política a ser más precisa, a tener presente los objetivos de las normas y, por ello, los órganos representativos quizá habrán de redefinirse y especializarse hacia la definición y logro de objetivos y en su caso a la corrección de estos sistemas y modelos normativos.

En cierta manera podría decirse que ello obligará a dar un salto del siglo XIX, en el que de algún modo están anclados los parlamentos, hacia el siglo XXI. Si las cámaras representativas no ocupan un papel —con cierta creatividad— en el nuevo ecosistema político, este espacio lo ocuparán directamente las grandes plataformas, algoritmos sin rostro ni responsabilidad o quizá, otros poderes constitucionales. No me atrevo siquiera a anticipar el lugar que podrán ocupar los parlamentos cuando también gobiernos y partidos políticos profundicen en el uso intensivo de la inteligencia artificial, lo que a buen seguro van a hacer. Los cambios —e incluso mutaciones— institucionales y constitucionales que pueden derivarse de este *baile algorítmico* entre parlamentos, partidos y gobiernos que usan IA son difíciles de prever, pero es evidente que alterarán el equilibrio del sistema político y la posición misma de las cámaras.

La presidencia de la cámara sin duda puede impulsar y dar dirección política y simbólica al proceso con una agenda de transformación digital con garantías. Su papel además puede servir para legitimar públicamente la necesidad de adoptar IA sin renunciar a los principios del parlamento. Los letrados parlamentarios son garantes de la legalidad y del procedimiento parlamentario y figuras idóneas para evaluar la compatibilidad del uso de la IA con los constitucionales. Y los delegados de protección de datos, en muchas ocasiones también letrados parlamentarios, además del conocimiento tienen la sensibilidad tecnológica, con experiencia en instrumentos clave como son las evaluaciones de impacto de los tratamientos de datos y en su caso de los sistemas de IA. Los DPD conocen bien el ciclo de vida del dato, así como la vigilancia y trazabilidad de los datos personales y ahora también en el ciclo de vida de la IA, los muy variables modelos de su cadena de valor y modelo de implantación de IA que se siga. Es por ello que los DPD pueden ser, si se le dota de medios y reconocimiento, esenciales para el impulso de la IA de modo responsable en sede parlamentaria.

Como he señalado al inicio, este libro colectivo muestra con claridad que el despliegue de la inteligencia artificial en las cámaras no puede reducirse a una cuestión de eficiencia tecnológica ni a una simple adaptación normativa. Los autores han repartido bien los enfoques para lograr una obra exhaustiva y plural desde el Derecho, la técnica, así como otras perspectivas de interés como la política y social.

Quienes escriben estos capítulos no son académicos —aunque más de uno bien podría serlo—, y es por ello que hay que reconocer el sobreesfuerzo que implica intercalar en su intensa vida profesional el trabajo realizado. De hecho, aporta especialmente el que se trata por lo general reconocidos juristas y profesionales públicos con especialización tecnológica y en particular en protección de datos. De hecho, los trabajos transpiran esta condición y es muestra de cómo el modelo regulatorio preventivo y en el diseño con evaluación de riesgos de la protección de datos es exportable a muchos ámbitos, aunque no impliquen tratamiento de datos personales. Pero los autores van más allá de estas perspectivas y, además de profundidad ven de cerca, en primera persona, el parlamento y tienen muy claras las potencialidades —y peligros— de la IA en estos contextos.

Diversos capítulos son aportaciones de nivel técnico jurídico de gran labor centradas en la articulación entre el RGPD y el Reglamento de Inteligencia Artificial (RIA). Como aborda de Alba al inicio, en el ámbito parlamentario pueden concurrir sistemas de alto riesgo de IA según el RIA, ello deriva entre otras cuestiones en los estudios de impacto de derechos fundamentales, así como la necesidad de articular una gobernanza de datos definiendo bien los papeles de responsable y encargado en entornos parlamentarios y el protagonismo de los DPD.

Esencialmente desde la ciberseguridad, Andúgar detalla los requisitos técnicos y organizativos para una implantación segura de sistemas de IA, subrayando la importancia de la ciberseguridad y la protección de infraestructuras, en el diseño y por defecto la gestión del riesgo y la trazabilidad algorítmica. Es difícil hablar de soberanía digital sin pensar en la necesaria seguridad del uso de IA parlamentario.

Una aportación con un enfoque sin duda interesante e incluso atrevido, es la de Iñaki González, con su dimensión psicológica, sociológica y política del fenómeno algorítmico. Aborda cómo la IA afecta la formación de la voluntad política, la salud democrática y la percepción ciudadana del las cámaras como espacio de representación. Y la democracia parlamentaria está amenazada en un mundo de patrones opacos o modelos adictivos que impactan en nuestros menores y en toda la ciudadanía. Es muy de agradecer no perder de vista esta visión más amplia del fenómeno, que en modo alguno escapa a la protección de datos, como desde la AEPD se viene prestando especial foco desde hace años.

A partir de aquí, destaca el excelente estudio general de Auzmendi y de Alba sobre los elementos generales y centrado estructuralmente en los principios de la IA proyectados a parlamentos, una introducción general al tema a partir de documentos como los de la Unión Interparlamentaria, que asienta sistemáticamente todos los temas a tener en cuenta. Sobre las premisas de este estudio general, los capítulos se estructuran en torno a las funciones clásicas de las cámaras representativas. Auzmendi en solitario se centra en la IA aplicada a la función legislativa, subrayando las potencialidades para el análisis comparado o la predicción normativa así como para la mejora de la técnica legislativa. Como en otros estudios, se alerta de riesgos como automatizar la deliberación o reducirla a eficiencia técnica. Respecto de la función de control, Pulido y Sanz plantean un horizonte ambicioso en el que los parlamentos pueden reconquistar terreno frente al poder ejecutivo, gracias a un uso eficiente de la IA, gracias al análisis automatizado de datos y la detección de desviaciones presupuestarias o en generación de preguntas parlamentarias.

Una IA bien diseñada puede ser un aliado formidable de la transparencia y la fiscalización.

También se centran en la función presupuestaria López Hernández y Cañas en otro muy sugerente estudio. La IA permite detectar anomalías, simular escenarios y evaluar la eficacia de la ejecución del gasto. Cabe preguntarse hasta dónde delegar al algoritmo estas complejas funciones y los autores, como el resto de los del libro, tienen siempre presente las garantías tanto constitucionales generales de los principios generales, como la necesidad de una transparencia y explicabilidad reforzada del uso de IA en estos ámbitos.

Mercè Arderiu abre un campo quizá menos explorado: el de la función de impulso parlamentario, que incluye proposiciones no legislativas, comparecencias y declaraciones institucionales. Muy sugerentes usos de IA para detectar demandas ciudadanas y problemas emergentes, siempre para potenciar las finalidades políticas del parlamento, sin sustituir el papel central humano en la materia.

También es de sumo interés el capítulo sobre la IA y los servicios jurídicos y de documentación de Esther de Alba y Roberto Mayor. Entre otros se subrayan las posibilidades para el análisis automatizado de legislación, apoyo al dictamen jurídico, especialmente se centran en las posibilidades de la IA en los servicios de documentación y organización inteligente de bibliotecas parlamentarias. Se tienen también presentes riesgos de dependencia que pueden generarse así como entre otros, los posibles sesgos en este contexto.

Roberto Mayor se centra finalmente en el ya comentado papel de los DPD en todos estos procesos, un tema también analizado entre otros en el primero de los estudios de Alba. Los DPD, siguiendo reflexiones como las de este autor, son una figura clave y esencial para el cumplimiento normativo en todos los órdenes, lo son también en el ecosistema parlamentario. Como se ha señalado, la IA no puede entenderse sin gobernanza interna, sin figuras que actúen como intermediarios técnicos y garantes jurídicos, por lo que el DPD es el nodo esencial en esta arquitectura. Se recuerda, como no podía ser de otro modo, que es esencial respetar y dignificar su figura y funciones y no sobrecargarlos con tareas ejecutivas en su caso incompatibles.

Hechas estas reflexiones a título de telonero, pase el lector a lo importante: la lectura atenta de esta obra. Este libro se convierte desde ahora en una referencia para el Derecho parlamentario del siglo XXI, el siglo de la inteligencia artificial. Y todo apunta a que la Asociación no se detendrá en este gran hito, sino que sabrá convertirlo en un punto de partida y de impulso para seguir avanzando en estos temas, por supuesto sin perder de vista la privacidad y la protección de los datos personales.

Inteligencia Artificial y protección de datos: cumplimiento del RGPD y del Reglamento de Inteligencia Artificial

ESTHER DE ALBA BASTARRECHEA
Letrada de la Asamblea de Madrid
Delegada de Protección de Datos de la Asamblea de Madrid

SUMARIO: I. MARCO NORMATIVO DE LA PROTECCIÓN DE DATOS EN LA UNIÓN EUROPEA: APLICACIÓN EN LOS PARLAMENTOS. 1. Introducción. 2. Principios generales del RGPD aplicables a instituciones públicas. 3. El concepto de "dato personal" y sus categorías especiales. 4. Límites al tratamiento automatizado de datos. 5. Obligaciones del responsable del tratamiento en entornos parlamentarios. 6. Jurisprudencia relevante. II. EL REGLAMENTO DE INTELIGENCIA ARTIFICIAL (RIA). 1. Objeto del RIA. 2. Clasificación del riesgo en el RIA. 3. Obligaciones de los usuarios institucionales de sistemas de IA de alto riesgo. 4. Autoridades supervisoras y régimen sancionador. 5. Relevancia e implicaciones para el entorno parlamentario. III. INTERACCIÓN Y SINERGIAS ENTRE RGPD Y RIA. 1. Tensiones normativas y posibles conflictos de aplicación. 2. Implicaciones para los parlamentos. 3. Medidas de *compliance* que deberían adoptar los parlamentos frente al RGPD y el RIA. 4. Transparencia, explicación y evaluación de impacto. 5. Transparencia y derechos de los interesados. 6. Evaluaciones de impacto en protección de datos. 7. Principio de responsabilidad proactiva y supervisión en el uso de la IA. IV. APLICACIÓN INTERDISCIPLINARIA DE LA IA EN LOS PARLAMENTOS. V. DELEGADOS DE PROTECCIÓN DE DATOS (DPD) Y DELEGADO IA. 1. El papel del Delegado de Protección de Datos e los parlamentos frente al RGPD y el RIA. 2. El papel del Delegado de Inteligencia Artificial en los parlamentos frente al RIA y el RGPD. V. BIBLIOGRAFÍA.

RESUMEN: Este estudio analiza de forma exhaustiva la aplicación combinada del Reglamento General de Protección de Datos (RGPD) y del Reglamento de Inteligencia Artificial (RIA) en el contexto de los parlamentos. Se examinan los principios, obligaciones y tensiones normativas derivadas del uso de tecnologías basadas en IA que implican tratamiento de datos personales en el entorno legislativo. Asimismo, se propone un modelo de gobernanza parlamentaria de la IA basado en la responsabilidad proactiva, la evaluación de impacto, la transparencia y la supervisión interdisciplinaria. Se destacan los roles estratégicos del Delegado de Protección de Datos (DPD) y del Delegado de IA, así como la necesidad de su cooperación con letrados, archiveros y equipos técnicos para garantizar la legitimidad democrática y la protección efectiva de los derechos fundamentales en el uso institucional de la inteligencia artificial.

ASTRACT: This study provides a comprehensive analysis of the combined application of the General Data Protection Regulation (GDPR) and the Artificial Intelligence Act (AI Act) in parliamentary contexts. It examines the principles, obligations, and regulatory tensions arising from the use of AI-based technologies that involve the processing of personal data within legislative environments. The paper proposes a model of parliamentary AI governance grounded in proactive accountability, impact assessments, transparency, and interdisciplinary oversight. It highlights the strategic roles ofthe Data Protection Officer (DPO) and the AI Officer, as well as the need for their collaboration sith legal advisors, archivists, and technical teams to ensure democratic legitimacy and effective protection of fundamental rights in the institutional use of artificial intelligence.

PALABRAS CLAVE: Inteligencia artificial, protección de datos, RGPD, Reglamento de IA, evaluación de impacto, parlamentos, gobernanza digital, responsabilidad proactiva, delegado de protección de datos, ética algorítmica.

KEY WORDS: Artificial Intelligence, data protection, GDPR, AI Act, impact assessment, parliaments, digital governance, proactive accountability, data protection officer, algorithmic, ethics.

I. MARCO NORMATIVO DE LA PROTECCIÓN DE DATOS EN LA UNIÓN EUROPEA: APLICACIÓN EN LOS PARLAMENTOS

1. Introducción

La protección de los datos personales constituye un pilar fundamental del derecho europeo, particularmente desde la entrada en vigor del Reglamento (UE) 2016/679, conocido como Reglamento General de Protección de Datos (RGPD). Este marco jurídico es plenamente aplicable a las instituciones parlamentarias, en su calidad de entidades públicas responsables del tratamiento de datos. Dada la creciente adopción de herramientas de inteligencia artificial (IA) en los procesos legislativos y administrativos, el respeto a los principios de protección de datos personales adquiere una relevancia estratégica en el ámbito parlamentario.

2. *Principios generales del RGPD aplicables a instituciones públicas*

El artículo 5 del RGPD establece los principios esenciales que deben guiar todo tratamiento de datos personales. Estos principios son plenamente exigibles a los parlamentos en su actuación institucional, administrativa y legislativa.

2.1 Licitud, lealtad y transparencia

Todo tratamiento de datos debe realizarse de manera lícita, leal y transparente respecto del interesado. En el contexto parlamentario, esta obligación implica informar de forma clara sobre la finalidad de la recogida de datos, especialmente en actividades como la gestión de peticiones ciudadanas, bases de datos legislativas o procesos de participación pública, según ha considerado el Supervisor Europeo de Protección de Datos[1].

2.2 Limitación de la finalidad

Los datos deben ser recogidos con fines determinados, explícitos y legítimos, y no ser tratados ulteriormente de manera incompatible con dichos fines (art. 5.1.b RGPD). En los parlamentos, esto cobra especial importancia en el tratamiento de datos derivados de consultas públicas, audiencias legislativas o registros documentales, donde la reutilización no puede exceder las finalidades declaradas inicialmente.

2.3 Minimización de datos

El principio de minimización requiere que los datos personales sean adecuados, pertinentes y limitados a lo necesario en relación con los fines para los que son tratados. Los sistemas de IA utilizados por las cámaras legislativas deben configurarse para recoger el mí-

---

1 European Data Protection Supervisor. (2020). *Guidelines on Transparency in the context of AI.* https://edps.europa.eu/

nimo volumen de datos personales indispensable para su funcionamiento[2].

2.4 Exactitud y actualización

El RGPD exige que los datos personales sean exactos y, cuando sea necesario, actualizados. Los parlamentos deben garantizar mecanismos efectivos de corrección y actualización de información, particularmente en bases de datos legislativas y en sistemas de gestión documental automatizada.

2.5 Limitación del plazo de conservación

Los datos personales deben conservarse durante no más tiempo del necesario. La política archivística parlamentaria debe integrarse con las exigencias del RGPD para definir plazos adecuados de conservación y supresión.

2.6 Integridad, confidencialidad y responsabilidad proactiva

Los parlamentos deben aplicar medidas técnicas y organizativas apropiadas para garantizar la seguridad de los datos personales y para demostrar el cumplimiento de todas las obligaciones previstas por el RGPD (art. 5.2 RGPD).

3. El concepto de "dato personal" y sus categorías especiales

3.1 Dato personal

El artículo 4.1 del RGPD define el dato personal como "toda información sobre una persona física identificada o identificable". En el contexto parlamentario, esto incluye datos de empleados, ciudadanos participantes en procesos legislativos, comparecientes en comisiones y otras fuentes de interacción institucional.

---

2 Voigt, P., & von dem Bussche, A. (2017). *The EU General Data Protection Regulation (GDPR): A Practical Guide.* Springer.

3.2 Categorías especiales de datos

El artículo 9 RGPD prohíbe, salvo excepciones, el tratamiento de categorías especiales de datos, como aquellos que revelen el origen étnico, opiniones políticas, convicciones religiosas o datos de salud. La actividad parlamentaria, por su propia naturaleza, puede involucrar el tratamiento de este tipo de datos (por ejemplo, en peticiones ciudadanas o en consultas públicas sobre legislación en materia de derechos fundamentales), lo que obliga a extremar las medidas de protección[3].

El tratamiento solo será legítimo cuando concurra alguna de las excepciones previstas, como el consentimiento explícito del interesado o la existencia de un interés público esencial autorizado por el Derecho de la Unión o de los Estados miembros (art. 9.2.g RGPD).

4. Límites al tratamiento automatizado de datos

4.1 Decisiones individuales automatizadas

El artículo 22 del RGPD establece que el interesado tiene derecho a no ser objeto de una decisión basada únicamente en un tratamiento automatizado, incluida la elaboración de perfiles, que produzca efectos jurídicos sobre él o le afecte significativamente de modo similar. En los parlamentos, el uso de sistemas de IA que puedan incidir en procesos de participación pública, recursos humanos o accesibilidad documental deberá respetar este límite, garantizando la intervención humana en decisiones relevantes[4].

4.2 Evaluaciones de impacto en protección de datos

Conforme al artículo 35 del RGPD, los parlamentos deben realizar evaluaciones de impacto en protección de datos (EIPD) antes de implantar sistemas de IA que impliquen un tratamiento de alto

---

[3] Mantelero, A. (2018). AI and Data Protection: Challenges and Possible Remedies. *Computer Law & Security Review*, 34(5), 944-955.

[4] Wachter, S., Mittelstadt, B., & Floridi, L. (2017). Transparent, Explainable, and Accountable AI for Decision-Making in the Public Sector. *Philosophy & Technology*, 31(4), 611-627.

riesgo, como aquellos destinados a la clasificación automatizada de documentos o a la predicción de patrones de comportamiento legislativo, en este sentido se ha pronunciado la Agencia de la Unión Europea para los Derechos Fundamentales.[5]

Una EIPD debe identificar y evaluar los riesgos para los derechos y libertades de los interesados y establecer medidas para mitigarlos, asegurando la compatibilidad del tratamiento con los principios del RGPD.

5. *Obligaciones del responsable del tratamiento en entornos parlamentarios*

El parlamento, como institución pública, actúa generalmente como responsable del tratamiento conforme al artículo 4.7 del RGPD. Entre sus principales obligaciones se encuentran:

- Garantizar la licitud del tratamiento (art. 6 RGPD).
- Informar a los interesados de manera clara (art. 13 y 14 RGPD).
- Aplicar medidas de seguridad adecuadas (art. 32 RGPD).
- Nombrar un Delegado de Protección de Datos (DPD) (art. 37 RGPD).
- Mantener un registro de actividades de tratamiento (art. 30 RGPD).
- Gestionar incidentes de seguridad y notificaciones de brechas (art. 33 y 34 RGPD).

La designación y actuación efectiva del DPD parlamentario resulta esencial para la correcta implementación de la normativa de protección de datos, tal como subraya el Supervisor Europeo de Protección de Datos[6].

---

5 European Union Agency for Fundamental Rights. (2021). *Your rights matter: Data Protection and Artificial Intelligence.* https://fra.europa.eu/

6 European Data Protection Supervisor. (2018). *Guidelines on Data Protection Officers.* https://edps.europa.eu/

6. Jurisprudencia relevante

El Tribunal de Justicia de la Unión Europea (TJUE) ha reforzado el marco de protección de datos personales en diversas sentencias emblemáticas:

- Caso Digital Rights Ireland (C-293/12 y C-594/12): anuló la Directiva de conservación de datos por violar los principios de proporcionalidad y respeto a la vida privada (TJUE, 2014).
- Caso Schrems I (C-362/14): invalidó el acuerdo Safe Harbor, subrayando la necesidad de protección efectiva de datos transferidos fuera de la UE.

Estas decisiones refuerzan la exigencia de que los parlamentos europeos y nacionales adopten medidas estrictas de protección en cualquier transferencia o tratamiento de datos que pueda verse afectado por sistemas basados en IA.

II. EL REGLAMENTO DE INTELIGENCIA ARTIFICIAL (RIA)

La adopción del Reglamento (UE) 2024/1689 del Parlamento Europeo y del Consejo, de 13 de junio de 2024, relativo a normas armonizadas en materia de inteligencia artificial (Reglamento de Inteligencia Artificial o RIA), representa un hito en la construcción de un marco normativo europeo para regular el desarrollo, la comercialización y el uso de sistemas de IA.

Dado que los parlamentos no son solo creadores de normas, sino también usuarios de tecnología, el cumplimiento de este Reglamento resulta crucial para garantizar la legalidad y legitimidad del uso de IA en el entorno legislativo.

1. Objeto de RIA

El artículo 1 define su objeto como el establecimiento de normas armonizadas para el desarrollo, comercialización y uso de sistemas de inteligencia artificial, fomentando la confianza en la IA y garantizando la protección de los derechos fundamentales.

El ámbito de aplicación es extraterritorial, siguiendo el modelo del RGPD (art. 2 RIA), aplicándose a:

- Proveedores y usuarios de sistemas de IA en la UE, independientemente de su lugar de establecimiento.
- Proveedores y usuarios de sistemas de IA que afecten a personas situadas en la UE, incluso si el sistema se desarrolla fuera de la Unión.

Relevancia para los parlamentos: Los parlamentos nacionales y el Parlamento Europeo, como usuarios institucionales de IA (por ejemplo, en herramientas de análisis legislativo o gestión documental automatizada), están sujetos a las obligaciones previstas en el Reglamento, salvo excepciones muy concretas para actividades estrictamente soberanas, según ha considerado el propio Parlamento Europeo[7].

2. *Clasificación del riesgo en el RIA*

El RIA establece una clasificación basada en el riesgo de los sistemas de IA, articulada en cuatro categorías:

2.1. Sistemas de IA prohibidos (art. 5 RIA)

Prohíbe ciertas prácticas de IA consideradas inaceptables, como:

- Manipulación subliminal o explotación de vulnerabilidades de grupos específicos.
- Evaluación social generalizada por autoridades públicas.
- Identificación biométrica remota en tiempo real en espacios públicos (salvo excepciones muy restrictivas).

Implicación parlamentaria: el uso de sistemas de reconocimiento facial en accesos a edificios parlamentarios o la utilización de IA para evaluar perfiles políticos de ciudadanos en procesos participativos deberían, en principio, quedar prohibidos[8].

---

7 European Parliament. (2024). *Artificial Intelligence Act: Legislative Resolution.* https://www.europarl.europa.eu/

8 Floridi, L. (2021). *The European Legislation on AI: A Brief Analysis of Its Philosophical Approach.* Philosophy & Technology, 34, 215-222.

2.2 Sistemas de IA de alto riesgo

Incluye sistemas que:

- Se utilizan en infraestructuras críticas.
- Afectan a derechos fundamentales (empleo, educación, justicia, etc.).
- Involucran gestión de acceso a servicios públicos esenciales.

La Comisión Europea ha considerado que los sistemas de IA usados para procesos internos de recursos humanos, clasificación documental legislativa, o participación ciudadana podrían ser considerados de alto riesgo, exigiendo medidas estrictas de cumplimiento, extremo que resulta de aplicación también en el ámbito parlamentario[9].

2.3 Sistemas de IA de riesgo limitado

Se exige simplemente información adecuada a los usuarios cuando el sistema interactúa con ellos (por ejemplo, chatbots en portales parlamentarios).

2.4 Sistemas de riesgo mínimo

Quedan sujetos a principios generales de buena práctica, sin obligaciones específicas vinculantes.

3. Obligaciones de los usuarios institucionales de sistemas de IA de alto riesgo

Los usuarios de sistemas de IA de alto riesgo, como los parlamentos, deben cumplir obligaciones específicas:

- Uso conforme a las instrucciones del proveedor (art. 29 RIA).
- Supervisión humana adecuada durante el funcionamiento.

---

9 European Commission. (2024). *Proposal for a Regulation laying down harmonised rules on artificial intelligence (Artificial Intelligence Act)*. EUR-Lex. https://eur-lex.europa.eu/

- Evaluaciones de impacto sobre derechos fundamentales cuando el uso pueda implicar riesgos significativos.[10]
- Registro de los sistemas de IA en bases de datos europeas públicas en ciertos casos.

Estas obligaciones requieren que los parlamentos establezcan unidades técnicas especializadas o designen responsables internos de cumplimiento tecnológico, en coordinación con los delegados de protección de datos.

4. *Autoridades supervisoras y régimen sancionador*

El Reglamento crea una estructura de supervisión compuesta por:

- Autoridades nacionales competentes en cada Estado miembro.
- Oficina Europea de IA, que coordina la aplicación del Reglamento.

Respecto del régimen sancionador, el incumplimiento de las obligaciones puede dar lugar a sanciones de hasta treinta millones de euros o el seis por ciento del volumen de negocios anual mundial (art. 71 RIA), cuantías que, en caso de instituciones públicas, se adaptan a mecanismos de responsabilidad administrativa y disciplinaria.

5. *Relevancia e implicaciones para el entorno parlamentario*

La utilización de IA por los parlamentos plantea desafíos específicos:

- Necesidad de gobernanza tecnológica: establecer políticas internas claras sobre qué sistemas de IA pueden utilizarse y bajo qué condiciones.
- Transparencia frente a los ciudadanos: informar cuando se utilizan sistemas de IA en interacciones públicas o procesos legislativos.

---

10 European Parliament. (2024). *Artificial Intelligence Act: Legislative Resolution.* https://www.europarl.europa.eu/

- Protección de derechos fundamentales: evitar prácticas automatizadas que puedan afectar a la participación política, la libertad de expresión o el derecho de acceso a los documentos públicos.

Diversos informes internacionales[11] subrayan la importancia de que los parlamentos integren principios de responsabilidad y supervisión activa sobre el uso de IA, materia que hemos desarrollado en el capítulo de esta misma obra titulado *Inteligencia Artificial en los parlamentos: Directrices generales.*

III. INTERACCIÓN Y SINERGIAS ENTRE RGPD Y RIA

Ambos reglamentos comparten una finalidad última común: la tutela de los derechos fundamentales en un entorno digital cada vez más automatizado.

En este sentido, se observa una complementariedad estructural entre ambas normas. El RIA incorpora principios que, si bien no son exclusivamente propios del derecho de protección de datos, coinciden sustancialmente con los principios rectores del RGPD: la transparencia, la minimización de datos, la rendición de cuentas (*accountability*) y la necesidad de evaluación previa de riesgos (EIPD o DPIA por sus siglas en inglés).

Por ejemplo, el artículo 9 del RIA obliga a los proveedores de sistemas de IA de alto riesgo a establecer un sistema de gestión de riesgos continuo, mientras que el artículo 35 del RGPD exige a los responsables del tratamiento realizar una evaluación de impacto cuando el tratamiento pueda entrañar un alto riesgo para los derechos y libertades de las personas físicas. Así, la lógica preventiva y basada en riesgos es compartida por ambos textos[12].

Asimismo, el RIA enfatiza el principio de supervisión humana en su artículo 14, el cual resulta crucial para limitar los efectos jurídicos

---

11 Inter-Parliamentary Union. (2023). *Guidelines for the Ethical Use of Artificial Intelligence in Parliaments.* https://ipu.org/

12 González Fuster, G. (2021). *The Emergence of Artificial Intelligence Regulation: From Ethics to Fundamental Rights.* Computer Law Review International, 22(4), 85-92.

adversos de decisiones automatizadas, especialmente en contextos como el parlamentario donde pueden estár en juego derechos políticos, libertad de expresión y acceso a la información pública[13].

1. Tensiones normativas y posibles conflictos de aplicación

Pese a estas convergencias, existen tensiones normativas derivadas de la diferencia de enfoques, objetivos y sujetos obligados. En primer lugar, el RGPD se articula sobre la base del principio de licitud del tratamiento, que impide el tratamiento de datos personales sin una base jurídica válida (art. 6 RGPD), mientras que el RIA no exige una evaluación previa del fundamento jurídico del uso de datos personales en sistemas de IA, limitándose a aspectos técnicos y de seguridad.

En segundo lugar, el RIA no se limita a sistemas que traten datos personales, lo que implica que su aplicación puede extenderse más allá del campo de protección de datos, generando incertidumbre respecto a la interacción entre ambos marcos. Esta divergencia puede ocasionar duplicidades en las obligaciones, por ejemplo, en el ámbito documental y de auditoría, o incluso lagunas regulatorias si se considera que el cumplimiento del RIA exonera de las exigencias del RGPD, lo cual, como expone González Rivas, no es jurídicamente correcto ni aceptable[14].

Desde el punto de vista institucional, también surgen tensiones. El RGPD otorga funciones claras a las autoridades de protección de datos, mientras que el RIA propone la creación de nuevas autoridades nacionales competentes para IA, sin clarificar suficientemente las competencias concurrentes o las posibles funciones de coordinación, lo que puede dificultar la gestión de casos complejos de infracción, como pone de manifiesto Buttarelli[15].

---

13 Martínez Martínez, P. (2023). *Supervisión humana y decisiones automatizadas: una lectura crítica desde el AI Act.* Revista General de Derecho Administrativo, (66), 1-27.

14 González-Rivas, M. (2022). *El Reglamento de IA y su articulación con el RGPD: luces y sombras.* Revista Española de Derecho Europeo, (81), 223-250.

15 Buttarelli, G. (2018). *Artificial Intelligence and Data Protection: Challenges and Opportunities.* European Data Protection Supervisor.

2. *Implicaciones para los parlamentos*

En el contexto parlamentario, estas tensiones se acentúan por la naturaleza híbrida de los tratamientos de datos, que suelen coexistir con sistemas automatizados de análisis, clasificación o recomendación. Por ejemplo, un sistema de IA que analice el comportamiento legislativo o la opinión pública a través de redes sociales podría estar sujeto simultáneamente a los requisitos del RGPD (por tratar datos personales) y del RIA (si se clasifica como de alto riesgo). En consecuencia, los parlamentos deben implementar mecanismos de *compliance* integrados, capaces de garantizar el cumplimiento simultáneo y coherente de ambos marcos normativos, con una supervisión conjunta por parte de letrados, responsables de protección de datos y equipos técnicos de IA.

3. *Medidas de compliance que deberían adoptar los parlamentos frente al RGPD y el RIA*

1. Adopción de una estrategia institucional integral de digitalización

Los parlamentos deben diseñar una estrategia de digitalización o gobernanza digital que integre la protección de datos personales, la ética algorítmica y la seguridad de los sistemas de IA. Esta estrategia debe contar con:

- Principios rectores explícitos sobre privacidad, transparencia, supervisión humana y rendición de cuentas.
- Políticas institucionales de gestión de riesgos tecnológicos, alineadas con el enfoque preventivo del artículo 9 del RIA y del artículo 24 del RGPD.

2. Realización sistemática de evaluaciones de impacto (EIPD/DPIA)

Toda implementación de tecnologías basadas en IA que implique tratamiento de datos personales o pueda afectar derechos fundamentales debe ir precedida de una Evaluación de Impacto relativa a la Protección de Datos (art. 35 RGPD). Además:

- Si se trata de un sistema de alto riesgo conforme al RIA, deberá realizarse una evaluación técnica y jurídica de conformidad con los artículos 9 y 29 de dicha norma.

- Esta evaluación debe incluir aspectos de no discriminación, calidad de los datos, explicación del sistema y posibilidades de impugnación.

3. Establecimiento de comités interdisciplinarios de evaluación y supervisión

Se recomienda la creación de comités internos permanentes en cada parlamento, compuestos por:

- Letrados parlamentarios: garantes de la legalidad y del respeto a los principios constitucionales.
- Delegados de protección de datos (DPO): responsables de velar por el cumplimiento del RGPD.
- Archiveros-documentalistas: expertos en ciclo de vida de la información y clasificación archivística.
- Equipos informáticos y desarrolladores de IA: responsables técnicos del diseño, mantenimiento y auditoría de los algoritmos.

Este comité debería realizar la validación previa y la revisión periódica de los sistemas de IA utilizados en el entorno parlamentario.

4. Desarrollo de un registro interno de sistemas de IA

Inspirado en el artículo 60 del RIA, cada parlamento debería llevar un registro interno actualizado de todos los sistemas de IA en uso, especificando:

- Su proveedor y tecnología base
- Finalidad y ámbito de aplicación
- Evaluaciones de impacto realizadas
- Categoría de riesgo
- Medidas de mitigación adoptadas

Este registro permite garantizar trazabilidad y facilitar auditorías internas o externas.

5. Formación y cultura organizativa en ética y derecho digital

Es fundamental invertir en formación continua para todos los actores parlamentarios sobre:

- Fundamentos del RGPD y del RIA
- Derechos digitales y decisiones automatizadas

- Supervisión humana y explicación de algoritmos

Ello debe integrarse en una cultura institucional de ética digital y responsabilidad institucional en el uso de tecnologías emergentes, que evite la "ceguera algorítmica"[16].

6. Canales internos de supervisión y denuncia de riesgos algorítmicos

La implementación de canales anónimos y protegidos para la notificación de fallos, sesgos o irregularidades en sistemas de IA promueve la responsabilidad proactiva prevista en el artículo 5.2 del RGPD. Estos canales deben ser accesibles para funcionarios, ciudadanos y personal externo.

7. Coordinación con autoridades de control competentes

Finalmente, los parlamentos deben establecer mecanismos de coordinación fluida con:

- Las autoridades nacional y autonómicas de protección de datos.
- Las futuras autoridades de supervisión en IA designadas conforme al RIA.
- Organismos europeos como el EDPB o la EDPB-EDPS *Task Force* sobre IA

Esta colaboración es clave para garantizar un enfoque armónico, legítimo y tecnológicamente actualizado.

En definitiva, las medidas de *compliance* en los parlamentos no pueden limitarse a una dimensión meramente jurídica ni exclusivamente técnica: deben articularse desde una gobernanza transversal, preventiva, colaborativa y centrada en derechos fundamentales. Solo así podrá asegurarse que el uso de IA refuerce, y no comprometa, los principios democráticos y la función institucional parlamentaria.

4. Transparencia, explicación y evaluación de impacto

La interacción entre el Reglamento General de Protección de Datos (RGPD) y el Reglamento de Inteligencia Artificial (RIA) impone

---

[16] González Fuster, G. (2021). *The Emergence of Artificial Intelligence Regulation: From Ethics to Fundamental Rights.* Computer Law Review International.

a las instituciones parlamentarias exigencias estrictas de transparencia y explicación en el tratamiento automatizado de datos.

El RGPD establece la transparencia como principio rector (artículos 5.1.a, 12, 13 y 14), exigiendo que los interesados sean informados de manera clara, accesible y comprensible sobre:

- La existencia de tratamientos automatizados.
- La lógica utilizada en la toma de decisiones automatizadas.
- Las consecuencias previstas para los interesados.

En el ámbito parlamentario, este deber de transparencia se aplica, por ejemplo, cuando una cámara legislativa utiliza sistemas de IA para clasificar iniciativas legislativas, gestionar solicitudes ciudadanas o realizar análisis predictivos de tendencias sociales.

La doctrina ha señalado que la transparencia en la IA no puede limitarse a una mera información formal, sino que exige explicación funcional de los algoritmos utilizados. La falta de explicación compromete no solo el principio de transparencia, sino también la posibilidad de impugnar decisiones automatizadas.

El RIA, por su parte, complementa las obligaciones del RGPD en materia de transparencia. De acuerdo con los artículos 13 y 52, los usuarios deben ser informados cuando interactúan con un sistema de IA, especialmente si se trata de:

- Sistemas que generan o manipulan contenidos (*deepfakes*).
- Sistemas de toma de decisiones automatizadas de alto riesgo.

En entornos parlamentarios, esta obligación implica advertir expresamente a los usuarios si sus solicitudes o comunicaciones institucionales están siendo procesadas mediante IA, o si se utilizan asistentes automáticos para filtrar o clasificar información.

La doctrina de Bygrave (2021) subraya que el RIA introduce una noción de transparencia operacional que obliga no solo a revelar la existencia de IA, sino también su propósito y sus limitaciones.

5. *Transparencia y derechos de los interesados*

La falta de transparencia puede implicar vulneraciones de derechos fundamentales, como:

- El derecho a la protección de datos personales (artículo 8 de la Carta de Derechos Fundamentales de la Unión Europea).
- El derecho a una buena administración (artículo 41 de la misma Carta).

Esto cobra especial importancia en procedimientos parlamentarios abiertos a la participación ciudadana, donde el uso de IA debe ser compatible con las garantías procesales reconocidas por el Derecho de la Unión.

6. Evaluaciones de impacto en protección de datos

1. Concepto y finalidad de la EIPD

El artículo 35 del RGPD establece que, cuando un tipo de tratamiento, en particular mediante el uso de nuevas tecnologías como la inteligencia artificial, pueda entrañar un alto riesgo para los derechos y libertades de las personas físicas, el responsable del tratamiento —incluidos los parlamentos— deberá realizar una evaluación de impacto relativa a la protección de datos.

La finalidad esencial de la EIPD es identificar los riesgos que el tratamiento puede generar, evaluarlos y establecer medidas para mitigarlos. Como señala Mantelero[17], la EIPD no es solo un instrumento de cumplimiento normativo, sino un mecanismo para proteger activamente los derechos fundamentales en entornos automatizados.

2. Casos de obligatoriedad en los parlamentos

Los parlamentos, como responsables del tratamiento, están obligados a realizar una EIPD en los siguientes supuestos, conforme al RGPD y conforme interpretan las Directrices sobre EIPD del Comité Europeo de Protección de Datos (EDPB, 2017):

- Uso de sistemas de IA que impliquen una evaluación o puntuación de personas (por ejemplo, análisis automatizado de contribuciones ciudadanas).

---

17 Mantelero, A. (2018). AI and Data Protection: Challenges and Possible Remedies. *Computer Law & Security Review*, 34(5), 944-955.

- Tratamiento a gran escala de categorías especiales de datos (artículo 9 RGPD) en procesos de participación pública o investigación legislativa.
- Supervisión sistemática de espacios públicos mediante IA (aunque generalmente limitada en los parlamentos, puede existir en casos de gestión de accesos).

La obligación de realizar una EIPD debe interpretarse de manera expansiva cuando existe cualquier grado de impacto significativo en la dignidad, privacidad o derechos fundamentales de los ciudadanos.

3. Contenido mínimo de una EIPD

Una EIPD debe contener al menos:

- Descripción sistemática del tratamiento previsto y de sus finalidades.
- Evaluación de la necesidad y proporcionalidad de los tratamientos.
- Análisis de los riesgos para los derechos y libertades de los interesados.
- Medidas previstas para hacer frente a los riesgos, incluidas garantías, medidas de seguridad y mecanismos para proteger los datos personales.

La responsabilidad de realizar la EIPD en los parlamentos recae típicamente en las unidades técnicas, en coordinación con los Delegados de Protección de Datos (DPD).

4. Supervisión posterior y consultas a la autoridad de control

Si, pese a las medidas previstas, persisten riesgos elevados, el parlamento debe consultar a la autoridad de control competente (por ejemplo, la Agencia Española de Protección de Datos, las autoridades autonómicas de control o el Supervisor Europeo de Protección de Datos en el caso del Parlamento Europeo), conforme al artículo 36 del RGPD.

Esta consulta previa garantiza que los tratamientos automatizados basados en IA en los parlamentos no comprometan de forma indebida los derechos fundamentales de los ciudadanos.

La doctrina más reciente subraya que, en entornos institucionales como los parlamentos, las EIPD deben tener una naturaleza viva:

actualizándose conforme evolucionen los sistemas de IA implementados (Bygrave, 2021).

7. *Principio de responsabilidad proactiva y supervisión en el uso de la IA*

1. Concepto de responsabilidad proactiva

El principio de responsabilidad proactiva (*accountability*) constituye uno de los ejes fundamentales del RGPD, recogido expresamente en el artículo 5.2 y desarrollado en el artículo 24. Impone al responsable del tratamiento —en este caso, las instituciones parlamentarias— no solo el deber de cumplir materialmente con las obligaciones de protección de datos, sino también el deber de demostrar dicho cumplimiento.

Como explica González Fuster[18], la responsabilidad proactiva exige adoptar un enfoque preventivo, basado en la gestión efectiva de los riesgos desde el diseño y por defecto (*privacy by design and by default*, art. 25 RGPD).

2. Aplicación práctica en los parlamentos

Para los parlamentos que utilizan sistemas de IA, el principio de responsabilidad proactiva implica, entre otras exigencias:

- Realizar evaluaciones de impacto en protección de datos antes de desplegar nuevas tecnologías (art. 35 RGPD).
- Documentar todas las decisiones relativas al tratamiento de datos mediante IA, incluyendo justificaciones de proporcionalidad y necesidad.
- Aplicar medidas técnicas y organizativas adecuadas para garantizar y ser capaces de demostrar que el tratamiento es conforme al RGPD (art. 24.1 RGPD).
- Auditar periódicamente los sistemas de IA implementados, verificando su respeto a los principios de equidad, transparencia y no discriminación.

---

18 González Fuster, G. (2014). *The Emergence of Personal Data Protection as a Fundamental Right of the EU.* Springer.

De acuerdo con Wright[19], la incorporación de auditorías internas y externas sobre el impacto ético y jurídico de los sistemas de IA es una manifestación esencial de la responsabilidad proactiva en las administraciones públicas.

3. Supervisión interna: rol del Delegado de Protección de Datos (DPD)

El RGPD establece que todas las autoridades y organismos públicos deben designar un Delegado de Protección de Datos (art. 37.1.a RGPD). En los parlamentos, el DPD cumple una función crítica en relación con el uso de IA:

- Supervisar el cumplimiento del RGPD y del RIA en los tratamientos que utilicen tecnologías automatizadas.
- Asesorar en la realización de evaluaciones de impacto y en la adopción de medidas de mitigación de riesgos.
- Actuar como punto de contacto con las autoridades de control (por ejemplo, la AEPD o el Supervisor Europeo de Protección de Datos).

La doctrina[20] señala que el DPD debe participar activamente en las fases tempranas de diseño y desarrollo de proyectos de IA para garantizar un enfoque basado en los derechos fundamentales desde el inicio.

4. Supervisión externa: autoridades de protección de datos

El RIA refuerza los mecanismos de supervisión externa mediante:

- La actuación de las autoridades nacionales de supervisión del cumplimiento del reglamento.
- La creación de la Oficina Europea de Inteligencia Artificial para coordinar la aplicación en toda la Unión.
- En el ámbito parlamentario, si el uso de IA implica riesgos de alto impacto, las cámaras legislativas deben estar preparadas

19 Wright, D. (2018). Making Privacy Impact Assessment More Effective. *The Information Society*, 34(2), 103-115.

20 Bygrave, L. A. (2021). *Minding the Machine: Article 22 GDPR and Automated Decision-Making*. In C. Docksey, C. Kuner, & L. A. Bygrave (Eds.), *The GDPR: A Commentary* (pp. 431-458). Oxford University Press.

para someterse a controles regulatorios externos, tanto en el marco del RGPD como del RIA.

Además, tal y como sostiene Mantelero[21], los sistemas públicos de IA deben operar bajo principios reforzados de rendición de cuentas, debido a su especial impacto en la legitimidad democrática.

IV. APLICACIÓN INTERDISCIPLINARIA DE LA IA EN LOS PARLAMENTOS

La transformación digital de los parlamentos ha traído consigo nuevos desafíos en materia de gobernanza, protección de datos personales y uso ético de tecnologías basadas en inteligencia artificial (IA). Esta transición exige una colaboración cada vez más estrecha entre tres perfiles profesionales esenciales: letrados parlamentarios, archiveros-documentalistas e informáticos. Su cooperación resulta clave para garantizar el cumplimiento del Reglamento General de Protección de Datos (RGPD) y del Reglamento de Inteligencia Artificial (RIA).

El papel de los letrados en los parlamentos contemporáneos no se limita a la asesoría jurídica legislativa clásica; se ha ampliado hacia la función de garantes jurídicos de la digitalización institucional. Según López Álvarez[22], los letrados deben actuar como primera línea de defensa en la aplicación de principios como la licitud, la minimización de datos y la responsabilidad proactiva cuando el parlamento implementa soluciones tecnológicas que implican tratamiento de datos personales.

Este nuevo enfoque implica que los letrados deberían participar en:

- La evaluación jurídica de proyectos de IA antes de su implantación.

---

21 Mantelero, A. (2018). AI and Data Protection: Challenges and Possible Remedies. *Computer Law & Security Review*, 34(5), 944-955.

22 López Álvarez, S. (2020). *Gobernanza y digitalización en el sector público: desafíos jurídicos*. Civitas.

- La validación de las evaluaciones de impacto en protección de datos.
- La supervisión del cumplimiento normativo en el uso de algoritmos en procedimientos parlamentarios internos y de interacción ciudadana.

Como sostiene De Miguel Asensio[23], la función de asesoramiento jurídico debe incluir una perspectiva de gobernanza de riesgos tecnológicos, integrando criterios de protección de datos, derechos digitales y responsabilidad institucional.

Por su parte, los archiveros y documentalistas parlamentarios desempeñan un rol esencial en la gestión adecuada del ciclo de vida de los datos generados o procesados mediante IA. El tratamiento masivo de información legislativa, administrativa y participativa requiere garantizar la integridad, autenticidad y conservación de los datos, conforme a las exigencias del RGPD (artículo 5.1.e) y a los principios de trazabilidad archivística.

De acuerdo con Del Villar[24], los archiveros son los responsables de asegurar que las evidencias electrónicas producidas por sistemas de IA sean accesibles, auditables y preservadas a largo plazo, lo que resulta fundamental tanto para la protección de derechos de los ciudadanos como para la rendición de cuentas institucional.

Además, en el contexto del RIA, los sistemas de alto riesgo implantados en parlamentos deberán documentar adecuadamente sus procesos de entrenamiento y toma de decisiones[25], función que recae en gran medida sobre los profesionales de la archivística y la documentación.

Finalmente, los informáticos parlamentarios no solo tienen la responsabilidad técnica de implementar y mantener los sistemas de IA, sino que también son agentes activos en la garantía de su cumplimiento normativo. El Esquema Nacional de Seguridad (ENS) en

---

23 De Miguel Asensio, P. (2021). *Protección de datos y nuevas tecnologías*. Marcial Pons.

24 Del Villar, A. (2019). *Archivos electrónicos y gestión documental en la era digital*. Tirant lo Blanch.

25 European Parliament. (2024). *Artificial Intelligence Act: Legislative Resolution*. https://www.europarl.europa.eu/

su versión 2022[26] establece que las administraciones públicas deben aplicar políticas de seguridad por diseño y por defecto, principio que debe guiar la arquitectura de las soluciones tecnológicas en sede parlamentaria.

La colaboración entre informáticos y letrados resulta indispensable para traducir los requerimientos legales en especificaciones técnicas efectivas. Igualmente, la comunicación fluida entre informáticos y archiveros es necesaria para garantizar que los sistemas de IA respeten los requisitos de conservación, integridad y disponibilidad de los datos.

Como señala Pollicino[27], la gobernanza ética y jurídica de la inteligencia artificial en el sector público solo puede lograrse mediante equipos multidisciplinares que combinen conocimiento tecnológico, sensibilidad jurídica y experticia archivística.

En suma, la correcta implementación de tecnologías de IA en los parlamentos depende en gran medida de la capacidad de coordinación transversal entre letrados, archiveros e informáticos, configurando auténticos comités de gobernanza digital internos que operen bajo principios de legalidad, transparencia, rendición de cuentas y protección efectiva de los derechos fundamentales.

V. DELEGADO DE PROTECCIÓN DE DATOS (DPD) Y DELEGADO IA

El papel del Delegado de Protección de Datos (DPD) parlamentario en el cumplimiento del RGPD y del Reglamento de Inteligencia Artificial (RIA) es esencial, estratégico y multifuncional. A continuación, trataremos de efectuar un análisis técnico-jurídico de sus competencias, con especial atención al contexto parlamentario.

---

26 Ministerio de Asuntos Económicos y Transformación Digital. (2022). *Esquema Nacional de Seguridad.* https://ens.gob.es/

27 Pollicino, O. (2022). *Artificial Intelligence and Public Law: Accountability and Transparency.* Cambridge University Press.

1. *El papel del Delegado de Protección de Datos en los parlamentos frente al RGPD y el RIA*

El DPD parlamentario, de conformidad con los artículos 3 a 39 del RGPD, actúa como garante interno del cumplimiento normativo en materia de protección de datos y se convierte, en el contexto de la IA, en una figura transversal e indispensable para:

- Asegurar la licitud de los tratamientos de datos personales asociados al uso de tecnologías de IA (art. 6 RGPD).
- Supervisar que el diseño e implementación de sistemas automatizados respete los principios del RGPD: minimización, limitación de la finalidad, exactitud, transparencia, integridad y confidencialidad (art. 5 RGPD).
- Evaluar si un sistema de IA requiere una EIPD y asistir en su elaboración (art. 35 RGPD).

Como expresa González Rivas *El DPD no solo es un observador, sino un agente activo en la construcción de la legitimidad tecnológica en el sector público.*[28]

El cumplimiento del RIA y del RGPD exigen que la protección de datos sea tenida en cuenta desde el diseño y por defecto (*privacy by design and by default*, art. 25 RGPD). El DPD parlamentario debe ser parte del equipo multidisciplinar que:

- Participa en la fase de diseño de sistemas de IA utilizados en funciones parlamentarias (análisis legislativo automatizado, asistentes virtuales, minería de texto, etc.).
- Valida la pertinencia de los datos personales utilizados, su origen, su proporcionalidad y su anonimización o pseudonimización cuando corresponda.
- Garantiza que los sistemas respeten la supervisión humana significativa exigida por el RIA (art. 14) y por el RGPD (art. 22).

---

[28] González-Rivas, M. (2022). *El Reglamento de IA y su articulación con el RGPD: luces y sombras*. Revista Española de Derecho Europeo, (81), 223-250.

Como expresa Martínez Martínez el *DPD debe actuar como puente entre la legalidad constitucional y el diseño algorítmico*[29].

En el ámbito parlamentario, en el que, como ha quedado expuesto más arriba, conviven múltiples perfiles técnicos y jurídicos, el DPD cumple una función de coordinación institucional:

- Participa activamente en los comités internos de supervisión tecnológica o comités ético-jurídicos de IA.
- Propone medidas correctoras o preventivas frente a posibles impactos negativos de algoritmos utilizados en trámites legislativos o participación ciudadana digital.
- Garantiza la trazabilidad y auditoría interna de los sistemas en uso, conforme a las exigencias del artículo 60 del RIA.

Idealmente, el DPD también podría desempeñar un papel educador y promotor de cultura institucional, pudiendo:

- Impulsar programas de formación para parlamentarios y personal técnico en protección de datos y ética algorítmica.
- Redactar guías internas y códigos de conducta sectoriales en colaboración con otros órganos técnicos del Parlamento (como los servicios jurídicos y tecnológicos).
- Promover la adopción de principios éticos para el uso de IA, compatibles con los marcos de la Unión Interparlamentaria (UIP)[30].

También es muy destacable la función del DPD como interlocutor privilegiado con las autoridades de control y, en este caso, no solo las autoridades en materia de protección de datos, sino también las que resulten designadas en aplicación del artículo 59 del RIA para la supervisión del cumplimiento en materia de inteligencia artificial.

Además, debe velar porque los sistemas de IA utilizados por el parlamento no menoscaben el principio de publicidad de los actos legislativos ni el derecho de acceso a la información pública (art. 105

---

29 Martínez Martínez, P. (2023). *Supervisión humana y decisiones automatizadas: una lectura crítica desde el AI Act.* Revista General de Derecho Administrativo, (66), 1-27.

30 En este aspecto nos remitimos al capítulo de esta misma obra titulado *Inteligencia Artificial en los parlamentos: Directrices generales*

CE, art. 13 TFUE), equilibrando transparencia institucional y confidencialidad de datos personales.

En definitiva, el Delegado de Protección de Datos parlamentario no es un mero técnico de privacidad, sino una figura clave en la articulación de una gobernanza democrática de la inteligencia artificial. Su rol:

- Integra dimensiones jurídicas, organizativas y tecnológicas.
- Garantiza la compatibilidad entre innovación y derechos fundamentales.
- Fortalece la legitimidad institucional en la era digital.

Por todo ello, el DPD debe ser revalorizado como pilar estructural de los mecanismos de *compliance* en los parlamentos, participando activamente en todas las fases del ciclo de vida de los sistemas de IA.

2. *El papel del Delegado de Inteligencia Artificial en los parlamentos frente al RIA y el RGPD*

En el contexto del RIA, la figura del Delegado de Inteligencia Artificial (Delegado de IA) no aparece expresamente como figura obligatoria, a diferencia del Delegado de Protección de Datos (DPD) bajo el RGPD. No obstante, en aplicación de los principios de *accountability*, gobernanza algorítmica y gestión de riesgos, se está perfilando doctrinal y prácticamente la conveniencia de esta figura en las instituciones públicas, especialmente en organizaciones complejas como los parlamentos.

Su posible rol en el entorno parlamentario, desde un punto de vista institucional y su interacción con los DPD y otros cuerpos técnicos es el objeto de esta sección del presente capítulo.

Aunque, como acabamos de exponer, no está expresamente previsto en RIA la creación de un **Delegado de IA** en entornos parlamentarios la conveniencia de su designación se fundamenta en:

- El principio de gobernanza responsable del artículo 17 del RIA.
- Las obligaciones proactivas de gestión de riesgos para sistemas de IA de alto riesgo (arts. 9, 10 y 29 RIA).

- La necesidad de tener un interlocutor institucional especializado que articule la dimensión tecnológica, jurídica y ética de la inteligencia artificial.

Así, el Supervisor Europeo de Protección de Datos ha considerado que *en el sector público, el Delegado IA será clave para garantizar la legitimidad institucional de los usos de IA*[31].

Entre las funciones a desempeñar por el Delegado de IA en el contexto parlamentario podemos mencionar las siguientes:

a. Supervisión de la implementación técnica y ética de los sistemas de IA, lo que podría efectuar mediante una evaluación de conformidad de los sistemas de IA con el RIA y con los valores constitucionales del parlamentarismo democrático; la verificación del cumplimiento de los requisitos de transparencia, trazabilidad, supervisión humana y documentación técnica (arts. 13-15 del RIA) y la coordinación con responsables de contratación tecnológica para evitar la adopción de sistemas no conformes.

b. Gestión del ciclo de vida de los sistemas de IA en el Parlamento, mediante control de la evaluación de riesgos previos a la puesta en funcionamiento (art. 9); la supervisión de los mecanismos de revisión y actualización periódica de los modelos (art. 15.2) y la participación activa en los comités de evaluación interdisciplinar junto al DPD, letrados y responsables de seguridad de la información.

c. Promoción de la ética algorítmica y los derechos fundamentales, que llevaría a cabo a través de una elaboración y seguimiento de códigos de conducta sobre el uso de IA en la institución parlamentaria; el aseguramiento de que los sistemas respetan principios fundamentales como no discriminación, pluralismo político, neutralidad institucional y transparencia deliberativa y con mediación en casos de conflicto entre innovación tecnológica y protección de derechos políticos o personales.

d. Formación y cultura institucional de IA responsable. Al igual que al DPD, al Delegado IA le podría corresponder la formación de parlamentarios, técnicos y personal de apoyo en IA y su regulación; la

---

31 European Data Protection Supervisor (EDPS). (2021). *The AI Act and the Role of Public Sector Institutions.* Brussels.

difusión de buenas prácticas y herramientas de evaluación ética (ex ante y ex post) y el acompañamiento técnico a los órganos parlamentarios en procesos de deliberación legislativa sobre IA.

Es importante subrayar que el Delegado de IA y el DPD no se sustituyen ni solapan, muy al contrario, ambos deben operar en régimen de colaboración diferenciada y complementaria en todas las materias. A su vez, ambos deben colaborar con letrados parlamentarios, archiveros-documentalistas y equipos informáticos para garantizar una gobernanza transversal y democrática del uso de sistemas automatizados en las instituciones representativas.

Por ello sería deseable que los parlamentos adoptasen una norma reglamentaria interna, como un Acuerdo de Mesa o una Resolución de la Presidencia que defina las funciones, competencias, independencia funcional y coordinación del Delegado de IA.

Asimismo, sería muy conveniente la adopción de un protocolo de gobernanza de IA parlamentaria, en el que se articule el trabajo conjunto del DPD, del Delegado de IA, de los Servicios Jurídicos y del responsable de seguridad de la información.

Este modelo podría inspirarse en las directrices de la Unión Interparlamentaria (UIP), el Consejo de Europa, la OCDE y las experiencias piloto de parlamentos como el Europeo.

Por lo expuesto, el Delegado de IA en los parlamentos no solo es deseable, sino que se perfila como una pieza clave para institucionalizar la ética algorítmica y la transparencia democrática en un entorno legislativo marcado por la automatización. Su papel potencial refuerza la legitimidad de los procedimientos parlamentarios y evita la captura tecnológica por parte de agentes externos.

Incorporar esta figura sería, en suma, una garantía democrática frente a los retos de la inteligencia artificial en la función legislativa y representativa.

En este contexto, podría parecer tentador valorar la posibilidad de que el Delegado de Inteligencia Artificial (Delegado IA) y el Delegado de Protección de Datos (DPD) sean la misma persona, pero ello ha de depender de factores jurídicos, organizativos y funcionales, y requiere un análisis cuidadoso desde el punto de vista del cumplimiento normativo, la especialización técnica y la independencia funcional.

En principio, no existe prohibición normativa expresa que impida que un DPD asuma este rol adicional, siempre que se respeten los principios del RGPD, especialmente la independencia y la capacidad de actuación efectiva.

Así, en instituciones con recursos limitados, podría plantearse que una misma persona asuma ambas posiciones, siempre que disponga de formación técnica y jurídica adecuada en protección de datos y en IA, cuente con recursos y tiempo suficientes para cumplir ambas funciones con eficacia, se establezca una clara delimitación de funciones y tareas en una norma interna o protocolo institucional y no se comprometa su objetividad o independencia, por ejemplo, si participa en el diseño de sistemas de IA que luego debe auditar. Lo cierto es que la función de DPD parlamentario en los parlamentos españoles ya es compartida con otras funciones propias de los cuerpos de letrados de las Cámaras, lo que dificultaría la asunción de las funciones de Delegado IA. Por otro lado, como expuso el profesor Cotino Hueso en las III Jornadas a de la Asociación de Delegados y Delegadas de Protección de Datos de Parlamentos, celebradas en Cantabria en 2024, la necesaria independencia del DPD hace imposible la coincidencia de ambas funciones.

En este sentido, es preciso recordar, a efectos de obviar dicha acumulación funcional, que, a pesar de la posible compatibilidad, existen riesgos importantes que deben valorarse:

a. Conflicto de intereses: el DPD debe auditar el cumplimiento del RGPD en los sistemas de IA. Si él mismo es responsable de su diseño o supervisión técnica como Delegado de IA, puede surgir un conflicto estructural (art. 38.6 RGPD).

b. Exceso de carga funcional: ambas funciones son exigentes y especializadas, con distintos enfoques (jurídico vs. técnico-ético). En el ámbito parlamentario, donde las implicaciones son delicadas (libertad ideológica, deliberación política, derechos de participación), la carga puede superar la capacidad razonable de una única persona y más en una situación generalizada en la que, como ha quedado expuesto, los DPD parlamentarios realizan otras funciones ajenas a la protección de datos.

c. Pérdida de garantías: la acumulación de funciones puede afectar la percepción de independencia y legitimidad, especialmente ante la ciudadanía y otras autoridades.

En conclusión, aunque jurídicamente posible, no parece recomendable que el DPD y el Delegado de IA sean la misma persona de forma general, especialmente en órganos constitucionales como los parlamentos.

Sin embargo, el interés de la figura del Delegado IA en el ámbito parlamentario sí aconseja proponer:

- El nombramiento un Delegado de IA distinto del DPD, con competencias técnicas y organizativas sobre sistemas de IA.
- El establecimiento de una estructura de colaboración formal entre ambos, por medio de protocolos internos.
- La creación de un comité ético-jurídico de IA parlamentaria, donde ambos tengan voz y coordinación con otros órganos técnicos (letrados, archiveros, técnicos TIC).

Con ello se fortalece el principio de rendición de cuentas (*accountability)* y se previenen los conflictos de interés, fomentando una gobernanza democrática y robusta de la inteligencia artificial parlamentaria.

V. BIBLIOGRAFÍA

BYGRAVE, L. A. (2021). Minding the machine: Art. 22 GDPR and automated decision-making. En M. Tzanou (Ed.), Personal data protection and the GDPR (pp. 211-229).

Comité Europeo de Protección de Datos (EDPB). (2017). Directrices sobre evaluaciones de impacto relativas a la protección de datos (EIPD). https://edpb.europa.eu

COTINO HUESO, L. (2024). Intervención en las III Jornadas de la Asociación de Delegados y Delegadas de Protección de Datos de Parlamentos, Cantabria.

DE MIGUEL ASENSIO, P. (2021). La protección de datos en el entorno digital: Una visión desde el Derecho privado europeo. Cizur Menor: Aranzadi.

DEL VILLAR, A. (2022). La archivística en la era de la inteligencia artificial: retos y oportunidades. *Revista Española de Documentación*, 45(2), 189-208.

GONZÁLEZ FUSTER, G. (2020). The Emergence of Personal Data Protection as a Fundamental Right of the EU. Springer.

GONZÁLEZ RIVAS, M. (2023). Privacidad y derechos fundamentales en la era algorítmica. Madrid: Centro de Estudios Políticos y Constitucionales.

LÓPEZ ÁLVAREZ, C. (2022). El papel de los letrados en la transformación digital parlamentaria. *Revista General de Derecho Constitucional*, (36), 1-22.

MANTELERO, A. (2018). AI and Big Data: A blueprint for a human rights, social and ethical impact assessment. *Computer Law & Security Review*, 34(4), 754-772. https://doi.org/10.1016/j.clsr.2018.05.017

MARTÍNEZ MARTÍNEZ, J. A. (2023). Gobernanza algorítmica y legalidad constitucional. *Revista Española de Derecho Constitucional*, (129), 139-167.

Parlamento Europeo y Consejo de la Unión Europea. (2024). Reglamento (UE) 2024/1689 del Parlamento Europeo y del Consejo, de 13 de junio de 2024, por el que se establecen normas armonizadas en materia de inteligencia artificial y por el que se modifican los Reglamentos (CE) nº 300/2008, (UE) nº 167/2013, (UE) nº 168/2013, (UE) 2018/858, (UE) 2018/1139 y (UE) 2019/2144 y las Directivas 2014/90/UE, (UE) 2016/797 y (UE) 2020/1828 (Reglamento de Inteligencia Artificial - RIA).

Parlamento Europeo y Consejo de la Unión Europea. (2016). Reglamento (UE) 2016/679, General de Protección de Datos (RGPD). Diario Oficial de la Unión Europea, L119, 1-88.

POLLICINO, O. (2022). Constitutional identity and new technologies in the digital age. Hart Publishing.

Tribunal de Justicia de la Unión Europea (TJUE). (2014). Digital Rights Ireland Ltd v Minister for Communications, Asuntos acumulados C-293/12 y C-594/12.

Tribunal de Justicia de la Unión Europea (TJUE). (2015). Maximillian Schrems v Data Protection Commissioner, C-362/14.

WRIGHT, D. (2013). Making privacy impact assessment more effective. The Information Society, 29(5), 307-315. https://doi.org/10.1080/01972243.2013.825354

Implantación y uso de la Inteligencia Artificial. Medidas técnicas de seguridad

MIGUEL ÁNGEL ANDÚGAR MORENO
Delegado de Protección de Datos de la Asamblea de Extremadura
Jefe de la Unidad de Desarrollo y Mantenimiento de Aplicaciones Informáticas de la Asamblea de Extremadura
Responsable de Seguridad del Comité de Seguridad de la Información de la Asamblea de Extremadura

SUMARIO: I. INTELIGENCIA ARTIFICIAL (IA). 1. Aprendizaje automático (Machine Learning, ML). 2. Aprendizaje profundo (Deep Learning, DL.). II. MARCO NORMATIVO. III. LA INTELIGENCIA ARTIFICIAL EN EL RGPD. 1. Cumplimiento. IV. INTELIGENCIA ARTIFICIAL Y DERECHO. 1. El valor del contrato. V. RIESGOS DE LA INTELIGENCIA ARTIFICIAL RESPECTO A LA PROTECCIÓN DE DATOS. VI. INTELIGENCIA ARTIFICIAL Y CIBERSEGURIDAD. VII. IMPLANTACIÓN DE UN SISTEMA DE INTELIGENCIA ARTIFICIAL. 1. Estudio inicial. 2. Metodología de trabajo. 3. Seguridad del dato. 4. Implementación de la solución y puesta en producción. 5. Revisión y mejora. 6. Competencias digitales. VIII. COMITÉ DE SEGURIDAD Y PRIVACIDAD DE LA INFORMACIÓN. 1. Funciones. 2. Niveles de responsabilidad. 3. Estructura. IX. BIBLIOGRAFÍA.

RESUMEN: Partiendo del enfoque de la protección de datos en los Parlamentos, se analizan las medidas de seguridad necesarias para la implantación y uso de sistemas de inteligencia artificial.

ABSTRACT: Starting from the approach of data protection in Parliaments, the security measures necessary for the implementation and use of artificial intelligence systems are analyzed.

PALABRAS CLAVE: protección de datos, tecnología, inteligencia artificial, ciberseguridad, parlamentos.

KEY WORDS: data protection, technology, artificial intelligence, cybersecurity, parliaments.

I. INTELIGENCIA ARTIFICIAL (IA)

El Reglamento (UE) 2024/1689 del Parlamento Europeo y del Consejo de 13 de junio de 2024 establece en su Considerando 12, el concepto de Sistema de Inteligencia Artificial:

> *"«sistema de IA»: un sistema basado en máquinas que está diseñado para funcionar con diversos niveles de autonomía y que puede mostrar capacidad de adaptación tras su despliegue, y que, para objetivos explícitos o implícitos, infiere, a partir de la entrada que recibe, cómo generar salidas tales como predicciones, contenidos, recomendaciones o decisiones que pueden influir en entornos físicos o virtuales".*

El Grupo Independiente de Expertos de Alto Nivel sobre Inteligencia Artificial (AI - HLEG) creado por la Comisión Europea para desarrollar la Estrategia Europea en Inteligencia Artificial, propone la aplicación del término de Inteligencia Artificial a

> *"aquellos sistemas que manifiestan un comportamiento inteligente, al ser capaces de analizar el entorno y realizar acciones, con cierto grado de autonomía, con el fin de alcanzar objetivos específicos".*

Asociamos el significado de inteligencia artificial o IA, para aquellos sistemas de información que a partir del aprendizaje de sus propias experiencias son capaces de resolver problemas o situaciones determinadas.

La inteligencia artificial es un amplio campo de estudio que engloba diversas técnicas y tecnologías, que abarcan desde el aprendizaje automático hasta la lógica difusa, pasando por redes neuronales o la IA generativa.

Todo sistema IA está basado en uno o más componentes. Un componente IA es la implementación de un elemento que encapsula las funciones relacionadas con un proceso de inteligencia artificial y que puede incluir los algoritmos, los conjuntos de datos y otros elementos que permiten la ejecución de dicho componente.

Dentro del contexto de la IA, se sitúan sus diferentes modelos que forman parte del Aprendizaje Automático y/o del Aprendizaje profundo.

1. Aprendizaje Automático (Machine Learning, ML):

Se construyen modelos analíticos de datos entrenando máquinas o sistemas a partir de un gran conjunto de datos sobre los que se ejecutan algoritmos que les dan la capacidad de aprender a realizar la tarea en cuestión.

Las técnicas de aprendizaje automático abarcan el aprendizaje supervisado, el aprendizaje no supervisado y el aprendizaje por refuerzo.

- Aprendizaje supervisado: el modelo se entrena a partir de datos etiquetados, que son aquellos que tienen un valor correcto de salida para los datos de entrada introducidos. El componente debe reproducir este patrón en futuras ocasiones, para producir nuevos datos de salida, siguiendo la misma lógica.
- Aprendizaje no supervisado: el modelo se entrena con un conjunto de datos sin etiquetas. Se diseñan componentes para ser capaces de descubrir estructuras ocultas en los datos.
- Aprendizaje por refuerzo: en el proceso de entrenamiento, el modelo analiza y valora diferentes posibles actuaciones a partir de realizar ciertas acciones de las que recibe como respuesta señales de recompensas o penalizaciones, con el objetivo de determinar de forma automática, la más idónea dentro de un contexto específico.

El ciclo de vida de un componente IA lo compone el conjunto de etapas en el que se estructura la evolución del mismo, desde su concepción hasta su retirada. Las etapas principales en el caso de aprendizaje automático son las siguientes:

- Etapa de preprocesamiento: se trabaja sobre el conjunto de datos inicial que será la base del entrenamiento y las pruebas sobre el componente en su conjunto. Los datos están en bruto, sin estructura, incompletos y con disparidad de formatos. El resultado final de la etapa son dos conjuntos de datos, uno de ellos servirá para generar el modelo de aprendizaje y el otro será utilizado para su validación.
- Etapa de procesamiento: se prepara el código del componente para generar el modelo algorítmico a base de entrenamiento.

- Etapa de validación: se observa el comportamiento del modelo procesado, sobre el conjunto disjunto de los datos de entrenamiento y los resultados esperados.
- Etapa de implementación: se observa la fiabilidad del componente para su paso a producción.

2. *Aprendizaje Profundo (Deep Learning, DL)*

Técnica de aprendizaje automático que utiliza redes neuronales con tres o más capas, entendiéndose las neuronas como nodos organizados en capas de entrada, oculta y salida.

Estas redes neuronales artificiales (RNA) son capaces de aprender patrones y representaciones de datos en altos niveles de complejidad, que facilitan la resolución de tareas.

II. MARCO NORMATIVO

La Normativa Marco de referencia es la siguiente:

- Reglamento (UE) 2016/679 de 27 de abril de 2016 relativo a la protección de las personas físicas en lo que respecta al tratamiento de datos personales y a la libre circulación de estos datos (RGPD).
- Ley Orgánica 3/2018, de 5 de diciembre, de Protección de Datos Personales y garantía de los derechos digitales (LOPD-GDD).
- Reglamento (UE) 2022/868 del Parlamento Europeo y del Consejo de 30 de mayo de 2022 (Reglamento de gobernanza de datos).
- Reglamento (UE) 2024/1689 del Parlamento Europeo y del Consejo de 13 de junio de 2024 (Reglamento IA).

III. LA INTELIGENCIA ARTIFICIAL EN EL RGPD

El RGPD desarrolla determinados principios establecidos en el Capítulo II, que es donde se establecen las condiciones para que un tratamiento de datos personales sea legítimo:

- Licitud, lealtad y transparencia
- Limitación de la finalidad
- Minimización de datos
- Exactitud
- Limitación del plazo de conservación
- Integridad y confidencialidad

A lo largo del Capítulo III del RGPD, se establecen el conjunto de derechos de los individuos respecto a sus datos personales, en concreto los derechos de transparencia, información, acceso, rectificación, supresión, limitación, oposición, portabilidad y, el de quizás más importancia dentro de las aplicaciones de inteligencia artificial, como son los derechos que tienen los individuos en relación a la toma de decisiones automatizadas.

En el Capítulo IV del RGPD, se establece el modelo de responsabilidad proactiva, que señala la necesidad de incorporar una serie de garantías adicionales orientadas a gestionar el riesgo para los derechos y libertades de los individuos.

Por último, es menester mencionar que en el Capítulo V del RGPD, se establecen los requerimientos para la ejecución de transferencias de datos personales a terceros países u organizaciones internacionales.

1. Cumplimiento

El RGPD establece un conjunto mínimo de condiciones que deben cumplirse para garantizar la conformidad del tratamiento de datos realizado:

- Debe existir una base para la legitimación del tratamiento de datos personales, artículos 6 al 11 del RGPD.
- Obligación de informar y transparencia, artículos 12 al 14 del RGPD.
- Obligación de proporcionar mecanismos a los individuos para el ejercicio de sus derechos, respecto de los datos personales tratados, artículos 15 al 23 del RGPD.

- Aplicación del principio de responsabilidad proactiva, artículos 24 al 43 del RGPD.
- Obligación de mantener un registro de actividades de tratamiento, artículo 30 del RGPD.
- Cumplimiento de requerimientos para poder realizar transferencias internacionales de datos, artículos 44 al 50 del RGPD.

IV. INTELIGENCIA ARTIFICIAL Y DERECHO

"Primero los derechos fundamentales de las personas, después la tecnología".

Cualquier solución IA debe tener en cuenta este principio de prevalencia de los derechos fundamentales, como la protección de datos, sobre la tecnología.

Por tanto, podemos señalar que este principio de primacía de los derechos fundamentales sobre la tecnología resulta básico y esencial en el diseño de cualquier herramienta IA.

La relación entre Derecho y tecnología tiene su nexo base de unión en el derecho a la protección de datos. El mismo, surge como el primer foco donde se advierte la necesaria intervención del Derecho, configurándose como derecho fundamental.

La relación de la protección de datos con la IA es innegable. Por ello, todo componente IA que utilice datos personales ha de someterse a la normativa vigente sobre protección de datos.

La IA es una tecnología en sí misma, que a través de la combinación compleja de algoritmos se asemeja en cierto modo a las capacidades del ser humano. Dichos algoritmos pueden, aparte de emplear datos personales de los individuos, utilizarlos para generar a su vez más volúmenes de datos que aporten una información sobre el individuo que pueda resultar desconocida para el mismo. Todo ello, junto con el riesgo de elaboración de perfiles y de la producción de sesgos, debe ser claramente protegido.

En el Reglamento IA de la Unión Europea se establecen normas armonizadas sobre inteligencia artificial y se prohíben aquellos usos de la IA que directamente sean contrarios a los valores de la Unión o a los derechos fundamentales. Asimismo, establece requisitos específicos para los sistemas IA de alto riesgo y obligaciones para los operadores de dichos sistemas.

La Carta de Derechos Digitales, elaborada a partir del trabajo realizado por el Grupo asesor de Expertas y Expertos constituido por la Secretaría de Estado de Digitalización e Inteligencia Artificial del Ministerio de Asuntos Económicos y Transformación Digital, establece lo siguiente:

1. La inteligencia artificial deberá asegurar un enfoque centrado en la persona y su inalienable dignidad, perseguirá el bien común y asegurará cumplir con el principio de no maleficencia.

2. En el desarrollo y ciclo de vida de los sistemas de inteligencia artificial:

a) Se deberá garantizar el derecho a la no discriminación cualquiera que fuera su origen, causa o naturaleza, en relación con las decisiones, uso de datos y procesos basados en inteligencia artificial.

b) Se establecerán condiciones de transparencia, auditabilidad, explicabilidad, trazabilidad, supervisión humana y gobernanza. En todo caso, la información facilitada deberá ser accesible y comprensible.

c) Deberán garantizarse la accesibilidad, usabilidad y fiabilidad.

3. Las personas tienen derecho a solicitar una supervisión e intervención humana y a impugnar las decisiones automatizadas tomadas por sistemas de inteligencia artificial que produzcan efectos en su esfera personal y patrimonial.

1. El valor del contrato

Los contratos son un instrumento jurídico eficaz y procedente para garantizar la seguridad y la protección de los derechos fundamentales, desde el diseño y por defecto, respecto a un sistema IA y en relación con los sujetos participantes durante cualquier parte del proceso del ciclo de vida del mismo (diseño, desarrollo, entrada de datos, entrenamiento, licencia, comercialización, despliegue, producción, mantenimiento, soporte, actualización o auditoría).

Los contratos pueden ser de muy variada complejidad, alcance y contenido, dependiendo igualmente de si se trata de una licencia de uso del sistema IA, de adquisición de productos compuestos por algún componente IA, del propio sistema IA como producto, o de un servicio IA.

V. RIESGOS DE LA INTELIGENCIA ARTIFICIAL RESPECTO A LA PROTECCIÓN DE DATOS

La protección de las personas físicas en relación con el tratamiento de datos personales es un derecho fundamental.

El artículo 8, apartado 1, de la Carta de los Derechos Fundamentales de la Unión Europea y el artículo 16, apartado 1, del Tratado de Funcionamiento de la Unión Europea establecen que toda persona tiene derecho a la protección de los datos de carácter personal que le conciernan. Considerando 1 del RGPD.

El derecho fundamental a la protección de datos está desarrollado en un marco normativo que actualmente comprende el Reglamento 619/2016 del Parlamento Europeo y del Consejo, de 27 de abril de 2016, relativo a la protección de las personas físicas en lo que respecta al tratamiento de datos personales y a la libre circulación de estos datos y por el que se deroga la Directiva 95/46/CE (RGPD), y se complementa en la Ley Orgánica 3/2018, de 5 de diciembre, de Protección de Datos Personales y garantía de los derechos digitales (LOPDGDD).

La inteligencia artificial presenta inconvenientes en relación al cumplimiento normativo, la garantía de los derechos de los interesados y su seguridad jurídica. La garantía de los derechos y libertades de los individuos implicados precisa de un gobierno de datos adecuado, que cubra la calidad e integridad de los datos utilizados, así como la conveniencia de los algoritmos utilizados que asegure la privacidad durante el procesamiento de los datos.

Los Sistemas IA se pueden clasificar en función de su uso y propósito.

- Los Sistemas IA de propósito general son versátiles y no están limitados a un sector específico.

- Los Sistemas IA de alto riesgo pueden influir en decisiones importantes sobre temas de salud, seguridad o los derechos fundamentales.
- Los Sistemas IA prohibidos son aquellos que pueden causar daño físico o psicológico modificando el comportamiento de una persona.

Los modelos de los sistemas IA se apoyan en una gran cantidad de datos durante su proceso de aprendizaje y toma de decisiones. Por ello, es imprescindible garantizar que haya una legitimidad para su tratamiento, evitando que los sistemas a partir de sesgos o información inexacta o errores en el conjunto de datos, tomen decisiones erróneas o favorezcan a unos grupos sobre otros.

Cuando un sistema IA trata datos personales, incluidos los datos especialmente protegidos, se ha de tener especialmente en cuenta las restricciones establecidas en el artículo 9 del RGPD y en la LOPDGDD.

Si el sistema IA incluye autonomía en la toma de decisiones, se debe cumplir el considerando 71 y el artículo 22 del RGPD, en donde se limita y establecen derechos en relación a que los sujetos de los datos no sean sometidos a decisiones exclusivamente automatizadas que afecten significativamente al interesado, incluida la elaboración de perfiles de forma automática.

Los principios de protección de datos, establecidos en el artículo 5 del RGPD y elaborados en términos de medidas y garantías en el artículo 25, son los objetivos que deben alcanzarse al considerar el diseño, la implementación y el despliegue de una operación de tratamiento de datos en cualquier componente IA.

Aparte de las exigencias asociadas al cumplimiento normativo en protección de datos, siempre es aconsejable la supervisión humana cualificada en todo tratamiento basado en un sistema IA, especialmente si incluye una toma de decisiones automatizada. Así, de esta manera, se permite corregir una respuesta errónea del modelo, que suponga una limitación de derechos y libertades de los interesados.

A su vez es preciso prestar especial atención sobre sistemas IA que puedan estar enviando datos personales a terceros países que no cuentan con las garantías adecuadas, durante el proceso de ejecución de alguno o varios de sus componentes IA. Es decir, podemos tener componentes embebidos que se estén ejecutando en un servidor remoto en la nube, lo cual supone un riesgo añadido a gestionar.

A lo largo del ciclo de vida de un componente IA, podemos encontrarnos con los siguientes momentos en cuanto al tratamiento de datos personales:

- Cuando se utilicen datos personales en la etapa de desarrollo del componente IA.
- Cuando se utilicen datos personales en las etapas de validación del componente IA.
- Cuando se incluya el componente IA en un tratamiento de datos personales durante su etapa de puesta en producción.
- En cualquier otra etapa del ciclo de vida del componente IA, que involucre datos personales.

En dichos tratamientos se podrían utilizar conjuntos de datos y se podrían inferir nuevos datos personales. Todos ellos, directos o indirectos, originales o derivados, son datos personales en tanto en cuanto hagan referencia a un individuo identificado o identificable y por lo tanto objeto de protección de acuerdo con el artículo 1 del RGPD.

Los sistemas IA, tal y como se viene exponiendo, pueden provocar daños pero también pueden ofrecer importantes ventajas. Si utilizamos un modelo IA confiable, podemos considerarlo una gran ayuda que posibilitará potenciar los servicios de la institución, ganando además en eficacia y flexibilidad.

La Comisión Europea cataloga a una Inteligencia Artificial como confiable siempre que se cumplan los siguientes requisitos:

- Acción y supervisión humanas.
- Solidez técnica y seguridad.
- Gestión de la privacidad y de los datos.
- Transparencia.
- Diversidad, no discriminación y equidad.
- Bienestar social y ambiental.
- Rendición de cuentas.

VI. INTELIGENCIA ARTIFICIAL Y CIBERSEGURIDAD

La ciberseguridad es el escenario en donde se produce la lucha interminable entre atacantes y defensores, bajo la premisa de que el atacante suele ir por delante y de que el riesgo cero no existe.

Los ataques buscan explotar vulnerabilidades en los sistemas, mientras que la acción de defensa consiste en intentar prevenirlos, detectarlos y responder a los mismos.

La IA, en toda su esencia, se ha convertido en la principal arma de ataque y a su vez en la principal herramienta de defensa para afrontar los desafíos de la ciberseguridad.

Los ciberataques contra sistemas IA pueden dirigirse contra componentes de la IA, como los conjuntos de datos de entrenamiento o los modelos entrenados, o aprovechar las vulnerabilidades del resto del sistema tecnológico.

A su vez, los atacantes son cada vez más conscientes de cómo funcionan los sistemas de defensa basados en IA y están desarrollando técnicas específicas, como ataques adversarios, para engañar o eludir estos sistemas.

Es por ello que los sistemas IA deben verse siempre como una herramienta de defensa pero no la única, complementando a los métodos y procedimientos tradicionales de ciberseguridad. La combinación del conocimiento humano con las capacidades de la IA y la adecuación al conjunto de normas legales de aplicación conforman la mejor defensa contra las ciberamenazas.

Las soluciones IA suponen un importante baluarte a la hora de proteger la privacidad e implementar mecanismos que aseguren la protección de datos.

Desde la perspectiva de la privacidad de los datos y la defensa de los sistemas de información, las aplicaciones fundamentales de la IA en ciberseguridad son las siguientes:

- **Análisis predictivo**

Un sistema IA puede manejar datos históricos, estadísticos o probabilísticos con la finalidad de predecir vulnerabilidades o riesgos potenciales, permitiendo ajustar la estrategia de defensa.

- **Detección y respuesta ante amenazas**

Un sistema IA puede analizar el tráfico y flujo de información en la red con la finalidad de encontrar patrones de comportamiento anómalos o actividades sospechosas. Una vez detectada la amenaza, la IA es capaz de actuar con celeridad, al objeto de mitigar o neutralizar la misma.

- **Protección contra suplantación de identidad**

Un sistema IA capaz de analizar contenido en imágenes y patrones de textos en documentos, sirve para identificar ataques de suplantación de identidad o *phishing* con gran precisión.

- **Autenticación y gestión de identidad**

Un sistema IA, con el objetivo de disminuir el riesgo de accesos no autorizados, puede emplear técnicas de biometría avanzada, de comportamiento, así como otros factores avanzados de autenticación.

- **Análisis forense**

Un sistema IA, tras un incidente de seguridad provocado por un ataque, es capaz de analizar rápidamente la vulnerabilidad explotada, identificar los daños ocasionados y los sistemas de información que han resultado directa o indirectamente comprometidos.

- **Estrategia de seguridad**

Un sistema IA puede evaluar en detalle políticas de seguridad, normativas, reglas, procedimientos o protocolos, proponiendo mejoras o modificaciones a partir de las debilidades y deficiencias detectadas.

La integración efectiva de la ciberseguridad y de la inteligencia artificial exige no solo la combinación de tecnologías, sino también la colaboración entre los técnicos expertos en ambos campos. Esta colaboración potenciaría notablemente el sistema de defensa de la institución frente a las ciberamenazas. Lo ideal, no obstante, sería que las instituciones tuvieran personal técnico especializado en ambas áreas tecnológicas.

VII. IMPLANTACIÓN DE UN SISTEMA DE INTELIGENCIA ARTIFICIAL

El despliegue de herramientas IA exige una planificación escrupulosa que debe considerar los siguientes pasos:

1. Estudio inicial

Auditoría

Se realizará una auditoría que abarcará al conjunto de todos los servicios y sistemas tecnológicos, permitiendo definir las necesidades y objetivos de la implantación del sistema IA. De aquí saldrán definidos los requisitos de integración en la infraestructura tecnológica, abarcando tanto aspectos técnicos, como humanos y procedimentales.

La auditoría puede ser interna o externa, y debe ser una herramienta de transparencia y un elemento de control.

Es necesario realizar la auditoría para verificar, en función de la adecuación a las exigencias del RGPD, la validez del tratamiento de datos de los componentes IA que intervienen en la solución.

Toda auditoría de un componente IA que conlleve un tratamiento de datos personales deberá seguir los principios relativos al tratamiento definidos en el artículo 5 del RGPD: licitud, lealtad y transparencia, limitación de la finalidad, minimización de datos, exactitud, limitación del plazo de conservación, integridad y confidencialidad, y responsabilidad proactiva.

Análisis del tratamiento

Su principal finalidad es determinar el riesgo existente a partir de la identificación de amenazas, y a su vez establecer las medidas técnicas y organizativas apropiadas para gestionarlo.

Para determinar el nivel de riesgo de un tratamiento en el que existe un componente IA se debe tener en consideración:

- Los riesgos que se derivan del tratamiento en sí mismo.
- Los riesgos que se derivan del tratamiento con relación al contexto social y sus posibles efectos colaterales.

Evaluación de impacto de la privacidad (EIPD)

Se trata de una obligación establecida en el RGPD cuando los niveles de riesgo asociados al tratamiento son elevados.

Según el artículo 35 del RGPD cuando según el apartado 1, "*el tratamiento entrañe un alto riesgo para los derechos y libertades de las personas físicas*" llevará asociado la necesidad de que cada Responsable del Tratamiento (RT), realice una EIPD.

El asesoramiento del Delegado de Protección de Datos (DPD), es primordial a la hora de abordar la gestión del riesgo y poder aplicar de forma efectiva los mecanismos de responsabilidad proactiva. Concretamente, el artículo 35 del RGPD, le da al DPD un papel fundamental en la realización de la EIPD, siendo a su vez una de las herramientas para implementar la transparencia.

La EIPD ha de realizarse siempre antes del inicio del tratamiento de datos personales. De esta manera, será posible definir los requisitos de privacidad que se precisan antes de la implementación de una solución IA, pudiendo aplicarse así las medidas de privacidad desde el diseño y por defecto.

En definitiva, la EIPD debe definir las medidas concretas de privacidad por defecto y desde el diseño que se han de adoptar, así como la especificación de medidas enfocadas a implementar un sistema de gobernanza de los datos personales que permitan demostrar el cumplimiento de principios, derechos y garantías para gestionar el riesgo de los tratamientos realizados.

2. *Metodología de trabajo*

Desarrollo propio o soluciones de terceros

Se trata de analizar, valorar y decidir si se opta por una solución de mercado existente o por un desarrollo propio personalizado.

En ambas opciones se debe tener presente que la estrategia y metodología de seguridad debe incluir:

- Formación en ciberseguridad.
- Arquitectura. Instalación y configuración segura de sistemas, redes y comunicaciones.
- Software. Desarrollo seguro que incluya gestión de versiones, actualizaciones y mantenimiento.
- Auditoría de seguridad.
- Respaldo, respuesta y recuperación ante incidentes.

Fase de pruebas

Antes de la entrada en producción de la solución IA, es preciso realizar pruebas previamente en un entorno de desarrollo preparado a tal efecto, asegurando así su integración con el resto de sistemas.

Se realizarán pruebas de dos tipos:

- Caja negra: el análisis de caja negra se centra en explorar las vulnerabilidades de seguridad desde el punto de vista de un atacante externo.
- Caja blanca: El análisis de caja blanca se centra en explorar las vulnerabilidades de seguridad de la aplicación desde el punto de vista del desarrollador.

3. Seguridad del dato

El dato es la unidad básica de información y deberá estar convenientemente protegido dentro de la institución.

Una buena gobernanza de un espacio de datos debe garantizar una protección adecuada de la información, asegurando el control de acceso, la confidencialidad, la integridad, la trazabilidad, la autenticidad, la disponibilidad y la conservación de los datos almacenados.

Para proteger los datos debidamente, es preciso establecer medidas de seguridad enfocadas a los aspectos de prevención, disuasión, protección, detección, reacción y recuperación.

Para desplegar y operar un espacio de datos, son necesarias las siguientes acciones:

- Identificar las diferentes tipologías de datos que conformarán el espacio de datos.
- Conocer la vida útil del dato.
- Establecer políticas de acceso y uso de la información.
- Estudio de riesgos, vulnerabilidades y amenazas potenciales.
- Desarrollar medidas de seguridad adecuadas para detección, prevención y resolución de incidentes.
- Desarrollar planes de seguimiento, respaldo, gestión de crisis y recuperación.

4. Implementación de la solución y puesta en producción

Formación

Es preciso dotar a todo el personal que vaya a trabajar directa o indirectamente con la solución IA, de la formación adecuada.

Puesta en producción

Se pone en uso la herramienta IA. Es preciso prestar especial atención a los resultados obtenidos al inicio, por si es preciso la realización de algún ajuste en la misma.

5. *Revisión y mejora*

Análisis y evaluación del rendimiento

Periódicamente se evaluará la solución IA en su conjunto, verificando su utilidad y resultados.

El análisis de rendimiento consistirá en la realización de auditorías de seguridad, análisis de vulnerabilidades y pruebas de intrusión.

Adaptación a nuevas amenazas

El desarrollo continuado de la tecnología y la aparición constante de nuevas amenazas hace necesaria la evolución continua de las herramientas IA, pudiendo surgir nuevas características o capacidades que sean necesarias incluir en la solución.

El despliegue y puesta en producción de sistemas basados en IA es un proceso dinámico, que requiere una atención continua y una evaluación y ajuste constante, que garantice su utilidad contra las incipientes amenazas.

6. *Competencias digitales*

Es importante reforzar las competencias digitales. En el uso y avance de la inteligencia artificial, el personal debe adquirir nuevas capacidades tecnológicas que les permitan continuar con el ritmo de trabajo exigido.

Tal y como vemos, existen funciones de control, supervisión, vigilancia, inspección, registro, pruebas, etc. Por todo ello se requieren competencias y perfiles más avanzados en las instituciones, que reúnan conocimientos respecto a inteligencia artificial, ciberseguridad, gobierno del dato, derecho digital, desarrollo de aplicaciones, gestión de la nube, experiencia de usuario, contratación, protección de datos o transparencia.

Son imprescindibles perfiles transversales y multidisciplinares, especialistas en un área pero que tengan conocimientos generales de otras, que combinen formación de carácter jurídico y tecnológico. Es decir, es fundamental contar con tecnólogos que comprendan el procedimiento administrativo y las implicaciones en términos de derechos y garantías, así como juristas con conocimientos en derecho digital e inteligencia artificial.

VIII. COMITÉ DE SEGURIDAD Y PRIVACIDAD DE LA INFORMACIÓN

La puesta en producción de un modelo IA cuya toma de decisiones se base principalmente en el tratamiento automatizado de datos, exigirá una auditoría constante que acote el riesgo derivado de esta metodología.

Dada la complejidad de análisis respecto al comportamiento real de un modelo IA determinado, la auditoría deberá verificar que efectivamente los resultados que se obtienen son los adecuados, más allá de realizar un análisis de requisitos, una gestión de riesgos o un testeo del algoritmo. Debido a ello cabe señalar la importancia en el proceso de la participación humana, como una manera de mejora continua del sistema IA.

Por ello, es recomendable en todas aquellas instituciones en donde se trabaje con un sistema IA, la constitución de un Comité de Seguridad y Privacidad de la Información.

El objetivo de la seguridad y privacidad de la Información es garantizar la calidad de la información y la prestación continuada de los servicios, actuando preventivamente, supervisando la actividad diaria para detectar cualquier riesgo y amenaza, reaccionando con presteza a los incidentes para recuperarse lo antes posible.

La estructura del Comité de Seguridad y Privacidad de la Información aquí propuesta, toma como referencia la Guía de Seguridad de las TIC del Comité Criptológico Nacional (CCN), concretamente la CCN-STIC 801, realizando las adaptaciones pertinentes respecto a las propias características y fundamentos de la inteligencia artificial.

1. Funciones

Las funciones principales del Comité de Seguridad y Privacidad de la Información, son las siguientes:

- Coordinar todas las funciones de seguridad y privacidad de la institución.
- Velar por el cumplimiento de la normativa de aplicación legal, regulatoria y sectorial.
- Velar por el alineamiento de las actividades de seguridad y los objetivos de la institución.
- Es responsable de la elaboración y actualización de la Política de Seguridad de la Información (PSI).
- Elaborar planes de formación, así como requisitos de cualificación y formación del personal de la institución, desde el punto de vista de la seguridad y privacidad de la información.
- Supervisar y aprobar la gestión de riesgos de seguridad de la información.
- Recabar informes regularmente del estado de seguridad de la institución y de los posibles incidentes.
- Coordinar y dar respuesta al tratamiento de los riesgos detectados.
- Realizar el estudio y análisis de incidencias, adoptando las medidas correctoras necesarias.
- A través del Responsable de Seguridad, monitorizar el desempeño de los procesos de gestión de incidentes de seguridad, recomendando posibles actuaciones al respecto. En especial, asegurar la coordinación de las diferentes áreas de seguridad en la gestión de tales incidentes.
- Establecer controles periódicos de aseguramiento de la calidad de los sistemas.
- Promover la realización de auditorías periódicas, que permitan verificar el estado de la institución, en materia de seguridad y privacidad de la información.
- Garantizar que la seguridad y privacidad de la información se tenga en cuenta en todos los proyectos desde su concepción inicial hasta su puesta en producción. Concretamente, promo-

verá la creación y utilización de servicios horizontales que permitan un funcionamiento homogéneo de todos los sistemas de la institución.

2. Niveles de responsabilidad

Se diferencian tres niveles o grandes bloques de responsabilidad:

- **Nivel Gobierno.** La responsabilidad legal y la especificación de las necesidades o requisitos, que corresponde a la Dirección de la institución, así como al Responsable de la Información y al Responsable del Servicio.
- **Nivel Supervisión.** La supervisión, que corresponde al Responsable de Seguridad, al Responsable de Inteligencia Artificial y al Delegado de Protección de Datos, en sus respectivos ámbitos.
- **Nivel Operación.** La operación del sistema de información, que corresponde al Administrador de Seguridad y al Responsable Jurídico.

3. Estructura

El Comité de Seguridad y Privacidad de la Información, debe presentar la siguiente estructura:

- **Responsable de la Información**

El rol de Responsable de la Información será desempeñado por la persona con mayor rango jerárquico dentro de la Secretaría General de la institución.

Tiene la responsabilidad última del uso que se haga de una cierta información y, por tanto, de su protección. El Responsable de la Información es el responsable último de cualquier error o negligencia que conlleve un incidente de confidencialidad o de integridad (en materia de protección de datos) y de disponibilidad (en materia de seguridad de la información), sin perjuicio de las responsabilidades en que incurran el resto de responsables y trabajadores en el ejercicio de sus funciones y tareas.

Comunicará al gobierno de la institución la necesidad de suspender un servicio por incidentes de seguridad que afecten a la información tratada.

- **Responsable del Servicio**

El rol de Responsable del Servicio será desempeñado por la persona con mayor rango jerárquico del área TIC de la institución.

El Responsable del Servicio tiene la potestad de establecer los requisitos de los niveles de seguridad de los servicios disponibles en la institución.

La determinación de los niveles en cada dimensión de seguridad debe realizarse dentro del marco establecido en el Anexo I del Esquema Nacional de Seguridad.

Tendrá las siguientes funciones:

- Establecimiento de los requisitos de los servicios TIC en materia de seguridad, incluyendo los requisitos de interoperabilidad, accesibilidad y disponibilidad.
- Determinación los niveles de seguridad de los servicios.
- Identificación, evaluación y aprobación de los servicios tecnológicos prestados por la institución.
- Verificación del estado de seguridad de los servicios prestados.
- Como responsable último de los servicios, asume la responsabilidad final de implantar las medidas de protección de estos.
- Asume la responsabilidad de los riesgos sobre los servicios, monitorizarlos y aceptar el riesgo residual.

Comunicará al gobierno de la institución la necesidad de suspender un servicio por incidentes de seguridad que afecten al propio servicio.

- **Responsable de Seguridad**

El rol de Responsable de Seguridad será desempeñado por la persona más adecuada, acorde a sus conocimientos técnicos especializados en ciberseguridad.

Las dos funciones esenciales del Responsable de Seguridad son:

- Mantener la seguridad de la información manejada y de los servicios prestados por los sistemas de información en su ámbito de responsabilidad, de acuerdo a lo establecido en la Política de Seguridad de la Información de la institución.

- Promover la formación y concienciación en materia de seguridad de la información dentro de su ámbito de responsabilidad.

Además de ello, podrá desplegar entre otras, las siguientes funciones:

- Elaborar y proponer para aprobación por la organización las políticas de seguridad, que incluirán las medidas técnicas y organizativas, adecuadas y proporcionadas, para gestionar los riesgos potenciales para la seguridad de los sistemas de información.
- Desarrollar las políticas de seguridad, normativas y procedimientos derivados de la organización, supervisar su efectividad y llevar a cabo auditorías periódicas de seguridad.
- Elaborar el documento de Declaración de Aplicabilidad.
- Es responsable de la correcta ejecución de las instrucciones emanadas del Comité.
- Es responsable de la elaboración y seguimiento del Plan de Seguridad.
- Actuar como capacitador de buenas prácticas en seguridad, tanto en aspectos físicos como lógicos.
- Definir la tipología y la gestión del sistema de información, estableciendo los criterios de uso y los servicios disponibles en el mismo.
- Cerciorarse de que las medidas de seguridad se integren adecuadamente en el marco general de seguridad.

Constituirse como punto de contacto con la autoridad competente en materia de seguridad.

- **Delegado de Protección de Datos**

El delegado de protección de datos desempeñará sus funciones prestando la debida atención a los riesgos asociados a las operaciones de tratamiento, teniendo en cuenta la naturaleza, el alcance, el contexto y fines del tratamiento.

Tiene las siguientes funciones:

- Informar y asesorar al Comité de las obligaciones respecto del RGPD y de otras disposiciones de protección de datos de la Unión o de los Estados miembros.
- Supervisar el cumplimiento de lo dispuesto en el RGPD, de otras disposiciones de protección de datos de la Unión o de los Estados miembros y de las políticas del responsable o del encargado del tratamiento en materia de protección de datos personales.
- Ofrecer el asesoramiento que se le solicite acerca de la evaluación de impacto relativa a la protección de datos y supervisar su aplicación de conformidad con el artículo 35 del RGPD.
- Evaluar los daños y beneficios potenciales que, para los interesados en particular y para la sociedad en general, pueda suponer un determinado tratamiento.

- **Responsable IA**

El rol de Responsable IA será desempeñado por la persona más adecuada, acorde a sus conocimientos técnicos especializados en inteligencia artificial.

Será el responsable de que se utilice esta tecnología de manera ética, legal y responsable, garantizando que el contenido generado sea veraz, preciso y no dañe a terceros.

Además promoverá la formación y concienciación en materia de inteligencia artificial para todo el personal en contacto directo o indirecto con un sistema IA. También realizará auditorías periódicas, para comprobar que los componentes utilizados en los sistemas IA de toma automática de decisiones funcionan conforme a los requisitos establecidos.

El Responsable IA, puede proponer la suspensión temporal del tratamiento de una cierta información o la prestación de un determinado servicio dentro de su área, si aprecia deficiencias graves de seguridad que pudieran afectar a la satisfacción de los requisitos establecidos. La decisión final de la suspensión será tomada por el Comité de Seguridad de la Información.

- **Administrador de Seguridad**

El rol de Administrador de Seguridad será desempeñado por la persona más adecuada, acorde a sus conocimientos técnicos especializados.

Sus funciones más significativas serían las siguientes:

- Desarrollar, operar y mantener el sistema de información durante todo su ciclo de vida, incluyendo sus especificaciones, instalación y verificación de su correcto funcionamiento.
- Ejecutar los planes de seguridad aprobados.
- La implementación, gestión y mantenimiento de las medidas de seguridad aplicables al sistema de información.
- La gestión, configuración y actualización, en su caso, del hardware y software en los que se basan los mecanismos y servicios de seguridad del sistema de información.
- La gestión de las autorizaciones y privilegios concedidos a los usuarios del sistema, incluyendo la monitorización de que la actividad desarrollada en el sistema se ajusta a lo autorizado.
- La aplicación de los Procedimientos Operativos de Seguridad (POS).
- Asegurar que los controles de seguridad establecidos son adecuadamente observados.
- Asegurar que son aplicados los procedimientos aprobados para manejar el sistema de información.
- Supervisar las instalaciones de hardware y software, sus modificaciones y mejoras para asegurar que la seguridad no está comprometida y que en todo momento se ajustan a las autorizaciones pertinentes.
- Monitorizar el estado de seguridad del sistema proporcionado por las herramientas de gestión de eventos de seguridad y mecanismos de auditoría técnica implementados en el sistema.
- Informar al Responsable de Seguridad de cualquier anomalía, compromiso o vulnerabilidad relacionada con la seguridad.
- Colaborar en la investigación y resolución de incidentes de seguridad, desde su detección hasta su resolución.

- **Responsable Jurídico**

El rol de Responsable Jurídico será desempeñado por la persona más adecuada, acorde a sus conocimientos técnicos especializados en Derecho. Si en la institución predominan las soluciones técnicas de terceros, es conveniente a su vez poseer conocimientos específicos en las áreas de contratación y derecho tecnológico.

Su labor principal será el de asesoramiento jurídico al Comité de Seguridad, velando para que todas las decisiones adoptadas por el mismo, se enmarquen dentro de la normativa legislativa vigente.

El Responsable Jurídico ejercerá de Secretario del Comité de Seguridad, y como tal:

- Convoca las reuniones del Comité de Seguridad y Privacidad de la Información.
- Prepara los temas a tratar en las reuniones del Comité, aportando información puntual para la toma de decisiones.
- Elabora el acta de las reuniones.

Es responsable de la ejecución directa o delegada de las decisiones aprobadas.

IX. BIBLIOGRAFÍA

COLÓN DE CARVAJAL FIBLA, B. y GALLEGO GARCÍA, F. (2024). *La administración digital en la era de las tecnologías disruptivas.* Editorial: LA LEY Soluciones Legales.

COTINO HUESO, L. y CASTELLANOS CLARAMUNT, J. (2022). *Transparencia y Explicabilidad de la Inteligencia Artificial.* Editorial: Tirant lo Blanch.

MUÑOZ VELA, J. (2024). *La Regulación de la Inteligencia Artificial.* Editorial: Aranzadi.

Agencia Española de Protección de Datos (2020): "Adecuación al RGPD de tratamientos que incorporan Inteligencia Artificial. Una introducción".

Agencia Española de Protección de Datos (2020): "Tecnologías y Protección de Datos en las AA.PP.".

Agencia Española de Protección de Datos (2021): "Requisitos para Auditorías de Tratamientos que incluyan IA".

Agencia Española de Protección de Datos (2023): "Aproximación a los espacios de datos desde la perspectiva del RGPD".

Agencia Europea de Ciberseguridad (2022): "Ingeniería de la Protección de Datos".

Asociación de Delegados y Delegadas de Protección de Datos de Parlamentos (2024). *La protección de datos en el ámbito parlamentario.* ADPDP, Bilbao.

Boletín Oficial de la Asamblea de Extremadura (BOAE), Número 640, de 8 de junio de 2022.

Centro Criptológico Nacional (2019). "Guía de Seguridad de las TIC CCN-STIC-801".
Centro Criptológico Nacional (2020): "Guía de Seguridad de las TIC CCN-STIC-817".
Centro Criptológico Nacional (2021): "Guía de Seguridad de las TIC CCN-STIC-201".
Centro Criptológico Nacional (2023): "Aproximación a la Inteligencia Artificial y la ciberseguridad (BP/30)".
Centro Criptológico Nacional (2023): "Guía de Seguridad de las TIC CCN-STIC-812".
Centro Criptológico Nacional (2024): "Guía de Seguridad de las TIC CCN-STIC-813"
Centro Criptológico Nacional (2025): "Guía de Seguridad de las TIC CCN-STIC-105"
Ley Orgánica 3/2018, de 5 de diciembre, de Protección de Datos Personales y garantía de los derechos digitales (LOPDGDD).
Ministerio de Asuntos Económicos y Transformación Digital (2021): "Carta de Derechos Digitales".
Real Decreto 311/2022, de 3 de mayo, por el que se regula el Esquema Nacional de Seguridad.
Reglamento (UE) 2024/1689 del Parlamento Europeo y del Consejo de 13 de junio de 2024.
Reglamento (UE) 2022/868 del Parlamento Europeo y del Consejo de 30 de mayo de 2022 relativo a la gobernanza europea de datos.
Reglamento (UE) 2016/679 de 27 de abril de 2016 relativo a la protección de las personas físicas en lo que respecta al tratamiento de datos personales y a la libre circulación de estos datos (RGPD).

Aspectos psicológicos, sociológicos y políticos de la Inteligencia Artificial

IÑAKI GONZÁLEZ GONZÁLEZ

Delegado de Protección de Datos del Parlamento de Andalucía, del Defensor del Pueblo Andaluz y de la Junta Electoral de Andalucía. Letrado del Defensor del Pueblo Andaluz

SUMARIO: I. INTRODUCCIÓN. II. ¿QUÉ OCURRE EN NUESTRO CEREBRO? ¿POR QUÉ NOS COMPORTAMOS DE ESTA MANERA? III. EFECTOS SOBRE LA INTEGRIDAD DE LAS PERSONAS. IV. EFECTOS CONCRETOS SOBRE LA INFANCIA Y LA ADOLESCENCIA. V. MODULACIÓN DEL COMPORTAMIENTO Y EFECTOS SOBRE EL ESTADO DEMOCRÁTICO. VI. EL INTENTO FRUSTRADO DE MODIFICACIÓN DE LA LOREG PARA EL TRATAMIENTO DE DATOS REVELADORES DE OPINIONES POLÍTICAS POR PARTE DE LOS PARTIDOS POLÍTICOS. VII. EL TRATAMIENTO DE LA CUESTIÓN EN EL REGLAMENTO DE INTELIGENCIA ARTIFICIAL. VIII. EL TRATAMIENTO DE LA CUESTIÓN EN EL REGLAMENTO DE SERVICIOS DIGITALES. IX. REFLEXIONES FINALES. X. BIBLIOGRAFÍA

RESUMEN: A través del presente artículo, y tomando como base la evidencia científica existente hasta la fecha, el autor describe cómo el pensamiento y el comportamiento social puede ser modulado a través de herramientas y plataformas que incorporan complejos sistemas de inteligencia artificial diseñados y entrenados con dicho propósito. De este modo, alerta acerca de los riesgos que de ello se derivan para los derechos y libertades de la ciudadanía y, en última instancia, para los principios sobre los que se sustenta nuestro sistema democrático.

ABSTRACT: Through this article, and based on the scientific evidence available to date, the author describes how social thought and behavior can be modulated through tools and platforms that incorporate complex artificial intelligence systems designed and trained for this purpose. In this way, he warns about the risks that this poses to the rights and freedoms of citizens and, ultimately, to the principles on which our democratic system is based.

PALABRAS CLAVE: Inteligencia artificial, tecnología, democracia, infancia, adolescencia, derechos, libertades, comportamiento.

KEY WORDS: Artificial intelligence, technology, democracy, childhood, adolescence, rights, freedoms, behavior.

I. INTRODUCCIÓN

El análisis de la cuestión objeto del presente trabajo bien podría abordarse desde perspectivas sumamente dispares y al mismo tiempo complementarias entre sí.

En este sentido, hablar de Estado social y democrático de Derecho es hablar de la organización social y política de nuestro país, pero también de medio ambiente, de salud, de educación, de justicia o de servicios sociales; ámbitos todos ellos en los que la inteligencia artificial está llamada a jugar un papel determinante.

De este modo, el presente estudio bien podría incardinarse en el potencial que representa la inteligencia artificial como mecanismo para agilizar procesos, generar modelos predictivos y contribuir con ello a la mejora del interés público, de la calidad democrática y del Estado del bienestar.

Ejemplo de ello lo constituye la contribución que esta tecnología está suponiendo en el ámbito de la salud para la detección temprana y más eficaz del cáncer o para la investigación farmacéutica, entre otros.

También cabría acoger como hilo conductor del presente artículo, la perspectiva de la sostenibilidad, tomando como punto de partida los informes presentados por compañías como Google o Microsoft que evidencian enormes incrementos de emisiones derivadas de la popularización del uso de la inteligencia artificial generativa.

No obstante lo anterior, el contexto parlamentario en el que se imbrica la publicación obliga a descartar vectores de análisis como los apuntados para orientar las reflexiones hacia la incidencia que tiene la inteligencia artificial sobre los valores y los principios sobre los que sustentan las instituciones parlamentarias.

Desde esta perspectiva, la obra del filósofo español José Antonio Marina, titulada "Hacia dónde camina el ser humano", constituye una buena fuente de inspiración.

En ella, el autor reflexiona acerca de la influencia que la tecnología en general ha tenido en la evolución humana para, seguidamente, abordar la manera en la que la inteligencia artificial está condicionando el presente y el futuro de nuestra sociedad.

De este modo, a través de lo que denomina "*el triunfo de Skinner*", el filósofo español pone el foco de atención en el riesgo que supone el uso de la inteligencia artificial como mecanismo de gratificación de la manipulación social, más aún en el contexto actual en el que nos movemos que viene marcado por "l*a desconfianza en la verdad, la glorificación de la opinión, el debilitamiento de la atención y la psicologización de la felicidad*".

Ciertamente, lo que Marina pone de manifiesto a través de su acertado análisis no es ni más ni menos que lo que se evidencia a través de la observación pausada y reflexiva de la cruda realidad que nos circunda: el comportamiento de cualquier pareja o grupo de amigos cuando va a cenar a un restaurante, el de nuestras hijas e hijos a la salida de sus centros educativos, o el de cualquiera de nosotros cuando tenemos una pantalla en nuestras manos.

Y es que, aun a pesar de la inexistencia de elementos coactivos o amenazantes que vengan a condicionar el comportamiento de nuestra sociedad, lo cierto es que ésta se muestra sujeta a una constante sobreexposición a las pantallas que incide en la manera en la que actúa, llevando a padres y madres a prestar más atención a sus smartphones que a sus hijos e hijas, a parejas a sumirse en el más absoluto de los silencios ante la ansiada llegada de un "like" o un comentario a una publicación, o a hundir a unos y a otros en una espiral de insatisfacciones que abren la puerta a la depresión y, en ocasiones, hasta al suicidio.

II. ¿QUÉ OCURRE EN NUESTRO CEREBRO? ¿POR QUÉ NOS COMPORTAMOS DE ESTA MANERA?

En la obra "*Recupera tu mente. Reconquista tu vida*", la psiquiatra y escritora Marian Rojas-Estapé da respuesta a estas cuestiones de una manera didáctica. Para ello recurre a dos elementos que a su juicio constituyen la clave de la ecuación: la dopamina y la corteza prefrontal.

La primera es la sustancia del placer y está involucrada en la recompensa, en la motivación o en la sorpresa.

Según explica, cuando utilizamos las redes sociales o los videojuegos, por ejemplo, nuestro cerebro libera una gran cantidad de dopamina en respuesta al contenido y al formato altamente adictivo con el que están diseñadas.

> *"Las imágenes contienen novedad, sistema de recompensa variable... y enganchan. Uno puede acostumbrarse a buscar ese rato en los momentos de aburrimiento, de estrés, de preocupación, al caer la noche, al sentirse solo, cuando está cansado... y el cerebro, no olvides, recuerda lo que calma.*
>
> *Si le preguntas a un joven cuándo mira TikTok y analizas la respuesta, te darás cuenta de que lo hace cuando siente ciertas emociones o necesita evadirse. El problema es que al hacerlo anula el poder que tiene la mente de gestionar la soledad, el estrés, el aburrimiento o las situaciones complicadas. El cerebro buscará siempre la vía fácil en la pantalla. Y, por supuesto, esa dopamina liberada reforzará la conducta para seguir viendo más imágenes [...]".*

Por lo que se refiere a la corteza prefrontal, la doctora subraya que ésta es "*el centro neurálgico de nuestra fuerza de voluntad. Me ayuda a frenar y empatizar, frenar y contemplar, frenar y rezar, frenar y entender los problemas del entorno, etc.*"

Sin embargo, las permanentes *distracciones de luz-sonido-movimiento* que provoca en nuestra mente el recurso constante a las pantallas traen consigo su deterioro y hasta su anulación, lo que se traduce en "*menor atención, concentración y gestión de impulsos*".

Y a partir de ahí, el bucle perfecto, ya que a resultas del deterioro de la corteza prefontal, la persona tendrá menos capacidad reflexiva, de análisis y de autocontrol; en definitiva, menor capacidad para decir "basta", por lo que paulatinamente demandará mayores dosis de dopamina que, a su vez, seguirán causando estragos en la ya dañada corteza prefrontal.

En palabras de Rojas-Estapé, "*Cuanta más dopamina, más adicción y menos reflexión —menos CPF* (corteza prefrontal)—".

III. EFECTOS SOBRE LA INTEGRIDAD DE LAS PERSONAS

Mirando a nuestro alrededor o incluso autoevaluando el manejo que hacemos de nuestros dispositivos móviles, podremos identificar determinados patrones de comportamiento que se repiten en cada uno de nosotros.

Así, con gran probabilidad descubriremos que cada vez pasamos más tiempo conectados a las pantallas, que cada día que pasa somos más y más dependientes de ellas, que consumen una cantidad enorme de nuestro tiempo y que las situamos en lugares del todo preeminentes de nuestras vidas y de nuestro espacio.

Veremos cómo una piedra caprichosamente situada en medio de un sendero nos hace tropezar y apartar nuestra mirada de un vídeo de una red social; cenas que se enfrían tras el sonido de una notificación; o rabietas cada vez más frecuentes de nuestros hijos e hijas intentando llamar nuestra atención acaparada por un extraño que nos ofrece sabios consejos sobre cómo criar a nuestros menores.

Es posible incluso que nos descubramos a nosotros mismos desbloqueando una y otra vez la pantalla de nuestro móvil, de forma inconsciente, sin haber recibido llamada o notificación alguna; lo que se conoce como proceso de verificación automática que suele realizarse en espacios de tiempo de entre 15 y 30 minutos.

Constataremos, en definitiva, múltiples síntomas de adicción conductual (o adicción sin sustancias) que, como tal, tiene incidencias nefastas sobre nuestra salud y sobre el derecho a la integridad de la persona recogido en el apartado primero del artículo 3 de la Carta de los Derechos Fundamentales de la Unión Europea[1].

En relación a este particular, el pasado mes de noviembre de 2024 la Agencia Española de Protección de Datos presentó una interesante nota técnica sobre patrones adictivos y el derecho a la integridad

---

[1] Artículo 3. Derecho a la integridad de la persona.
1. Toda persona tiene derecho a su integridad física y psíquica.
2. En el marco de la medicina y la biología se respetarán en particular:
– el consentimiento libre e informado de la persona de que se trate, de acuerdo con las modalidades establecidas en la ley,
– la prohibición de las prácticas eugenésicas, y en particular las que tienen por finalidad la selección de las personas,
– la prohibición de que el cuerpo humano o partes del mismo en cuanto tales se conviertan en objeto de lucro,
– la prohibición de la clonación reproductora de seres humanos.

de la persona[2] que merece ser tomada en consideración en el presente trabajo.

En ella, la autoridad de control trae a colación los trabajos realizados en el año 2013 por la Asociación Estadounidense de Psiquiatría en relación a las adicciones conductuales, que concluyen la posibilidad de que éstas sean diagnosticadas ya que la investigación científica ha demostrado que activan "sistemas de recompensa similares a los activados por el abuso de drogas y produce algunos síntomas de comportamiento que parecen comparables a los producidos por los trastornos por uso de sustancias"[3].

Señala la Agencia que es preciso contar con estudios científicos más profusos que permitan identificar de manera explícita trastornos concretos debidos a comportamientos adictivos, en términos análogos a como se ha hecho en relación al trastorno del videojuego que ha sido incluido en la Undécima Revisión de la Clasificación Internacional de Enfermedades y Problemas de Salud Relacionados realizada por la Organización Mundial de la Salud.

No obstante, subraya que todos los trastornos asociados al consumo excesivo o comportamientos adictivos relacionados con las tecnologías tienen en común la existencia de patrones repetitivos que implican un riesgo para la salud física o mental y que los mismos persisten a pesar de los intentos de abstenerse o moderar el uso.

Identifica por lo demás seis elementos básicos que suelen estar presentes en todos estos trastornos: preocupación, alteración del estado de ánimo, tolerancia, conflicto, retraimiento y recaída.

Con todo, concluye que los principales efectos físicos y psíquicos que provocan son los siguientes[4]:

---

2 https://www.aepd.es/guias/patrones-adictivos-y-derecho-la-integridad.pdf

3 American Psychiatric Association (APA). Diagnostic and Statistical Manual of Mental Disorders (DSM-5). Washington: American Psychiatric Publishing, 2013.

4 Citados por la AEPD en la Nota técnica sobre patrones adictivos y derecho a la integridad:
World Health Organization. (2015). Public health implications of excessive use of the internet, computers, smartphones and similar electronic devices: Meeting report, Main Meeting Hall, Foundation for Promotion of Cancer Research, National Cancer Research Centre, Tokyo, Japan, 27-29 August 2014. World Health Organization.

- Efectos físicos:
  - Dolores musculoesqueléticos.
  - Alteración de la percepción del estado emocional.
  - Alteración del cerebro y neurodegeneración temprana.
- Efectos psíquicos:
  - Depresión.
  - Ansiedad y estrés.
  - Soledad.
  - Baja autoestima.
  - Insomnio y baja calidad del sueño.
  - Trastornos de la alimentación.
  - Baja satisfacción con la vida en general.

IV. EFECTOS CONCRETOS SOBRE LA INFANCIA Y ADOLESCENCIA

En el año 2023, la Asociación Española de Pediatría (AEP), a través del grupo de trabajo de Salud Digital del Comité de Promoción de la Salud, lanzó el Plan Digital Familiar de la AEP: una guía de recomendaciones adaptada a las necesidades de cada familia y a la edad de los menores que la componen.

Asimismo, elaboró otro documento de sugerencias titulado "Impacto de los dispositivos digitales en la enseñanza" que complementaba el Plan. El compromiso que adoptó este grupo de trabajo fue

---

van Velthoven, M. H., Powell, J., & Powell, G. (2018). Problematic smartphone use: Digital approaches to an emerging public health problem. Digital Health, 4, 2055207618759167.
Wong, H. Y. et al. (2020). Relationships between severity of internet gaming disorder, severity of problematic social media use, sleep quality and psychological distress. International journal of environmental research and public health, 17(6), 1879.
Stangl, F. J., Riedl, R., Kiemeswenger, R., & Montag, C. (2023). Negative psychological and physiological effects of social networking site use: The example of Facebook. Frontiers in Psychology, 14, 1141663.

revisar anualmente el contenido en base a la evidencia científica acumulada en el último año.

De este modo, en diciembre del año 2024 la AEP actualizó sus recomendaciones sobre el uso de las pantallas en la infancia y adolescencia, enfatizando que el impacto del uso excesivo de pantallas en este sector de la población es multifactorial y afecta a diversas áreas relacionadas con su salud y su bienestar.

- **Sueño**

Un mayor tiempo de uso de las redes sociales y videojuegos se asocia con: permanecer un menor número de horas en la cama, acostarse más tarde y mayor latencia del inicio del sueño. Además, el uso de pantallas antes de acostarse produce: un aumento de la somnolencia diurna; una disminución de la somnolencia nocturna; una reducción de la secreción de melatonina; un retraso del reloj circadiano; y una disminución y retraso del sueño REM. Todo ello favorece el estado de ánimo depresivo, las alteraciones de la conducta, la disminución de la autoestima, y la alteración del desarrollo cerebral.

- **Alimentación y nutrición**

Algunos estudios asocian el tiempo frente al televisor con una dieta menos saludable, favoreciendo el consumo de alimentos hipercalóricos y, por consiguiente, aumentando el riesgo de sobrepeso y obesidad.

- **Actividad física**

Se ha demostrado que los adolescentes que ya tienden al sedentarismo pasan más tiempo usando pantallas. Por el contrario, la limitación de su uso favorece la práctica de actividad física. Se recomienda la realización de actividad física moderada o vigorosa durante un mínimo de 60 minutos diarios en niños y adolescentes.

- **Riesgo cardiovascular**

La falta de ejercicio físico por dedicar demasiado tiempo a las pantallas aumenta el riesgo de desarrollar síndrome metabólico. Por el contrario, se ha vinculado la reducción del tiempo de pantallas con una reducción de la presión arterial y un aumento del colesterol "bueno" (HDL).

- **Fatiga visual**

El ojo seco, la picazón ocular, el lagrimeo, la sensación de tener un cuerpo extraño en el ojo o la visión borrosa son algunos de los síntomas causados por el exceso de pantallas, así como el dolor cérvico-lumbar, la fatiga general y la cefalea. Además, en la infancia y adolescencia favorece especialmente la miopía progresiva y el estrabismo agudo.

- **Volumen cerebral**

La evidencia científica apunta a una disminución del espesor de la corteza cerebral en varias regiones debido al uso excesivo de pantallas.

Junto a ello, la AEP se hizo eco de una nueva evidencia científica: la fuerte asociación que existe entre el tiempo que los padres y madres pasan frente a la pantalla y el que dedican sus hijos e hijas, sobre todo durante las comidas y en el dormitorio.

Además, señaló que estos estudios han relacionado ese tiempo de pantallas de los progenitores con la frecuencia de rabietas en sus hijos e hijas para llamar su atención y que los mismos confirman distintos impactos en el neurodesarrollo a diferentes edades.

Así, el uso de un teléfono para premiar o distraer a niños de 1 a 4 años provoca que los menores exijan los dispositivos para calmarse y que se frustren si se les niega.

El uso rutinario de dispositivos para distraer o calmar genera dificultad para el desarrollo de estrategias de autogestión, ocasiona dependencia de las pantallas para la regulación de las emociones y determinará dificultades de autorregulación en etapas posteriores. Por ese motivo, la AEP desaconseja el uso de pantallas antes de los seis años.

Por lo que hace a la etapa adolescente, la Asociación indica que en ella finaliza tanto la maduración del sistema límbico como la maduración de la corteza cerebral, interfiriendo los medios digitales de dos formas distintas: aumentando la activación de la región límbica, al estar expuestos a sistemas de gratificación inmediata, y disminuyendo la actividad frontal por efecto desplazamiento de los estímulos adecuados para la edad.

Además, la multitarea relacionada con las pantallas se asocia con peores resultados cognitivos, una disminución de la capacidad de filtrar las distracciones y un aumento de la impulsividad y disminución de la memoria de trabajo.

De este modo, se concluye por la AEP que los adolescentes que pasan demasiado tiempo frente a una pantalla tienen más probabilidad de presentar dificultades cognitivas graves.

Estudios adicionales apuntados por la Agencia Española de Protección de Datos en la aludida Nota técnica coinciden en señalar que los adolescentes y los adultos jóvenes son más vulnerables a los patrones adictivos.

Para alcanzar tal conclusión se apuntan diferentes causas:

- Por un lado, se trata de un grupo de población con mayor nivel de competencia digital lo que provoca en ellos una falsa sensación de seguridad; se sienten más cómodos utilizando medios de comunicación digitales; pasan más horas expuestos a patrones adictivos; tienen acceso a estos patrones cuando son muy pequeños y aún no han formado criterio ni suficiente autocontrol (todavía están desarrollando el control de sus impulsos); imitan a sus padres, madres y demás referentes adultos, afectados con los mismos trastornos, etc.
- Por otro lado, algunas de las causas de estos trastornos son muy comunes entre adolescentes y adultos jóvenes, como la ansiedad, la baja autoestima, la presión social o el miedo a perderse algo. Desafortunadamente, la gravedad de estos trastornos adictivos se asocia no sólo con una mayor tasa de problemas de salud mental, sino también con una mayor gravedad de sus síntomas. Los problemas de salud mental son una causa de trastornos, y los trastornos suelen empeorar los síntomas de los problemas de salud mental.
- Finalmente, los impactos de estos trastornos generalmente conducen a un rendimiento académico deficiente que afecta en gran medida a la calidad de las relaciones familiares y a los niveles de satisfacción con la vida, lo que se adiciona a una menor capacidad para procesar emociones, reconocerlas y expresarlas.

V. MODULACIÓN DEL COMPORTAMIENTO Y EFECTOS SOBRE EL ESTADO DEMOCRÁTICO

A resultas de las evidencias científicas traídas a colación, y más allá de las implicaciones que atañen específicamente a la protección de datos personales que ni mucho menos constituyen una cuestión baladí, lo verdaderamente alarmante es la existencia de una sutil, sigilosa y aparentemente tolerada estrategia de modulación del comportamiento de la población, impulsada por unos pocos, y que detrás de la misma bien podrían esconderse intenciones espurias capaces de provocar graves injerencias sobre otros derechos fundamentales de la ciudadanía y, en última instancia, la desestabilización de nuestro sistema democrático.

A este respecto, no debe obviarse que según los análisis más exhaustivos existentes en la materia, allá por los años 2021 y 2022, el 25% de la población mundial sufría algún trastorno relacionado con el uso de las redes sociales y las aplicaciones digitales, de lo que se extrae la enorme magnitud del problema que se suscita[5] y, por ende, de las consecuencias que pudieran derivarse del mismo.

La propia nota técnica previamente aludida señala a este respecto que "*La incorporación de operaciones que implementan patrones adictivos a los tratamientos de datos personales tiene importantes implicaciones para diferentes aspectos relativos a la protección de datos, como la responsabilidad proactiva (accountability), la aplicación efectiva de las obligaciones de protección de datos desde el diseño y por defecto, la transparencia, la licitud, la lealtad, la limitación de la finalidad, la minimización de datos, las decisiones automatizadas que afectan significativamente a los usuarios o el tratamiento de categorías especiales de datos. También implica un riesgo para los derechos y libertades de todos los usuarios. En particular, para el derecho a su integridad física y psíquica, pero también pueden provocar discriminación, exclusión, manipulación, socavar la autonomía individual,*

5 Cheng, C., Lau, Y. C., Chan, L., & Luk, J. W. (2021). Prevalence of social media addiction across 32 nations: Meta-analysis with subgroup analysis of classification schemes and cultural values. Addictive behaviors, 117, 106845.
Meng, S. Q. et al. (2022). Global prevalence of digital addiction in general population: A systematic review and meta-analysis. Clinical psychology review, 92, 102128.

influir en su proceso de pensamiento, sus emociones, su comportamiento, limitar su libertad de información y expresión, y afectar a su desarrollo. Estas consecuencias pueden ser especialmente graves para la infancia y los usuarios más jóvenes".

Trayendo de nuevo a colación al filósofo José Antonio Marina, éste concluye a través de sus estudios que las pantallas constituyen hoy en día una verdadera caja de Skinner: el gran experimento del padre del condicionamiento operante.

A través del mismo, se introducía a un animal en una caja que estaba equipada con unos mecanismos que permitían obtener alimento o bebida al realizar una determinada acción que se pretendía estimular, por ejemplo, tocar un pulsador o accionar una palanca.

De este modo se demostró que los animales, pero también las personas, tendemos a repetir aquellas conductas que nos generan consecuencias positivas y evitamos aquellas otras que nos provocan sensaciones negativas.

Se trata, ni más ni menos, de un mecanismo de control y modificación de la conducta del ser humano a través de las interacciones del individuo con su ambiente.

La cuestión es que las plataformas, herramientas y demás sistemas de interacción que disponemos en la actualidad han sido diseñadas incorporando tales mecanismos que, a su vez, están dotados de sofisticados sistemas de inteligencia artificial que garantizan un altísimo grado de eficacia en la consecución de los propósitos de control y de modulación del comportamiento humano que han sido reconocidos por los propios creadores.

Sobre el particular, Marina trae a colación en su obra las palabras expresadas en 2017 por quien fuera el primer presidente de Facebook, Sean Parker, en relación a las personas usuarias de la red social:

> *"Necesitamos darles un pequeño chute de dopamina de vez en cuando, porque a alguien le gustó o comentó una foto, o un mensaje, o lo que sea. Y eso va a conseguir que aporte más contenido, y eso va a conseguir que tenga más "me gusta" y más comentarios. Es un bucle de retroalimentación de validación social, exactamente el tipo de cosas que inventaría un hacker como yo, porque está explotando una vulnerabilidad de la psicología humana".*

En esta misma línea, cita la obra "*Hooked: How to build Habit-Forming Products*", de Nir Eyal, donde el reputado investigador estadounidense especializado en ingeniería del comportamiento dice:

> *"Admitámoslo: nos dedicamos al negocio de la persuasión. Los innovadores crean productos para convencer a la gente de que haga lo que queremos que haga. A esa gente los llamamos usuarios y, aunque no lo digamos en voz alta, deseamos secretamente que todos se enganchen endiabladamente a las cosas que fabricamos".*

De igual modo, subraya las palabras del historiador Siva Vaidhyanathan cuando, en relación a Facebook, señaló que la red social nos engancha como una bolsa de patatas fritas: "*Ofrece placeres frecuentes y banales*" (Anti-Social Media. Oxford University Press, 2018); o las del profesor Noah Harari, en su obra "*21 Lecciones para el siglo XXI*", donde advierte que "*Podrías ser perfectamente feliz cediendo toda la autoridad a los algoritmos y confiando en ellos para que decidan por ti y por el resto del mundo*".

Por lo que hace a las autoridades de control en materia de protección de datos, éstas también han alertado acerca del uso de patrones adictivos en el diseño de estas plataformas.

Así lo han hecho tanto el Comité Europeo de Protección de Datos[6] como la Agencia Española de Protección de Datos[7] en distintos estudios realizados sobre el particular.

En concreto, el análisis realizado por el Comité Europeo de Protección de Datos a través del documento "Guidelines 03/2022 on deceptive design patterns in social media platform interfaces: how to recognise and avoid them", se centró en los patrones engañosos para una serie de casos de uso en redes sociales.

Por su parte, en julio de 2024 la autoridad de control española llevó a cabo una revisión sistemática de la evidencia científica existente

---

6 EDPB Guidelines 03/2022 on Deceptive design patterns in social media platform interfaces: how to recognise and avoid them. Version 2.0. Adopted on 14 February 2023 https://www.edpb.europa.eu/system/files/2023-02/edpb_03-2022_guidelines_on_deceptive_design_patterns_in_social_media_platform_interfaces_v2_en_0.p

7 https://www.aepd.es/guias/patrones-adictivos-en-tratamiento-de-datos-personales.pdf

acerca de los patrones adictivos en diferentes plataformas, aplicaciones y servicios (redes sociales, pero también plataformas de vídeo o música, de contenido para adultos, juegos, entornos de aprendizaje, aplicaciones de salud y bienestar, etc.) lo que supone abordar, desde una perspectiva complementaria, nuevos casos de uso, complementando así las directrices del CEPD mediante un enfoque unificado de los patrones engañosos y adictivos.

A través de dicho estudio, la AEPD ha evidenciado que el modelo de negocio dispuesto por buena parte de los proveedores de plataformas, aplicaciones y servicios lleva a estas compañías a intentar alargar las sesiones de los usuarios cuando utilizan sus productos o a incrementar su nivel de compromiso y la cantidad de datos personales que se recogen sobre ellos.

Para ello, añaden operaciones adicionales al tratamiento de datos personales de sus usuarios para implementar patrones de diseño engañosos y adictivos[8] cuyo objetivo es manipular las acciones y decisiones de los usuarios, alertando la autoridad de control acerca de las implicaciones que de ello se derivan para derechos fundamentales y libertades públicas que alcanzan más allá del relativo a la protección de datos.

Alude así la Agencia a cómo estas prácticas, dispuestas de manera consciente en el proceso de diseño de plataformas y herramientas, son capaces de provocar discriminación, exclusión, manipulación, socavar la autonomía individual, influir en su proceso de pensamiento, sus emociones, su comportamiento, limitar su libertad de información y expresión, generar autocensura y afectar a la autonomía y al desarrollo.

Esta realidad que, insistimos, ha sido constatada a través de evidencias científicas, se antoja especialmente alarmante cuando la situamos en el contexto de los procesos electorales y de conformación de la voluntad política.

---

8 Se definen en el informe como características, atributos o prácticas de diseño que determinan una manera concreta de utilizar plataformas, aplicaciones o servicios digitales que persigue que los usuarios dediquen mucho más tiempo a utilizarlos o con un mayor grado de compromiso del esperado, conveniente o saludable para ellos.

No en vano, estudios como los desarrollados por Wolley y Howard[9] advierten acerca de los riesgos que para la democracia representa, entre otras, la propaganda computacional, señalando que la misma hace posible una "ingeniería social" capaz de romper por completo los modelos de opinión pública y de manipularla.

En efecto, este tipo de propaganda se desarrolla a partir del análisis e identificación de los sesgos caracteriológicos de los electores, haciendo posible el despliegue de campañas electorales hechas "a medida" del votante en base a sus emociones y convicciones políticas.

Así, a través de mecanismos de microsegmentación y sistemas que incorporan inteligencia artificial predictiva, el sistema es capaz de ofrecer un tipo de propaganda electoral altamente atractiva para cada elector ya que la misma se ajusta en atención a las características personales y psicológicas de éste, redefiniéndose de forma activa e inteligente a partir de una interacción virtual con el votante que va orientada a persuadirlo.

En este mismo sentido se posiciona González de la Garza[10], trayendo para ello a colación la campaña electoral de Donald Trump del año 2016 que se vio marcada por el escándalo de Cambridge Analytica.

La consultora británica recopiló datos de millones de usuarios de Facebook sin haber obtenido para ello su consentimiento, con el propósito de destinarlos a fines como el diseño de propaganda política. Así, a partir de tales datos y mediante un algoritmo, la compañía elaboró perfiles psicográficos de los electores, determinando su personalidad a partir de su actividad en Facebook.

El equipo de campaña de Trump utilizó esta información como técnica de microfocalización, mostrando mensajes personalizados a los votantes estadounidenses recurriendo para ello a distintas plataformas digitales.

---

9 Woolley, Samuel C, y Philip N. Howard, *Computational Propaganda: Political Parties, Politicians, and Political Manipulation on Social Media*, Oxford Studies, 2018.

10 González de la Garza, LM, "El contenido de las llamadas técnicas subliminales y las vulnerabilidades de grupo específico de personas en el Reglamento de inteligencia artificial", en Tratado sobre el Reglamento de Inteligencia Artificial de la Unión Europea, Aranzadi, 2024, pp. 259 y ss.

Cambridge Analytica empleaba para tal propósito entre cuarenta y cincuenta mil variantes de diferentes argumentos electorales informativos y medía, en tiempo real, la respuesta ofrecida a los mismos por parte de los electores. A partir de ahí, el sistema readaptaba los argumentos electorales en función de las respuestas recibidas.

El propósito consistía en identificar a los votantes a los que se podía persuadir para votar a Trump o, caso contrario, disuadirlos de votar por su oponente. Así, los simpatizantes de Trump recibieron imágenes triunfales de él e información sobre los colegios electorales, mientras que a los indecisos se les mostraban imágenes de los más importantes simpatizantes de Trump y gráficos o ideas negativas sobre su oponente: Hillary Clinton.

Como indica el autor, el cambio habido en el uso de estas plataformas ha sido del todo drástico toda vez que las mismas fueron creadas para combatir campañas de propaganda terrorista a través de "narrativas dinámicas" que modulaban la opinión pública y en la actualidad están siendo empleadas como eficaces herramientas para interferir en procesos electorales.

VI. EL INTENTO FRUSTRADO DE MODIFICACIÓN DE LA LOREG PARA EL TRATAMIENTO DE DATOS REVELADORES DE OPINIONES POLÍTICAS POR PARTE DE LOS PARTIDOS POLÍTICOS

Con ocasión de la tramitación parlamentaria del Proyecto de nueva Ley Orgánica de Protección de Datos, el Grupo Parlamentario Socialista introdujo una enmienda, la número 331, de adición de una Disposición final cuarta bis (nueva), con modificaciones a la Ley Orgánica 5/1985, de 19 de junio, del Régimen Electoral General (LOREG).

Entre tales modificaciones se proponía la adición de un nuevo artículo 58 bis, con el siguiente tenor literal:

> **Artículo 58 bis. Utilización de medios tecnológicos y datos personales en las actividades electorales**
>
> *"1. Conforme a lo establecido en el Considerando 56 del Reglamento (UE) 2016/679, se considera de interés público la recopilación y tratamiento de datos personales sobre las opiniones políticas de las personas*

que realicen los partidos políticos en el marco de sus actividades electorales únicamente cuando se ofrezcan garantías adecuadas.

2. Cuando la difusión de propaganda electoral en redes sociales o medios equivalentes se base en la elaboración sistemática y exhaustiva de perfiles electorales de personas físicas, deberá realizarse una previa evaluación de impacto relativa a la protección de datos personales en los términos previstos en el artículo 35 del Reglamento (UE) 2016/679. Dicha difusión no podrá realizarse cuando se identifique un alto riesgo para los derechos y libertades de las personas y no se adopten las medidas necesarias para impedirlo.

Quedan prohibidas las actividades de propaganda electoral basadas en la elaboración de perfiles electorales en redes sociales o equivalentes cuando no se informe a sus destinatarios sobre su finalidad, la identidad del responsable o la entidad contratada para su realización y los criterios de selección.

3. Los partidos políticos, coaliciones y agrupaciones electorales podrán utilizar datos personales obtenidos en páginas web y otras fuentes de acceso público para la realización de actividades políticas durante el periodo electoral.

4. El envío de propaganda electoral por medios electrónicos o sistemas de mensajería y la contratación de propaganda electoral en redes sociales o medios equivalentes no tendrán la consideración de actividad o comunicación comercial.

5. Las actividades divulgativas anteriormente referidas identificarán de modo destacado su naturaleza electoral.

6. Se facilitará al destinatario un modo sencillo y gratuito de ejercicio del derecho de oposición".

La motivación expresada para la incorporación de dicha enmienda no era otra que la necesidad de "*adecuar el Reglamento a las especificidades nacionales y establecer salvaguardas para impedir casos como el que vincula a Cambridge Analytica con el uso ilícito de datos de 50 millones de usuarios de Facebook para mercadotecnia electoral*".

De este modo, el Grupo parlamentario se hacía eco de la preocupación expresada por numerosos sectores sociales y, en particular, por varias autoridades nacionales de protección de datos[11], en torno a la posibilidad de manipulación de la ciudadanía en los procesos

---

11 En concreto, las autoridades italiana, francesa y británica en los años 2014, 2016 y 2017, respectivamente, y posteriormente el Supervisor europeo de protección de datos en el año 2018.

electorales, lo que hacía del todo necesaria la aplicación efectiva y eficaz de la normativa de protección de datos en el contexto electoral.

Por lo demás, el Considerando 56 del RGPD también servía de fundamento para la modificación propuesta, según se explicitaba en el apartado primero del artículo transcrito.

Ello, por cuanto que el legislador europeo reconocía al nacional la posibilidad de autorizar a partidos políticos la recopilación de datos personales sobre opiniones políticas de la ciudadanía, en el marco de actividades electorales, si el funcionamiento del sistema democrático así lo exigiera y en tanto en cuanto se ofrecieran garantías adecuadas.

Una posibilidad que ya se recogía en términos análogos en el Considerando 36 de la Directiva 95/46/CE[12], si bien hasta el momento el legislador español no había hecho uso de ella a pesar de que las preocupaciones sobre el tratamiento de datos personales en el contexto político se venían poniendo de manifiesto, al menos, desde el año 2005, con ocasión de la XXVII Conferencia Internacional de Autoridades de Protección de Datos, celebrada en Suiza.

La citada enmienda fue posteriormente transaccionada con el resto de grupos, de tal modo que, tras la oportuna tramitación parlamentaria, decantó en la Disposición final tercera de la Ley Orgánica 3/2018, de 5 de diciembre, de Protección de Datos Personales y garantía de los derechos digitales.

Se añadía así a la LOREG un nuevo artículo 58 bis que rezaba de la siguiente manera:

> **Artículo cincuenta y ocho bis. Utilización de medios tecnológicos y datos personales en las actividades electorales**
>
> *"1. La recopilación de datos personales relativos a las opiniones políticas de las personas que lleven a cabo los partidos políticos en el marco de*

---

12 El Considerando 36 de la Directiva 95/46/CE, del Parlamento europeo y del Consejo, de 24 de octubre de 1995, relativa a la protección de las personas físicas en lo que respecta al tratamiento de datos personales y a la libre circulación de estos datos, señalaba lo siguiente: "*(36) Considerando que, si en el marco de actividades relacionadas con las elecciones, el funcionamiento del sistema democrático en algunos Estados miembros exige que los partidos políticos recaben datos sobre la ideología política de los ciudadanos, podrá autorizarse el tratamiento de estos datos por motivos importantes de interés público, siempre que se establezcan las garantías adecuadas*".

sus actividades electorales se encontrará amparada en el interés público únicamente cuando se ofrezcan garantías adecuadas.

2. Los partidos políticos, coaliciones y agrupaciones electorales podrán utilizar datos personales obtenidos en páginas web y otras fuentes de acceso público para la realización de actividades políticas durante el periodo electoral.

3. El envío de propaganda electoral por medios electrónicos o sistemas de mensajería y la contratación de propaganda electoral en redes sociales o medios equivalentes no tendrán la consideración de actividad o comunicación comercial.

4. Las actividades divulgativas anteriormente referidas identificarán de modo destacado su naturaleza electoral.

5. Se facilitará al destinatario un modo sencillo y gratuito de ejercicio del derecho de oposición".

La polémica estaba servida habida cuenta las numerosas dudas suscitadas, no ya en torno al sometimiento de los partidos políticos al régimen previsto por el RGPD y en la LOPDGDD que había quedado resuelto a partir de lo dispuesto en el artículo 2.3 de la segunda, sino acerca del acomodo del artículo 58 bis de la LOREG al resto de ordenamiento jurídico.

Esta circunstancia motivó que la dirección de la Agencia Española de Protección de Datos solicitara al Gabinete Jurídico de la autoridad de control nacional la evacuación de informe sobre la interpretación y aplicación del citado artículo 58 bis.

Dicho informe[13], que vio la luz tan sólo 14 días después de la aprobación de la LOPDGDD, aludía a que la AEPD no había tenido ocasión de pronunciarse previamente sobre la cuestión, ya que la modificación operada de la LOREG traía causa de la enmienda previamente aludida y, en consecuencia, no se encontraba inserta en el Proyecto de Ley remitido por el Gobierno sobre el que la autoridad de control había emitido el correspondiente informe preceptivo.

Asimismo, indicaba la necesidad de realizar una interpretación restrictiva del precepto, subrayando que el mismo no amparaba ni la aplicación de tecnologías big data o inteligencia artificial para inferir la ideología política de una persona ni el uso de técnicas de micro-

---

[13] Informe 210070/2018, del Gabinete Jurídico de la Agencia Española de Protección de Datos.

targeting orientadas a forzar o desviar la voluntad de los electores, toda vez que ello resultaría inconstitucional y lesivo de derechos fundamentales.

Y finalmente señalaba la posibilidad que ostentaba la AEPD de aprobar una circular o una instrucción con eficacia "ad extra" en la que se recogiesen las garantías adecuadas a las que debían someterse los tratamientos previstos en el citado artículo 58 bis de la LOREG, y de ejercitar los poderes de investigación, correctivos y de autorización y consultivos previstos en el artículo 58 del RGPD.

Esta posibilidad, apuntada desde el Gabinete Jurídico, finalmente cristalizó con la aprobación de la Circular 1/2019, de 7 de marzo, de la Agencia Española de Protección de Datos, sobre el tratamiento de datos personales relativos a opiniones políticas y envío de propaganda electoral por medios electrónicos o sistemas de mensajería por parte de partidos políticos, federaciones, coaliciones y agrupaciones de electores al amparo del artículo 58 bis de la Ley Orgánica 5/1985, de 19 de junio, del Régimen Electoral General[14].

A través de la misma, la AEPD trataba de acotar el alcance del nuevo precepto de la LOREG y de concretar las garantías adecuadas que el legislador europeo señalaba como necesarias y que el nacional había obviado.

Pese a ello, dos días antes de la aprobación de dicha Circular, el Defensor del Pueblo interpuso recurso de inconstitucionalidad contra el apartado primero del reiteradamente citado artículo 58 bis de la LOREG, al entender vulnerado el artículo 18.4 de la CE en conexión con el artículo 53.1 CE.

Las razones en las que se sustentaba el recurso eran las siguientes:

- De una parte, la ausencia de determinación de la finalidad del tratamiento, más allá de la mención genérica que el precepto recurrido hacía al "interés público".
- De otra parte, que el tratamiento no había sido limitado regulando pormenorizadamente las restricciones al derecho fundamental.

---

14 BOE nº 60, de 11 de marzo de 2019, pp. 22834 a 22840.

- Y de otra parte, la falta de fijación de garantías adecuadas para proteger los derechos fundamentales afectados.

La abogacía del Estado alegaba de contrario que la finalidad del tratamiento sí había sido determinada por el legislador, concretándose en el mejor funcionamiento del sistema democrático; y que las garantías adecuadas se desprendían de la literalidad del precepto impugnado, del sentido de la enmienda de adición de la que traía causa y de las dos normas reguladoras del derecho fundamental en nuestro país, esto es, del RGPD y de la LOPDGDD.

La controversia fue finalmente dirimida por el Tribunal Constitucional a través de la Sentencia núm. 76/2019 de 22 mayo (RTC 2019, 76), estimando el recurso y declarando inconstitucional y nulo el apartado primero del artículo 58 bis de la LOREG.

El fundamento de tal conclusión lo sitúa el Tribunal en el hecho de que la LOPDGDD no fijó por sí misma las garantías adecuadas en lo que respecta específicamente a la recopilación, por los partidos políticos, de datos personales relativos a las opiniones políticas en el marco de sus actividades electorales, indicando en consecuencia que tal circunstancia "*constituye una injerencia en el derecho fundamental a la protección de datos personales de gravedad similar a la que causaría una intromisión directa en su contenido nuclear*".

Los magistrados parten de que el RGPD no excluye de antemano que los Estados miembros puedan "*autorizar la recopilación de datos personales sobre las opiniones políticas en el marco de actividades electorales, si bien esa autorización está expresamente condicionada al establecimiento de "garantías adecuadas", como se desprende de su considerando 56*".

La necesidad de establecer dichas garantías adecuadas para procurar el respeto del contenido esencial del derecho a la protección de datos fue señalada en su momento por el Tribunal Constitucional con ocasión de la STC 292/2000, de 30 noviembre (RTC 2000, 29), siendo tal doctrina coincidente con la seguida por el Tribunal de Justicia de la Unión Europea[15].

---

15 STJUE, de 8 de abril de 2014 (TJCE 2014, 104), asuntos acumulados C-293/12 y C-594/12, Digital Rights Ireland Ltd.

Su fijación resulta además de especial importancia cuando el tratamiento afecta a categorías especiales de datos, como ocurre en el caso de las opiniones políticas.

Sin embargo, señala el Tribunal, la previsión de dichas garantías adecuadas "*no puede diferirse a un momento posterior a la regulación legal del tratamiento de datos personales de que se trate*", de forma tal que las mismas "*deben estar incorporadas a la propia regulación legal del tratamiento, ya sea directamente o por remisión expresa y perfectamente delimitada a fuentes externas que posean el rango normativo adecuado*".

Ello, por exigencia del principio de reserva de ley contenido en el artículo 53.1 CE, que no se limita a exigir que una ley habilite una determinada medida restrictiva de derechos fundamentales sino que también requiere que el legislador predetermine los supuestos, las condiciones y las garantías en que procede la adopción de dichas medidas.

Es por tal motivo por lo que no estima las alegaciones de la abogacía del Estado al entender que el precepto impugnado ni contiene ni especifica las garantías adecuadas que se requieren; que las mismas no se pueden inferir de las enmiendas al proyecto de ley que, por lo demás, no constituyen una disposición legal; y que la insuficiencia de la ley no puede ser colmada por vía interpretativa, recurriendo al régimen general contenido en el RGPD y en la LOPDGDD, ni mediante la aprobación de una Circular de la AEPD, que no tiene tal cometido, ni mediante una interpretación conforme ya que no se está ante varias interpretaciones posibles de la norma igualmente razonables sino "*ante la insuficiencia de regulación detectada en una norma de desarrollo de un derecho fundamental*".

En cuanto a la tacha de inconstitucionalidad fundamentada en la ausencia de determinación de la finalidad del tratamiento, el Tribunal trae a colación la doctrina puesta de manifiesto en la citada STC 292/2000, señalando que la legitimidad constitucional de la restricción del derecho a la protección de datos no puede estar basada, por sí sola, en la invocación genérica de un determinado "interés público", de forma que la disposición legal debió haber identificado con la suficiente claridad la finalidad del tratamiento de los datos por parte de los partidos políticos.

Finalmente, sobre la falta de regulación pormenorizada de las restricciones al derecho fundamental, se indica que el precepto recurrido únicamente condiciona la recopilación de opiniones políticas a que ésta se realice en el marco de la actividad electoral de los partidos políticos, no resultando ello conforme a las exigencias de certeza que han de presidir cualquier injerencia de un derecho fundamental dado que dicha limitación "resulta insuficiente para determinar si las operaciones que puedan llevar a cabo los partidos políticos serán o no el fruto previsible de la razonable aplicación de lo decidido por el legislador" (SSTC 49/1999, de 5 de abril (RTC 1999, 49), FJ 4; y 154/2014, de 22 de septiembre (RTC 2014, 154), FJ 7).

Con todo ello, la posibilidad de recopilación de datos relativos a opiniones políticas por parte de los partidos ha sido notablemente limitada a resultas de esta declaración de inconstitucionalidad que, por lo demás, no afecta al resto de apartados del artículo 58 bis de la LOREG.

Persisten de este modo dudas razonables en torno a otros incisos de la norma, como ocurre con el apartado tercero donde se señala que "*el envío de propaganda electoral por medios electrónicos o sistemas de mensajería y la contratación de propaganda electoral en redes sociales o medios equivalentes no tendrán la consideración de actividad o comunicación comercial*".

Esta disposición resulta acorde al criterio de la AEPD, si bien éste no se compadece con el mantenido por la autoridad de protección de datos británica, explicitado a través de la guía elaborada sobre marketing directo[16] y en la guía sobre campañas políticas[17], con apoyatura en lo resuelto por el Information Tribunal In Scottish National Party v Information Commissioner (EA/2005/0021, 15 May 2006)[18].

Queda por tanto mucho que aclarar en torno al tratamiento de datos reveladores de opiniones políticas que llevan a cabo los partidos políticos.

---

16 https://ico.org.uk/media/1555/direct-marketing-guidance.pdf

17 https://ico.org.uk/media/for-organisations/documents/1589/promotion_of_a_political_party.pdf

18 http://informationrights.decisions.tribunals.gov.uk/DBFiles/Decision/i111/SNP.pdf

VII. EL TRATAMIENTO DE LA CUESTIÓN EN EL REGLAMENTO DE INTELIGENCIA ARTIFICIAL[19]

El legislador europeo no es ajeno a los riesgos a los que se alude en el presente trabajo.

En este sentido lo explicita el Considerando 28 del Reglamento de Inteligencia Artificial cuando, tras aludir a los múltiples usos beneficiosos que puede tener esta tecnología, señala cómo la misma también puede utilizarse indebidamente proporcionando nuevas y poderosas herramientas para llevar a cabo prácticas de manipulación, explotación y control social que "*son sumamente perjudiciales e incorrectas y deben estar prohibidas, pues van en contra de los valores de la Unión de respeto de la dignidad humana, la libertad, la igualdad, la democracia y el Estado de Derecho y de los derechos fundamentales consagrados en la Carta*".

El Considerando 29 ahonda en la cuestión haciendo referencia a cómo la inteligencia artificial permite manipular a la ciudadanía mediante mecanismos de persuasión, llevándola a adoptar comportamientos no deseados o a tomar decisiones a partir de engaños que socavan y perjudican su autonomía, su toma de decisiones y su capacidad de elegir libremente.

Subraya el legislador la especial peligrosidad que entraña "*la puesta en servicio o la utilización de determinados sistemas de IA con el objetivo o al efecto de alterar de manera sustancial el comportamiento humano, con la consiguiente probabilidad de que se produzcan perjuicios considerables*", justificando de este modo la necesidad de prohibir su introducción en el mercado de la Unión.

Alerta, por lo demás, que estos sistemas de inteligencia artificial "*utilizan componentes subliminales, como estímulos de audio, imagen o vídeo que las personas no pueden percibir —ya que dichos estímulos trascienden la percepción humana—, u otras técnicas manipulativas o engañosas que*

---

19 Reglamento (UE) 2024/1689 del Parlamento Europeo y del Consejo, de 13 de junio de 2024, por el que se establecen normas armonizadas en materia de inteligencia artificial y por el que se modifican los Reglamentos (CE) nº 300/2008, (UE) nº 167/2013, (UE) nº 168/2013, (UE) 2018/858, (UE) 2018/1139 y (UE) 2019/2144 y las Directivas 2014/90/UE, (UE) 2016/797 y (UE) 2020/1828 (Reglamento de Inteligencia Artificial).

socavan o perjudican la autonomía, la toma de decisiones o la capacidad de elegir libremente de las personas de maneras de las que estas no son realmente conscientes de dichas técnicas o, cuando lo son, pueden seguir siendo engañadas o no pueden controlarlas u oponerles resistencia".

A resultas de ello, el Reglamento de Inteligencia Artificial incorpora un extenso artículo 5 dedicado a la prohibición de determinadas prácticas de inteligencia artificial, entre las que se incluyen las analizadas a través del presente trabajo.

En concreto, la letra a) del apartado primero de dicho artículo 5 prohíbe:

> "a) *la introducción en el mercado, la puesta en servicio o la utilización de un sistema de IA que se sirva de técnicas subliminales que trasciendan la conciencia de una persona o de técnicas deliberadamente manipuladoras o engañosas con el objetivo o el efecto de alterar de manera sustancial el comportamiento de una persona o un colectivo de personas, mermando de manera apreciable su capacidad para tomar una decisión informada y haciendo que tomen una decisión que de otro modo no habrían tomado, de un modo que provoque, o sea razonablemente probable que provoque, perjuicios considerables a esa persona, a otra persona o a un colectivo de personas*".

VIII. EL TRATAMIENTO DE LA CUESTIÓN EN EL REGLAMENTO DE SERVICIOS DIGITALES[20]

Desde el 17 de febrero de 2024, el Reglamento de Servicios Digitales resulta de aplicación, en toda su extensión y de forma directa, en todos los Estados miembro de la Unión Europea.

A través del mismo, el legislador requiere que todos los servicios digitales que utilizamos, especialmente las llamadas "plataformas en línea de muy gran tamaño", como Instagram, Snapchat, TikTok o YouTube, así como los "motores de búsqueda en línea de muy gran tamaño", como Google o Bing, apliquen más medidas para proteger

---

[20] Reglamento (UE) 2022/2065 del Parlamento Europeo y del Consejo de 19 de octubre de 2022 relativo a un mercado único de servicios digitales y por el que se modifica la Directiva 2000/31/CE (Reglamento de Servicios Digitales).

los derechos de sus usuarios, garantizar la seguridad y frenar la difusión de contenido ilícito o inapropiado.

La razón de ser de ello de nuevo parte del reconocimiento de la posibilidad de uso de este tipo de plataformas como instrumento para influir, entre otros, en la seguridad en línea, en la opinión y en el discurso público.

Señala así el legislador, en el Considerando 79, que el diseño de los servicios ofrecidos a través de estas plataformas "*se optimiza en general para beneficio de sus modelos de negocio, a menudo basados en la publicidad, y pueden causar inquietudes en la sociedad. Son necesarias una regulación y una ejecución efectivas para detectar y reducir eficazmente los riesgos y los perjuicios sociales y económicos que puedan surgir. Por tanto, de acuerdo con el presente Reglamento, los prestadores de plataformas en línea de muy gran tamaño y motores de búsqueda en línea de muy gran tamaño deben evaluar los riesgos sistémicos que entraña el diseño, funcionamiento y uso de sus servicios, así como los posibles usos indebidos por parte de los destinatarios de estos servicios, y deben adoptar medidas de reducción de riesgos apropiadas respetando los derechos fundamentales*".

De este modo, los prestadores de plataformas en línea de muy gran tamaño y de motores de búsqueda en línea de muy gran tamaño deben evaluar en profundidad cuatro categorías de riesgos sistémicos, entre los que se sitúan los descritos específicamente en el Considerando 82, a saber: "*los efectos negativos reales o previsibles sobre los procesos democráticos, el discurso cívico y los procesos electorales, así como sobre la seguridad pública*".

El Reglamento de Servicios Digitales también prohíbe las "interfaces engañosas", a las que alude el Considerando 67.

Las describe como "*prácticas que distorsionan o merman sustancialmente, de forma deliberada o efectiva, la capacidad de los destinatarios del servicio de tomar decisiones autónomas y con conocimiento de causa*".

Entre estas prácticas se incluyen "*las opciones de diseño abusivas que dirigen al destinatario hacia acciones que benefician al prestador de plataformas en línea, pero que pueden no favorecer los intereses de los destinatarios, al presentar opciones de una manera que no es neutra, por ejemplo, dando más protagonismo a determinadas opciones mediante componentes visuales, auditivos o de otro tipo, cuando se le pide al destinatario del servicio que tome una decisión*".

Estas prácticas *"pueden utilizarse para persuadir a los destinatarios del servicio de que adopten comportamientos no deseados o decisiones no deseadas que tienen consecuencias negativas para ellos"*, concluyendo así el legislador europeo la necesidad de prohibir a los prestadores de plataformas en línea *"engañar o empujar en esta dirección a los destinatarios del servicio y distorsionar u obstaculizar la autonomía, la toma de decisiones o la capacidad de elección de los destinatarios del servicio a través de la estructura, el diseño o las funcionalidades de una interfaz en línea o una parte de esta"*.

Así lo hace el apartado primero del artículo 25 del Reglamento al prever lo siguiente:

> *"1. Los prestadores de plataformas en línea no diseñarán, organizarán ni gestionarán sus interfaces en línea de manera que engañen o manipulen a los destinatarios del servicio o de manera que distorsionen u obstaculicen sustancialmente de otro modo la capacidad de los destinatarios de su servicio de tomar decisiones libres e informadas".*

Asimismo, el Reglamento exige que las plataformas en línea tengan en cuenta el impacto de sus servicios, entre otros, en ámbitos de tanta relevancia como los procesos electorales.

En particular, el apartado primero del artículo 34 del Reglamento prevé lo siguiente:

> *"1. Los prestadores de plataformas en línea de muy gran tamaño y los motores de búsqueda en línea de muy gran tamaño detectarán, analizarán y evaluarán con diligencia cualquier riesgo sistémico en la Unión que se derive del diseño o del funcionamiento de su servicio y los sistemas relacionados con este, incluidos los sistemas algorítmicos, o del uso que se haga de sus servicios.*
>
> *Llevarán a cabo las evaluaciones de riesgos a más tardar en la fecha de aplicación a que se refiere el artículo 33, apartado 6, párrafo segundo, y al menos una vez al año a partir de entonces, y en cualquier caso antes de desplegar funcionalidades que puedan tener un impacto crítico en los riesgos detectados con arreglo al presente artículo. Esta evaluación de riesgos será específica de sus servicios y proporcionada a los riesgos sistémicos, teniendo en cuenta su gravedad y probabilidad, e incluirá los siguientes riesgos sistémicos:*
>
> *[...]*
>
> *c) cualquier efecto negativo real o previsible sobre el discurso cívico y los procesos electorales, así como sobre la seguridad pública";*

Por su parte, el artículo 35 alude a las medidas de reducción de riesgos que deben ser implementadas por los prestadores de plataformas en línea de muy gran tamaño y de motores de búsqueda en línea de muy gran tamaño, incluyendo entre ellas las siguientes:

- la adaptación del diseño, las características o el funcionamiento de sus servicios, incluidas sus interfaces en línea.
- la realización de pruebas y la adaptación de sus sistemas algorítmicos, incluidos sus sistemas de recomendación.
- la adopción de medidas de concienciación y la adaptación de su interfaz en línea con el fin de proporcionar más información a los destinatarios del servicio.
- garantizar que un elemento de información, ya se trate de imagen, audio o vídeo generado o manipulado que se asemeja notablemente a personas, objetos, lugares u otras entidades o sucesos existentes y que puede inducir erróneamente a una persona a pensar que son auténticos o verídicos, se distinga mediante indicaciones destacadas cuando se presente en sus interfaces en línea y, además, proporcionar una funcionalidad fácil de utilizar que permita a los destinatarios del servicio señalar dicha información.

IX. REFLEXIONES FINALES

El análisis realizado del marco regulatorio actual permite evidenciar cómo el legislador ha propiciado el despliegue de la inteligencia artificial en nuestra sociedad dando cabida a las innegables ventajas que la misma ofrece, si bien minimizando los riesgos que representa para nuestro sistema democrático la introducción en el mercado único europeo de plataformas y sistemas diseñados para manipular o engañar a la ciudadanía y que constituyen la otra cara de una misma moneda.

Desde esta perspectiva, y sin menoscabo de la necesaria modulación que requiera nuestro ordenamiento jurídico a resultas de la identificación de nuevas necesidades que puedan surgir en un futuro más o menos inmediato, cabe concluir que el poder legislativo ha sabido reaccionar ante los retos planteados por la evolución tecnológica.

No obstante lo anterior, se detecta que la construcción de un marco regulatorio adecuado no resulta por sí mismo suficiente para poner fin a realidades que concurren en nuestra sociedad, que bien pueden poner en riesgo los pilares sobre los que se sustenta nuestro sistema democrático.

Procede pues llamar la atención del resto de poderes del Estado al objeto de que los mismos se sumen a una estrategia común, debidamente alineada y orientada a garantizar el interés público general, el pleno respeto de los valores sobre los que se construye la Unión Europea, así como los derechos fundamentales y libertades públicas de la ciudadanía.

Y es que, cuando las evidencias científicas llevan, por ejemplo, a que la comunidad médica pediátrica alce la voz alertando sobre los riesgos que para la integridad física y psicológica de nuestros menores representa el uso indiscriminado de pantallas, la administración educativa española parece obviar esta realidad hasta el punto de encauzar buena parte del actual sistema docente a través del uso obligatorio de plataformas y herramientas educativas digitales que en muchos casos ni siquiera han sido evaluadas conforme a los requerimientos de nuestro ordenamiento jurídico o que incluso han sido descartadas por países de nuestro entorno por suponer un riesgo para los derechos fundamentales de los menores.

Tampoco se entiende la aparente pasividad que muestran estos otros poderes del Estado ante las evidencias de utilización de patrones adictivos en plataformas y redes sociales de amplísima difusión en España; una realidad que confronta con la existente en países como Estados Unidos o Australia con menor tradición en la disposición de garantías normativas de protección de derechos fundamentales.

A este respecto, procede traer a colación la reciente iniciativa adoptada por el estado australiano de prohibir el uso de redes sociales a menores de 16 años o la demanda presentada en Estados Unidos, por 33 fiscales generales que, en base a argumentos como los contenidos en el presente estudio, sostienen que los productos de la multinacional Meta han contribuido a generar una grave crisis de salud mental en Estados Unidos[21].

---

21 González de la Garza, LM, "El contenido de las llamadas técnicas subliminales y las vulnerabilidades de grupo específico de personas en el Reglamento de inte-

En modo alguno puede admitirse que la garantía de protección de los derechos fundamentales y libertades públicas de toda una sociedad se haga depender, en exclusiva, de la toma de conciencia y del proceso decisorio que lleve a cabo cada ciudadano y ciudadana, menos aun cuando éstos están siendo acorralados por sistemas meticulosamente diseñados por unos cuantos para condicionar el pensamiento y el comportamiento del resto de la población.

Vivimos inmersos en una sociedad en la que la banalidad, la inmediatez, el impacto mediático, en definitiva, la recompensa de la caja de Skinner, es la que marca nuestro comportamiento; y esa realidad es el caldo de cultivo de derivadas que ponen en riesgo nuestro sistema democrático.

Nos encontramos por tanto ante una dicotomía, ante dos opciones muy claras en las que la acción política y la actividad parlamentaria juegan un papel elemental:

La primera de ellas consiste en abrazar sin más la IA, poner en valor sus innegables ventajas orillando al mismo tiempo el pensamiento crítico, el análisis, los procesos evaluativos de riesgos y descartando incluso la posibilidad de no incorporarla a algunos de nuestros procesos donde las consecuencias negativas pudieran superar a las ventajas.

La segunda se traduce en poner límites al condicionamiento operante potenciando la toma de conciencia, el pensamiento crítico y el humanismo. Destruir en definitiva la caja de Skinner, reivindicando la democracia, la libertad y los principios sobre los que se sustenta nuestro Estado de Derecho.

X. BIBLIOGRAFÍA

CHENG, C., LAU, Y. C., CHAN, L., & LUK, J. W. (2021). *Prevalence of social media addiction across 32 nations: Meta-analysis with subgroup analysis of classification schemes and cultural values. Addictive behaviors,* 117, 106845.

GONZÁLEZ DE LA GARZA, LM, "El contenido de las llamadas técnicas subliminales y las vulnerabilidades de grupo específico de personas en el

ligencia artificial", en Tratado sobre el Reglamento de Inteligencia Artificial de la Unión Europea, Aranzadi, 2024, p. 272.

Reglamento de inteligencia artificial", en *Tratado sobre el Reglamento de Inteligencia Artificial de la Unión Europea*, Aranzadi, 2024.

MARINA TORRES, J. A., "Hacia dónde camina el ser humano", en *Doce filosofías para un nuevo mundo*. Fundación Banco Santander. 2024.

MENG, S. Q. et al. (2022). "Global prevalence of digital addiction in general population: A systematic review and meta-analysis". *Clinical psychology review*, 92, 102128.

ROJAS-ESTAPÉ, M. *"Recupera tu mente, reconquista tu vida"*. Espasa. 2024.

STANGL, F. J., RIEDL, R., KIEMESWENGER, R., & MONTAG, C. (2023). "Negative psychological and physiological effects of social networking site use: The example of Facebook". *Frontiers in Psychology*, 14, 1141663.

VAN VELTHOVEN, M. H., POWELL, J., & POWELL, G. (2018). "Problematic smartphone use: Digital approaches to an emerging public health problema". *Digital Health*, 4, 2055207618759167.

WONG, H. Y. et al. (2020). "Relationships between severity of internet gaming disorder, severity of problematic social media use, sleep quality and psychological distress". *International journal of environmental research and public health*, 17(6), 1879.

WOOLEY, S. C., y HOWARD, P. N., *Computational Propaganda: Political Parties, Politicians, and Political Manipulation on Social Media*, Oxford Studies, 2018.

Informe 210070/2018, del Gabinete Jurídico de la Agencia Española de Protección de Datos.

Asociación Española de Pediatría. Plan Digital Familiar. Actualización diciembre 2024.

American Psychiatric Association (APA). Diagnostic and Statistical Manual of Mental Disorders (DSM-5). Washington: American Psychiatric Publishing, 2013.

World Health Organization. (2015). Public health implications of excessive use of the internet, computers, smartphones and similar electronic devices: Meeting report, Main Meeting Hall, Foundation for Promotion of Cancer Research, National Cancer Research Centre, Tokyo, Japan, 27-29 August 2014. World Health Organization.

AEPD. Nota técnica: Patrones adictivos y el derecho a la integridad de la persona. Noviembre 2024.

EDPB Guidelines 03/2022 on Deceptive design patterns in social media platform interfaces: how to recognise and avoid them. Version 2.0. Adopted on 14 February 2023

Inteligencia Artificial en los parlamentos: directrices generales

MONTSERRAT AUZMENDI DEL SOLAR
Letrada del Parlamento Vasco
Delegada de Protección de Datos del Parlamento Vasco

ESTHER DE ALBA BASTARRECHEA
Letrada de la Asamblea de Madrid
Delegada de Protección de Datos de la Asamblea de Madrid

SUMARIO: I. INTRODUCCIÓN. 1. Definición de IA y de IA generativa en particular. Motivos por los que deben fijarse unas directrices para el uso de IA en las instituciones parlamentarias. 2. Principios de relevancia en las instituciones parlamentarias que pueden verse afectados, positiva o negativamente, por el uso de la IA. 3. Aspectos o procesos parlamentarios en los que la IA tendrá cabida. 4. Retos del uso de la IA en los parlamentos. II. DIRECTRICES PARA UN USO DE LA IA EN LOS PARLAMENTOS. 1. Uso ético y respetuoso hacia los derechos. 2. Criterios de seguridad y de privacidad a tener en cuenta. Protección de datos personales. Necesidad de conocimiento de la tipología de datos que se va almacenando en un sistema de IA. Transparencia. 3. Integración en la estrategia parlamentaria digital. 4. Especialización y formación del personal. III. BIBLIOGRAFÍA.

RESUMEN: Antes de analizar los usos concretos de la inteligencia artificial en los procesos parlamentarios, parece necesario hacer unas cuantas reflexiones acerca de lo que es la IA en sí, de qué manera podría integrarse en nuestras instituciones, con sus peculiaridades, y cuáles serían las 'líneas rojas' para su utilización en las asambleas legislativas. Es decir, debemos concretar cuáles son los principios que sostienen los parlamentos, y que pueden verse afectados por la IA, como principios democráticos, la transparencia, la protección de datos personales y la responsabilidad institucional. Para la garantía y protección de estos principios es preciso marcar una serie de directrices que guíen la aplicación de sistemas de IA en los diferentes procedimientos parlamentarios, así como en la Administración parlamentaria y que integran aspectos éticos, de ciberseguridad, privacidad, gobernanza de datos y formación del personal parlamentario, destacando la necesidad de marcos normativos internos. En definitiva, se trata de plantear un marco de protección de los principios y derechos que podrían verse alterados por el uso de esta tecnología, y que debemos preservar.

ABSTRACT: Before analyzing the specific uses of artificial intelligence in parliamentary processes, it seems necessary to reflect on what AI actually is, how it could be integrated into our institutions with their particular characteristics, and what the 'red lines' for its use in legislative assemblies would be. In other words, we must define the principles that underpin parliaments and that may be affected by AI, such as democratic principles, transparency, the protection of personal data, and institutional accountability. To guarantee and safeguard these principles, it is essential to establish a set of guidelines to guide the application of AI systems in various parliamentary procedures as well as in parliamentary administration, incorporating ethical aspects, cybersecurity, privacy, data governance, and staff training, while highlighting the need for internal regulatory frameworks. Ultimately, it is about designing a protective framework for the principles and rights that could be impacted by the use of this technology and that we must preserve.

PALABRAS CLAVE: IA generativa, parlamento, ética parlamentaria, derechos, transparencia y protección de datos.

KEY WORDS: generative AI, parliament, parliamentary ethics, rights, transparency and data protection.

I. INTRODUCCIÓN

1. *Definición de IA y de IA generativa en particular. Motivos por los que deben fijarse unas directrices para el uso de IA en las instituciones parlamentarias*

El concepto de "Inteligencia Artificial" no cuenta, por el momento, con una definición jurídica unificada y vinculante a nivel internacional. No obstante, diversos instrumentos normativos y doctrinales ofrecen aproximaciones útiles para su interpretación jurídica.

El Reglamento (UE) 2024/1689 del Parlamento Europeo y del Consejo, de 13 de junio de 2024, por el que se establecen normas armonizadas en materia de inteligencia artificial (Reglamento de Inteligencia Artificial-RIA) define la IA como:

Un sistema que recibe datos de entrada, los procesa y genera resultados tales como predicciones, recomendaciones o decisiones que pueden influir en entornos reales o virtuales.

Desde la perspectiva de protección de datos, esta definición adquiere especial relevancia en tanto la IA opera, en muchos casos, mediante el tratamiento masivo de datos personales, lo que activa la aplicación del Reglamento General de Protección de Datos (RGPD) (Reglamento (UE) 2016/679).

Como han señalado De Hert y Papakonstantinou[1], *la IA no solo implica riesgos para los derechos fundamentales per se, sino que, cuando utiliza datos personales, debe someterse al marco normativo del RGPD, en particular en lo que respecta a la licitud del tratamiento, la transparencia y los derechos de los interesados.*

Por su parte, la "IA Generativa" representa una manifestación avanzada y particularmente sensible de la IA, por su capacidad de producir contenidos originales a partir del tratamiento de ingentes cantidades de datos, entre los que con frecuencia se incluirán datos personales.

El Comité Europeo de Protección de Datos (EDPB)[2] se ha pronunciado específicamente sobre esta tecnología, indicando que:

Los sistemas de IA generativa plantean desafíos singulares en materia de protección de datos, en particular cuando el entrenamiento de los modelos o la generación de contenidos se basa en datos personales (EDPB, *Statement on the Use of Personal Data in the Training of Generative AI Systems*, 2023, p. 2).

Desde el punto de vista del RGPD, el tratamiento de datos personales por parte de sistemas de IA Generativa debe cumplir los principios fundamentales del art. 5 RGPD: licitud, lealtad y transparencia, limitación de la finalidad; minimización de datos, exactitud de los datos; limitación de plazo de conservación; integridad y confidencialidad y accountability o responsabilidad proactiva.

A ello se suman obligaciones específicas como:

- La realización de una evaluación de impacto relativa a la protección de datos (EIPD) cuando existan tratamientos de alto riesgo (art. 35 RGPD)

---

1 De Hert, P., & Papakonstantinou, V. (2018). *The new General Data Protection Regulation: Still a sound system for the protection of individuals?* Computer Law & Security Review, 34(2), 179-194.

2 EDPB, *Statement on the Use of Personal Data in the Training of Generative AI Systems*, 2023, p. 2.

- El respeto a los derechos de los interesados, especialmente el derecho a la información, acceso, rectificación, supresión y oposición (arts. 12-22 RGPD)
- Las garantías frente a decisiones automatizadas y la elaboración de perfiles (art. 22 RGPD).

Desde un enfoque jurídico, la IA Generativa presenta riesgos agravados en materia de protección de datos, entre otros:

- Uso ilegítimo de datos personales para entrenamiento mediante su obtención sin consentimiento o sin la base legitimadora adecuada.
- Falta de transparencia en los modelos generativos acerca de qué datos han sido utilizados y cómo han sido procesados. Inclusión de sesgos que podrían, eventualmente, afectar a otros derechos fundamentales como el derecho a la igualdad y a la no discriminación.
- Dificultades tecnológicas para suprimir datos ya integrados en modelos de IA y su repercusión en el derecho al olvido y a la eliminación de datos personales.
- Creación de contenidos con datos personales obtenidos sin consentimiento que puedan llevar a la reidentificación de personas a través de *outputs* generados.
- Adopción de decisiones automatizadas sin garantías que puedan conducir a la elaboración de perfiles o, sin llegar a ello, que afecten significativamente a personas o grupos de personas por la introducción de sesgos en las decisiones automatizadas. En este aspecto, el profesor Lorenzo Cotino[3], en su obra *Derechos y garantías ante la inteligencia artificial y las decisiones automatizadas,* destaca la necesidad de establecer un adecuado marco normativo para garantizar los derechos fundamentales frente a la IA, abordando cuestiones como la discriminación algorítmica y la protección de los colectivos vulnerables.

La IA Generativa, como evolución de la Inteligencia Artificial, introduce retos jurídicos de especial intensidad para el derecho fun-

---

3 COTINO, L.: *Derechos y garantías ante la inteligencia artificial y las decisiones automatizadas* (Aranzadi, 2022)

damental a la protección de datos. Ello exige una interpretación estricta del RGPD y una adaptación de las técnicas de cumplimiento normativo (*compliance*) a las particularidades de estos sistemas.

La doctrina y las autoridades de control coinciden en que el desarrollo y uso de IA Generativa debe anclarse en los principios del diseño responsable, la minimización de datos, la transparencia y la rendición de cuentas, evitando que el avance tecnológico comprometa los derechos y libertades fundamentales.

2. *Principios de relevancia en las instituciones parlamentarias que pueden verse afectados, positiva o negativamente, por el uso de la IA*

La irrupción de tecnologías basadas en inteligencia artificial (IA) en los procesos parlamentarios plantea un desafío para la preservación de principios fundamentales que rigen la democracia representativa. Si bien la IA promete mejorar la eficiencia y transparencia de los parlamentos, también podría tensionar valores esenciales del constitucionalismo democrático.

Como señala Zuiderveen Borgesius[4] *el uso de IA por las instituciones públicas debe evaluarse no solo desde una perspectiva de eficiencia, sino a la luz de los principios democráticos y los derechos fundamentales.*

En el ámbito de las funciones parlamentarias y con especial referencia a la función representativa combinada con el derecho de los ciudadanos a la participación en los asuntos públicos, la IA puede mejorar los procesos de participación ciudadana mediante herramientas de análisis de datos o plataformas de consulta. Sin embargo, existe el riesgo de que algoritmos opaquen la deliberación humana, desplazando la voluntad popular.

Como advierte Véliz[5], *automatizar decisiones políticas puede producir una alienación de la representación si las decisiones se basan en patrones estadísticos más que en el juicio político.*

---

4 Zuiderveen Borgesius, F. (2018). Discrimination, Artificial Intelligence, and Algorithmic Decision-Making. *Council of Europe Study.*

5 Véliz, C. (2020). *Privacy Is Power: Why and How You Should Take Back Control of Your Data.* Bantam Press.

El uso de IA también puede fortalecer los principios de publicidad y transparencia mediante sistemas de visualización de datos legislativos, trazabilidad de proyectos y análisis automático de debates. En este aspecto, Pasquale[6] trata el fenómeno que denomina de la *caja negra algorítmica,* donde los procesos automatizados son opacos e incomprensibles incluso para los legisladores.

Como hemos apuntado anteriormente, los sistemas de IA deben diseñarse respetando los principios de neutralidad política y no discriminación entre ciudadanos. Sin embargo, la literatura ha documentado múltiples casos de sesgos algorítmicos que podrían reproducirse en procesos parlamentarios[7] y, como advierten Barocas y Selbst[8] *los sistemas algorítmicos tienden a reproducir desigualdades históricas si sus datos de entrenamiento reflejan esos sesgos.*

El debate parlamentario es el núcleo de la democracia deliberativa, su importancia ha sido puesta en valor en reiteradas ocasiones por el Tribunal Constitucional. La IA podría contribuir proporcionando información sistematizada o resúmenes automáticos, pero su uso excesivo podría trivializar el debate humano, sustituyéndolo por *outputs* automatizados[9]

El principio de responsabilidad es también un desafío ante las dificultades para determinar quién es responsable por decisiones basadas en IA dentro de procesos parlamentarios y, muy especialmente, legislativos, siendo preciso vincular este aspecto con la responsabilidad patrimonial del estado legislador, reconocida en el ámbito administrativo en nuestro art. 106 de la Constitución.

La implementación de IA en los parlamentos presenta una doble vertiente: como oportunidad para fortalecer ciertos principios —como la eficiencia, transparencia y participación— y como riesgo para

---

6 Pasquale, F. (2015). *The Black Box Society: The Secret Algorithms That Control Money and Information.* Harvard University Press.

7 O'Neil, C. (2016). *Weapons of Math Destruction: How Big Data Increases Inequality and Threatens Democracy.* Crown Publishing Group

8 Barocas, S., & Selbst, A. D. (2016). Big Data's Disparate Impact. *California Law Review,* 104(3), 671-732.

9 Floridi, L. (2014). *The Fourth Revolution: How the Infosphere is Reshaping Human Reality.* Oxford University Press.

otros, especialmente la representación, la deliberación y la responsabilidad.

Se impone, por tanto, diseñar marcos normativos y éticos que aseguren que el uso de IA en los parlamentos sea coherente con los principios fundamentales de la democracia constitucional.

Por este motivo, la Unión Interparlamentaria en su 149ª Asamblea, celebrada en Ginebra en octubre de 2024[10], ha fijado unas "*Directrices para la IA en los parlamentos*" que *ofrecen un marco amplio para que los parlamentos comprendan y apliquen la IA de manera responsable y eficaz. Proporcionan orientación práctica sobre la importancia de un enfoque estratégico, una gobernanza sólida, consideraciones éticas y gestión de riesgos. Las Directrices subrayan la importancia de utilizar la IA para aumentar y mejorar la capacidad humana en lugar de reemplazarla, especialmente en la deliberación democrática y la adopción de decisiones.*

Estas directrices asumen la importancia de la IA en la actividad parlamentaria y fijan unas pautas específicas dirigidas a parlamentarios, altos directivos de las instituciones parlamentarias y para funcionarios de la Administración parlamentaria.

Las directrices comprenden ámbitos muy variados: posibles aplicaciones de IA en los parlamentos, cooperación interparlamentaria, riesgos y sesgos, gestión de riesgos, principios éticos, alineación con estándares internacionales para un uso seguro de la IA, gobernanza de datos, seguridad de los sistemas y capacitación y alfabetización en materia de datos y en materia de IA.

3. Aspectos o procesos parlamentarios en los que la IA tendrá cabida

Una vez examinado el concepto de inteligencia artificial, la necesidad de establecer unas directrices para su uso en nuestros parlamentos, y una vez señalados los principios a preservar con el uso de la IA, en este apartado procede hacer un elenco de procesos y actividades parlamentarias en las que la inteligencia artificial tendrá un cierto protagonismo[11].

---

10 www.ipu.org/ai-guidelines

11 Fitsilis, F., & de Almeida, P. (2024). Artificial Intelligence and its Regulation in Representative Institutions. In Charalabidis, Y., Medaglia, R., & van Noordt, C.

Como sabemos, esta tecnología ha irrumpido, en su faceta de IA generativa, hace relativamente poco tiempo, aunque la IA está presente en nuestra vida, de un modo u otro, desde hace décadas.

Los procesos parlamentarios están muy marcados por una tradición que viene dada por los reglamentos de las cámaras, los cuales, a su vez, arrastran una tradición decimonónica. Efectivamente, los reglamentos de las cámaras autonómicas, en su mayoría, son herederos del Reglamento de las Cortes Generales. Pese a algunas reformas bastante intensas operadas en algunas cámaras, lo cierto es que la esencia de los procedimientos parlamentarios que se diseñan en nuestras normas de organización beben sus fuentes del Reglamento de las Cortes Generales, el cual a su vez se alimentó de los precedentes en el derecho parlamentario español (nos remontaríamos al primer reglamento parlamentario de las Cortes Constituyentes de Cádiz, de 27 de noviembre de 1801), basado a su vez en el derecho parlamentario continental.

Con todo esto pretendemos señalar que nos encontramos en un punto de posible choque entre una tradición tremendamente arraigada en nuestra práctica parlamentaria, y con raíces de prácticamente dos siglos, y una tecnología que, incluso en la vida cotidiana consideramos disruptiva, y que vendrá a generar en el ámbito parlamentario toda una revolución, si no somos capaces de gestionarla con prudencia, serenidad, acierto y buena dosificación.

Veamos, pues, cuáles son los procesos parlamentarios en los que la IA va a jugar un papel, y en qué aspectos este papel va a ser determinante:

Trabajo personal de los parlamentarios y parlamentarias y tareas mecánicas de apoyo a la actividad parlamentaria

Indudablemente, en los trabajos del día a día parlamentario, en las tareas que no impliquen una tangencialidad con los derechos fundamentales, en tareas técnicas en definitiva, la IA va a ser un auxiliar inestimable.

(Eds.), Research Handbook on Public Management and Artificial Intelligence (pp. 149-167). Edward Elgar Publishing.

Es precisamente en este tipo de tareas en las que el uso de la IA debería implantarse más tempranamente, puesto que en este ámbito sí es más complicado que la IA pueda generar problemas.

- Nos estamos refiriendo a cuestiones como la elaboración de intervenciones parlamentarias, o conferencias. No cabe duda de que a través del uso de la IA cada parlamentario o parlamentaria encontrará mayor facilidad para una redacción correcta de sus intervenciones, encontrará datos que se ajusten a lo que deseen transmitir.
- Por otra parte, también nos estamos refiriendo a tareas más mecánicas pero también asociadas a las intervenciones parlamentarias, como puede ser el subtitulado de las intervenciones en sede parlamentaria (ya llevado a cabo en muchísimas cámaras a través de sistemas de reconocimiento de voz). El avance de la tecnología de IA va a permitir que este subtitulado sea llevado a cabo con altas cotas de perfección, sin los errores que vienen siendo habituales y que exigen una posterior corrección por personal de la cámara, adaptándose sin dificultad a las diferentes voces y entonaciones.
- Igualmente la IA va a contribuir a procurarnos sistemas de votación electrónica tanto en pleno como en comisión, absolutamente fiables. Y no solamente para llevar a cabo la votación electrónica presencial, sino, y sobre todo, para llevar a cabo la votación electrónica en remoto, cuando ello sea preciso.
- Finalmente, en este apartado también incluiremos el apoyo que la IA puede proporcionar en la búsqueda de información. Tanto los servicios de documentación parlamentaria como el personal de apoyo de los grupos parlamentarios tendrán en la IA una ayuda extraordinaria para la búsqueda y filtrado de la información precisa, dado que las herramientas de IA se configuran como unos potentísimos superbuscadores, imprescindibles ya en la tarea de documentación.

Proceso legislativo

Aunque el papel de la IA en el procedimiento legislativo será desarrollado en un capítulo posterior, podemos apuntar aquí que la intervención de esta tecnología puede suponer una verdadera revolución en la manera de legislar, puesto que la ayuda que puede prestar podrá ser tenida en cuenta prácticamente en todas las fases de la elaboración de las leyes[12].

- En primer lugar, puede ser utilizada para llevar a cabo diagnósticos acerca de qué vacíos legislativos existen, qué necesidades sociales es preciso regular, qué normas precisan un desarrollo legal. Es decir, va a poder indicar al legislador dónde debe incidir con nuevas leyes, o con la reforma de las existentes. A este respecto, debemos advertir de que la puesta en marcha de un proyecto legislativo siempre va a ser una decisión política, y, por tanto, humana. Esta utilización de la IA, por lo tanto, va a ser un uso de ayuda, o podría decirse que de inspiración. Pero las recomendaciones que la IA pueda aportar en este aspecto siempre van a requerir la consideración y reflexión humana y política.
- En segundo lugar, analizará las propuestas legislativas, a fin de comprobar si existen interacciones (contradicciones, solapamientos…) con otras normas.
- Será una herramienta imprescindible para las diferentes fases de redacción legislativa, así como para la gestión de las enmiendas.
- Finalmente, puede ser la herramienta definitiva que posibilite una evaluación legislativa *ex post*, es decir, puede analizar los efectos que las normas emanadas del Parlamento generen en la realidad en la que son aplicadas.

Apertura del Parlamento

A través de herramientas de IA es posible procurar una mayor participación de la ciudadanía en la vida parlamentaria, mediante las diferentes posibilidades que la interactuación digital pueda facilitar. Las actuales páginas web de los diferentes parlamentos ya ofrecen, en mayor o menor medida, fórmulas participativas que, sin embargo, en

12 Palmirani, M., Vitali, F., Van Pyumbroeck, W.,& Nubla durango, F. (2022). Legal Drafting in the Era of Artificial Intelligence and Digitisation. Brussels: European Commission.

general, no colman la necesidad de buena parte de los y las ciudadanas de sentirse más partícipes en la vida democrática de nuestro país.

En este contexto, la IA puede mejorar esta interactuación, de las siguientes maneras:

- Implantando funciones de búsqueda inteligente en las interfaces de las webs parlamentarias, que faciliten no solamente un manejo intuitivo para la búsqueda de información, sino que lleguen a proporcionar la información adaptada a las necesidades e intereses de la persona que ejerce la búsqueda. Todo ello para facilitar que el principio de transparencia que preside la actividad parlamentaria sea totalmente efectivo.
- En línea con lo anterior, estableciendo herramientas que faciliten la transparencia a través de datos abiertos vinculados.
- Planteando fórmulas que consigan la posibilidad de seguimiento en tiempo real no sólo de los debates y argumentaciones, sino de toda la documentación vinculada a cada debate e iniciativa.
- Estableciendo —previa decisión política para ello— cauces para facilitar los *inputs* de la ciudadanía en los procedimientos parlamentarios, de manera sencilla y efectiva.

Control del impacto que la actividad parlamentaria genera en el exterior

A través de inteligencia artificial pueden hacerse muchísimas mediciones que pueden aportar información valiosa para las cámaras, como por ejemplo:

- Análisis de la aparición en los medios de la actividad parlamentaria
- Asimismo, pueden llevarse a cabo análisis del reflejo de la actividad parlamentaria en diferentes redes sociales, midiendo así el impacto en el mundo digital de los debates y productos generados en las cámaras
- Del mismo modo, a través de la IA podemos detectar la existencia de manipulaciones en el entorno informativo, lo cual puede ser para las cámaras una herramienta muy importante de cara a encauzar la información veraz que siempre ha de

facilitarse a la ciudadanía. Es decir, se puede luchar contra la desinformación

- También pueden plantearse herramientas que, en primer lugar, detecten sesgos o discriminaciones en propuestas basadas precisamente en IA, para después, posibilitar la eliminación de dichos sesgos detectados

Administración parlamentaria

No cabe duda de que para la Administración parlamentaria, el auxilio que pueda facilitar la IA será igualmente importante, siempre que contribuya a una mayor eficacia y efectividad del trabajo del funcionariado al servicio de la institución.

En este sentido, la IA puede ser una ayuda en estas cuestiones:

- Facilitando asistentes virtuales a personas con discapacidades, de manera que se solventen las desigualdades en el acceso a la función pública y se fomente la inclusividad
- Estableciendo diferentes sistemas de software de ciberseguridad, realmente efectivos
- Facilitando herramientas para los servicios de traducción y corrección de textos
- Planteando sistemas de software para la gestión de las enmiendas y otros textos generados en la actividad parlamentaria
- Implantándose herramientas de asistencia a los servicios jurídicos, que proporcionen búsquedas avanzadas, comparación de textos, jurisprudencia, doctrina, redacción de notas e informes
- Implantándose herramientas para la gestión de proyectos, etc.

Estas y otras muchas son las formas de asistencia que la IA puede proporcionar al trabajo del funcionariado parlamentario.

Como vemos, son muchísimos los ámbitos en los que la IA puede tener un papel en nuestras cámaras. He recogido quizá las cuestiones más instrumentales, como son el auxilio al personal de la cámara, así como a los propios representantes, o el control del impacto externo de la actividad parlamentaria, y también la posibilidad de, mediante la IA, hacer más efectiva la participación ciudadana en el poder legislativo.

Por supuesto que la IA también va a tener un destacado papel en las funciones tradicionales de las cámaras. He apuntado algunas cuestiones relativas al procedimiento legislativo. Pero tanto la función de control, como la función presupuestaria o la función de impulso van a verse facilitadas (o alteradas) a través de esta nueva tecnología, tal como veremos en otros capítulos de este manual.

4. Retos del uso de la IA en los parlamentos.

Por todo lo señalado anteriormente, está claro que la integración de la IA en la vida parlamentaria plantea oportunidades sin precedente y también retos increíbles.

Por el momento, nos encontramos con una ausencia de normas específicas para el uso de la IA en los parlamentos, salvo la normativa general (fundamentalmente el Reglamento Europeo de Inteligencia Artificial[13], que siempre habremos de poner en comunicación con el Reglamento General de Protección de Datos[14] —y hace pocos días hemos sabido del anteproyecto de ley elaborado por el Gobierno para el buen uso y la gobernanza de la inteligencia artificial[15]—). Y la incertidumbre que puede resultar de este vacío normativo específico puede llevarnos a una falta de confianza en las herramientas de IA y también en los proveedores de las mismas.

Por otra parte, nos encontramos con una preocupación adicional derivada de la existencia de potenciales vulnerabilidades en materia de ciberseguridad en las soluciones de IA. Y nosotros menos que na-

---

13 BOE.es - DOUE-L-2024-81079 Reglamento (UE) 2024/1689 del Parlamento Europeo y del Consejo, de 13 de junio de 2024, por el que se establecen normas armonizadas en materia de inteligencia artificial y por el que se modifican los Reglamentos (CE) nº 300/2008, (UE) nº 167/2013, (UE) nº 168/2013, (UE) 2018/858, (UE) 2018/1139 y (UE) 2019/2144 y las Directivas 2014/90/UE, (UE) 2016/797 y (UE) 2020/1828 (Reglamento de Inteligencia Artificial).

14 BOE.es - DOUE-L-2016-80807 Reglamento (UE) 2016/679 del Parlamento Europeo y del Consejo, de 27 de abril de 2016, relativo a la protección de las personas físicas en lo que respecta al tratamiento de datos personales y a la libre circulación de estos datos y por el que se deroga la Directiva 95/46/CE (Reglamento general de protección de datos).

15 Ver texto del Anteproyecto de Ley (1).pdf

die podemos olvidar los retos que la implantación de la IA supone para la protección de datos de carácter personal.

Todo ello produce incertidumbre en lo referente a la seguridad e integridad de los sistemas parlamentarios ante el advenimiento de la IA.

Además de esto, todavía, en nuestro ámbito, tenemos una falta de conocimiento profundo de los mecanismos y funcionamiento de la IA. Los operadores y operadoras parlamentarias todavía no estamos del todo familiarizados y entrenados. Y esta falta de conocimiento no solamente obstaculiza la integración de la IA, sino que deja a los parlamentos, en caso de que tomen la decisión de implantarla, vulnerables a los impactos externos.

Debemos reconocer a la IA como una verdadera fuerza de transformación que nos va a obligar a caminar por senderos todavía desconocidos. Pero necesitamos unas directrices y unos criterios bien definidos para adoptar todos los beneficios que la IA nos puede deparar, salvaguardándonos de los posibles riesgos que comporta.

Por ello, a medida que la IA haga su entrada en el ámbito parlamentario, la creación de salvaguardas y regulaciones es una tarea urgente.

Es preciso abordar muchas cuestiones importantes para construir un marco regulador efectivo para la IA en parlamentos, y podemos incluir las siguientes:

- Primero y fundamentalmente, garantizar la protección de datos de carácter personal y la seguridad de los sistemas de información
- Comparar las diferentes opciones de alojamiento para los sistemas de IA. Habrá que optar entre instalaciones locales o servicios en la nube, y evaluar convenientemente los riesgos de unas y otros[16]
- Garantizar que tenemos proveedores confiables de servicios de IA con estructuras de propiedad claras

---

16 Wolff, J. (2021). How Is Technology Changing the World, and How Should the World Change Technology? Global Perspectives

- Tener consciencia de los problemas éticos que puede conllevar el uso de la IA, como la existencia de sesgos, y la calidad de los datos con los que se ha entrenado
- Asegurar la transparencia, explicabilidad y dación de cuentas, que son los pilares fundamentales para construir una confianza pública en los sistemas de IA parlamentarios
- Asegurar la autonomía en la toma de decisiones en este ámbito, lo cual será básico para que los y las representantes acepten los sistemas de IA como herramientas de apoyo en los procedimientos parlamentarios
- Garantizar que estos sistemas de IA sean multilingües (básico en parlamentos bilingües, o en parlamentos netamente multilingües como en el caso del Parlamento Europeo)
- Procurar que estos sistemas de IA posibiliten y mejoren la participación de la ciudadanía, lo cual será un plus democrático, y asegurará una aceptación de esos sistemas de cara al exterior del parlamento.

Todo esto nos lleva a considerar que se necesitan estándares y marcos para la integración de la tecnología de IA en la actividad parlamentaria diaria.

También, por ejemplo, se necesitan regulaciones sobre el alcance del almacenamiento y la eliminación de datos, la supervisión ética y la monitorización continua para garantizar que los sistemas de IA en los parlamentos cumplan con los más altos estándares.

Y esto, a su vez, conlleva la necesidad de establecer estándares de calidad para dichos sistemas.

Es decir, el establecimiento de sistemas de IA en diferentes actividades parlamentarias, de mayor o menor calado, conlleva una serie de revisiones y elaboración de normativa, (que previamente conlleva el establecimiento de una serie de estándares, requisitos, etc,).

La toma de decisión de implantar la IA en las instituciones parlamentarias no puede ser una decisión irreflexiva, sino muy meditada y que supere todos los retos señalados, para el establecimiento de los cuales se requerirá a su vez un amplio consenso entre todos los operadores, jurídicos, tecnológicos y políticos de nuestras instituciones.

II. DIRECTRICES PARA UN USO DE LA IA EN LOS PARLAMENTOS

En este apartado analizamos las directrices éticas de la Unión Interparlamentaria, que constituyen un marco normativo pionero en el ámbito internacional, orientado a garantizar que la adopción de tecnologías de IA en las funciones legislativas, representativas y fiscalizadoras se realice en pleno respeto de los derechos humanos, los principios democráticos y el Estado de Derecho.

1. Uso ético y respetuoso hacia los derechos

El desarrollo de los principios éticos fundamentales contenidos en las "*Directrices de la Unión Interparlamentaria (UIP) sobre el uso de la inteligencia artificial (IA) en los parlamentos,*" han sido objeto de desarrollo en la 150ª Asamblea de la Unión Interparlamentaria de abril de 2025. Estos principios constituyen el núcleo normativo que orienta la incorporación y utilización de tecnologías basadas en IA en las funciones legislativas, representativas y de fiscalización de los parlamentos, con un enfoque centrado en los derechos humanos y el fortalecimiento democrático.

El hilo conductor de la directrices en materia de principios éticos se fundamenta en el respeto irrestricto a los derechos humanos universalmente reconocidos, incluidos aquellos consagrados en la Declaración Universal de Derechos Humanos (1948), el Pacto Internacional de Derechos Civiles y Políticos (1966), y otros instrumentos regionales y nacionales.

"Los sistemas de IA no deben contribuir, directa o indirectamente, a la violación de derechos fundamentales, tales como la privacidad, la igualdad ante la ley, la no discriminación y la libertad de expresión"[17]

Este principio requiere que toda tecnología de IA utilizada por los parlamentos sea previamente evaluada en cuanto a su impacto sobre los derechos fundamentales, incluyendo evaluaciones de riesgo ético y mecanismos de consulta pública.

17 UIP, 2024: Art. 3.

La Unión Interparlamentaria impone estándares de transparencia en los procesos algorítmicos:

Los ciudadanos tienen derecho a saber cómo y por qué una decisión parlamentaria ha sido influida por un sistema de IA.[18]

Esto implica accesibilidad cognitiva de los sistemas y procedimientos de auditoría técnica y ética.

Los parlamentos deben garantizar que el uso de IA no suponga una exoneración de responsabilidades políticas o jurídicas por las decisiones adoptadas. Toda actividad automatizada debe estar respaldada por mecanismos institucionales claros de *accountability*[19]

La supervisión humana constituye un límite esencial a la autonomía de los sistemas de IA. La Unión Interparlamentaria enfatiza:

La inteligencia artificial debe servir a la democracia, no reemplazarla[20]

El principio exige intervenciones humanas decisivas en procesos críticos y la posibilidad de revisión o anulación de resultados automatizados.

Asimismo, es exigible prever mecanismos de detección de sesgos algorítmicos y promoción de la equidad en los resultados de los sistemas de IA[21]. Esto resulta especialmente relevante en contextos multiculturales y con poblaciones vulnerables.

La proporcionalidad tecnológica exige adecuar los recursos tecnológicos al problema concreto, evitando la sobretecnologización de procesos que no lo requieran. Asimismo, la sostenibilidad incluye criterios ambientales, sociales y económicos[22]

En definitiva, podemos afirmar que las Directrices de la Unión Interparlamentaria constituyen un esfuerzo relevante por dotar de legitimidad democrática a los usos de la IA en el ámbito parlamentario. Su orientación hacia los derechos humanos, la transparencia y la supervisión humana introduce un marco de referencia internacional

---

18 UIP, 2024, Art. 5.

19 UIP, 2024, Art. 6.

20 UIP, 2024, Preámbulo.

21 UIP, 2024, Art. 7

22 UIP, 2024, Art. 8

que podría guiar reformas legislativas y constitucionales a nivel nacional.

No obstante, su eficacia dependerá de la voluntad e implicación de los parlamentos para adoptar instrumentos normativos internos y prácticas éticas que garanticen su cumplimiento efectivo.

2. *Criterios de seguridad y de privacidad a tener en cuenta. Protección de datos personales. Necesidad de conocimiento de la tipología de datos que se va almacenando en un sistema de IA. Transparencia*

Criterios de seguridad y privacidad

La progresiva digitalización de las instituciones parlamentarias pone de manifiesto la necesidad y conveniencia de incorporar tecnologías de IA para apoyar funciones de análisis legislativo, gestión administrativa y atención ciudadana. No obstante, esta transformación implica riesgos significativos en materia de seguridad cibernética, privacidad de datos y protección de la información sensible de los ciudadanos y de los propios parlamentarios.

Frente a esta problemática, la Unión Interparlamentaria ha señalado que:

La confianza del público en el uso de la IA por los parlamentos depende del respeto de los más altos estándares de seguridad y privacidad[23].

Este mandato ético y jurídico requiere definir criterios sólidos para orientar la implementación de sistemas de IA en el ámbito parlamentario.

Los sistemas de IA deben contar con medidas robustas de ciberseguridad que prevengan:

- Accesos no autorizados.
- Manipulación de datos.
- Filtraciones de información sensible.
- Ataques de malware o ransomware.

---

[23] UIP, 2024, Art. 9.a

En este aspecto se hace ineludible la necesidad de que las instituciones parlamentarias adopten estándares internacionales de seguridad informática en todos los procesos de desarrollo, adquisición o contratación de sistemas de IA. Entre estos estándares cabe destacar las normas ISO/IEC 27001 sobre sistemas de gestión de seguridad de la información y las directrices de ciberseguridad del ENS (Esquema Nacional de Seguridad).

Antes de implementar un sistema de IA, los parlamentos deben realizar una evaluación de impacto en seguridad que permita identificar:

- Riesgos potenciales de vulnerabilidad tecnológica.
- Escenarios de ataque posibles.
- Medidas de mitigación adecuadas.

Por otro lado, las Directrices de la Unión Interparlamentaria establecen que:

Deben realizarse auditorías de seguridad previas y periódicas, tanto internas como externas[24].

Privacidad y protección de datos personales

Concomitantes, con el aspecto de la seguridad se encuentran los de la privacidad y la protección de datos personales. Los sistemas de IA deben diseñarse conforme al principio de minimización de datos, esto es:

- Recolectar solo los datos estrictamente necesarios.
- Evitar la recopilación masiva o indiscriminada.
- Garantizar el tratamiento temporal y limitado de los datos.

Este principio se alinea con lo dispuesto en el RGPD y las recomendaciones de la OCDE (2021)[25].

Con objeto de garantizar los derechos de los titulares de los datos es preciso que cualquier tratamiento automatizado que se realice por parte de los parlamentos respete tanto los principios del RGPD como las bases legitimadoras del tratamiento y, por supuesto, se dé

---

24 UIP, 2024, Art. 9.b

25 *Principios de la OCDE sobre Inteligencia Artificial.* https://oecd.ai/es/ai-principles

adecuado cumplimiento de los derechos de información sobre el tratamiento y del resto de derecho en materia de protección de datos.

Necesidad de conocimiento de la tipología de datos que se va almacenando en un sistema de IA

El desarrollo e implementación de sistemas de IA en las organizaciones públicas plantea una cuestión previa y fundamental: ¿Qué datos alimentan dichos sistemas? Esta pregunta no es meramente técnica, sino que constituye el eje sobre el cual gravitan los deberes éticos, jurídicos y de responsabilidad institucional respecto a la IA.

Como señala la Unión Interparlamentaria:

El conocimiento de los datos utilizados por los sistemas de IA es esencial para garantizar su uso responsable, respetuoso de los derechos humanos y de los principios democráticos[26].

Esta exigencia resulta aún más crítica en instituciones como los parlamentos, donde se gestionan datos sensibles de representantes, ciudadanos y procesos democráticos.

La ética pública de la IA exige que exista plena transparencia respecto a:

- La naturaleza de los datos utilizados.
- Su procedencia (fuentes primarias o secundarias).
- Su finalidad de uso.
- Su calidad, integridad y actualización.

La OCDE ha establecido que:

Los actores de IA deben conocer y documentar los datos utilizados para garantizar la robustez, explicabilidad y fiabilidad de los sistemas[27] (OCDE, 2021).

El conocimiento exhaustivo de la tipología de datos resulta imprescindible para determinar:

- Si se tratan datos personales (art. 4 RGPD).

---

[26] UIP, 2024, Art. 9.d

[27] *Principios de la OCDE sobre Inteligencia Artificial.* https://oecd.ai/es/ai-principles

- Si existen categorías especiales o sensibles: datos de salud, origen étnico, orientación sexual, opiniones políticas o sindicales, entre otros (art. 9 RGPD).
- Si se utilizan datos anonimizados o pseudonimizados.
- Si se tratan datos masivos (big data) con riesgo de reidentificación.

Muchos sesgos algorítmicos no se originan en el diseño del sistema, sino en la composición de los datos de entrenamiento. Conocer la tipología de datos permite:

- Detectar datos desequilibrados.
- Evitar la infrarepresentación de colectivos.
- Prevenir discriminaciones indirectas.

Como señala la UIP:

El desconocimiento de los datos utilizados aumenta el riesgo de sesgos algorítmicos inaceptables[28]

Las consecuencias del incumplimiento del deber de conocer y documentar la tipología de datos en sistemas de IA pueden ser de enorme gravedad y manifestarse en planos diversos:

Desde del punto de vista jurídico y de la protección de datos:

- Vulneración de las normas de protección de datos personales (art. 5 RGPD).
- Posibilidad de sanciones económicas y administrativas.
- Responsabilidad por daños y perjuicios a personas afectadas (art. 82 RGPD).
- Nulidad de procedimientos o decisiones adoptadas con IA opaca.

Desde el punto de vista institucional y del riesgo reputacional:

- Pérdida de confianza pública en la institución.
- Crisis reputacional.
- Obstáculos en la contratación o adquisición de tecnologías.
- Limitaciones para auditorías o controles externos.

---

28 UIP, 2024, Art. 7

Desde el punto de vista ético y social:

- Reproducción de desigualdades estructurales.
- Exclusión de colectivos vulnerables.
- Perpetuación de estigmas y estereotipos.
- Deterioro de la legitimidad democrática de la IA.

Como advierte Floridi[29]:

Sin un conocimiento preciso de los datos, la IA se convierte en una tecnología opaca, propensa al abuso y a consecuencias éticamente inaceptables

Por todo lo expuesto, el conocimiento preciso y documentado de la tipología de datos utilizados en sistemas de IA no es una opción técnica, sino una obligación ética, jurídica y política. Su cumplimiento permite garantizar la seguridad jurídica, la protección de derechos fundamentales y la legitimidad democrática de las decisiones automatizadas. Su omisión, por el contrario, expone a las instituciones a riesgos inasumibles de sesgo, discriminación, opacidad y responsabilidad legal.

Transparencia

Sin perjuicio de lo expuesto hasta ahora en materias de seguridad y privacidad, es preciso subrayar que estas no pueden utilizarse como pretexto para restringir la transparencia parlamentaria o limitar el acceso a la información pública. En consecuencia, se impone un equilibrio. En palabras de Guichot Reina[30], este equilibrio no puede resolverse por medio de una jerarquía simple entre valores, sino mediante un ejercicio de ponderación caso a caso, atendiendo al principio de proporcionalidad.

La Ley 40/2015, de 1 de octubre, de Régimen Jurídico del Sector Público, ya contempla la posibilidad de automatizar actuaciones administrativas (art. 41), lo cual incluye el uso de sistemas informáticos avanzados. Sin embargo, la automatización de decisiones públicas

---

[29] Floridi, L. (2019). *Establishing the rules for the new AI world: The European Commission's Ethics Guidelines for Trustworthy AI. Nature Machine Intelligence*, 1(6), 261-262.

[30] Guichot Reina, E. (2007). *Derecho a la privacidad, transparencia y eficacia administrativa: un equilibrio necesario.* Revista Catalana de Dret Públic, 35, 43-74.

exige preservar el control humano y la integridad del sistema institucional.

Además, la Estrategia Nacional de Inteligencia Artificial[31] (ENIA, 2020) subraya la necesidad de *dotar de confianza* el uso de la IA mediante el cumplimiento de criterios de seguridad técnica, fiabilidad y prevención de ciberataques.

La Ley 19/2013, de 9 de diciembre, de transparencia, acceso a la información pública y buen gobierno, impone a las administraciones públicas el deber de informar sobre sus actividades, incluyendo el uso de tecnologías emergentes. En este sentido, el uso de IA debe ser explicable, comprensible y sometido a control ciudadano.

Autores como Villaverde Menéndez[32] han defendido que la transparencia debe extenderse a los algoritmos públicos, incluso cuando estén protegidos por secreto industrial o por razones de seguridad. El *algoritmo público* no puede ser una *caja negra* ajena al escrutinio democrático.

Respecto de las tensiones entre los principios de seguridad vs transparencia podemos recordar que los sistemas de IA aplicados a seguridad pública (reconocimiento facial, predicción delictiva, etc.) pueden justificar cierta opacidad en sus modelos, pero esta debe ser proporcional y justificada. La Sentencia del Tribunal Constitucional (STC) 292/2000 reconoció que no toda información puede publicarse cuando se ve comprometida la seguridad, pero exigió una motivación suficiente para limitar el acceso.

En cuanto a la proporcionalidad necesaria entre privacidad frente a transparencia, el acceso a datos sobre IA pública puede colisionar con la protección de datos personales. La clave está en anonimizar correctamente los datos y establecer un equilibrio entre el derecho de los ciudadanos a saber y el derecho a la intimidad.

Por último, hay que hacer referencia a las posibles colisiones entre seguridad y privacidad:

---

31 ENIA A4-RGB largo copia

32 Villaverde Menéndez, I. (2019). *El marco constitucional de la transparencia*. Revista Española de Derecho Constitucional, 116, 167-191.

El uso de IA para finalidades de vigilancia plantea un riesgo real de intrusión en la privacidad de los ciudadanos. Tal como sostiene Simón Castellano[33], el auge de la imposición de medidas de seguridad no debe derivar en un Estado vigilante ni en prácticas de *gobernanza algorítmica sin garantías*, lo que requeriría una reforma de los controles sobre el uso público de la IA.

En un sistema democrático, el uso de inteligencia artificial debe armonizar la protección de la seguridad pública, el respeto a la privacidad individual y la promoción de la transparencia institucional. Ninguno de estos principios puede imponerse unilateralmente sin erosionar los otros. El Derecho español cuenta con un andamiaje normativo sólido para facilitar ese equilibrio, pero su efectividad, una vez más, dependerá de la voluntad política, el diseño institucional y el control ciudadano sobre los sistemas automatizados.

La seguridad y la privacidad constituyen pilares éticos y jurídicos esenciales para la implementación de IA en los parlamentos. Su adecuada integración exige un enfoque preventivo, participativo y basado en estándares internacionales. Solo de esta manera será posible garantizar que la transformación digital de las instituciones legislativas se produzca en un marco de confianza, respeto a los derechos fundamentales y preservación del principio democrático.

3. *Integración en la estrategia parlamentaria digital*

Debemos tener claro que un sistema de IA no es algo que de forma aislada podamos establecer en nuestras instituciones. Al contrario, el diseño y la implementación de los sistemas de IA deben integrarse en una estrategia parlamentaria digital global.

Esto es imprescindible para asegurar que la IA contribuya efectivamente a los retos y objetivos del parlamento. Los objetivos de la IA deben alinearse perfectamente con los esfuerzos de transformación digital de la institución, y deben comportar eficiencia, transparencia y responsabilidad.

---

33 Simón Castellano, P. (2022). *La inteligencia artificial como amenaza: propuestas para una IA democrática.* Revista Teoría y Derecho, 32, 53-75.

Se trata, en definitiva, de que los sistemas de IA sean una pieza más dentro del diseño digital de cada institución. Para que esto sea así, es importante que haya una colaboración interdepartamental (entre los departamentos implicados —servicios jurídicos, delegado o delegada de protección de datos, sistemas de información, etc.—), así como una implantación progresiva de la IA, que vaya complementando las herramientas digitales existentes. De este modo nos aseguraremos de que la IA es un componente integral del ecosistema parlamentario digital.

Ello comporta una serie de importantes tareas, que aseguren que esa integración se lleva a cabo de manera armónica con la estrategia digital de la institución. Estas tareas serían las siguientes:

a.- La implementación de protocolos eficientes de gobernanza y gestión de los datos[34] utilizados en los sistemas de IA en los procesos parlamentarios para garantizar la precisión, integridad y seguridad de los mismos, promoviendo así la transparencia, la rendición de cuentas y el uso eficaz de la IA en dichos procesos.

La implementación de estos protocolos permitirá, por lo tanto, que los sistemas de IA que se implanten, se alineen con los estándares de calidad generales de la institución.

Esto implica controles de calidad de datos, cifrado, controles de acceso, auditorías periódicas y cumplimiento de la normativa de protección de datos, garantizando así la fiabilidad e integridad de los datos utilizados en aplicaciones de IA, así como un enfoque de gestión de datos localizables, accesibles, interoperables y reutilizables.

En esta tarea, como en muchas otras, será imprescindible contar con la colaboración de los y las delegadas de protección de datos de las instituciones respectivas, como expertas profesionales en gobernanza de datos para diseñar e implementar protocolos eficaces.

Pero asimismo será importante la colaboración con parlamentarios y con diverso personal de las cámaras, para obtener diferentes *inputs* que enriquezcan la visión de los DPD.

---

[34] Khatri, V., & Brown, C. V. (2010). Designing data governance. Communications of the ACM, 53(1), 148-152.

b.- La creación de un órgano de supervisión ética parlamentaria, cualificado y empoderado. También pudiera añadirse esta tarea a un comité de supervisión existente que revise los sistemas y aplicaciones de IA parlamentaria. Esta sería una forma proactiva de asegurarnos un uso responsable y ético de los sistemas de IA en los procesos y funciones parlamentarias. Somos conscientes de que no siempre la creación de un órgano de supervisión garantiza una actuación impecable, pero en los inicios de la implantación de este tipo de sistemas nos resulta casi imprescindible contar con estos elementos de control. Será necesario que una de las personas que integre este órgano sea el DPD correspondiente, puesto que es la figura que va a garantizar un correcto tratamiento de datos en el caso de este tipo de herramientas.

Por otra parte, el resto de personas que conformen el órgano de supervisión deberán estar convenientemente formadas para tal cometido. Entre estas personas deberá contarse con expertos en tecnología y letrados y letradas de la cámara.

Este grupo se encargará de realizar evaluaciones periódicas, en las que se mida el cumplimiento de las normas éticas. Esta tarea contribuirá a un uso responsable e imparcial de la IA en entornos parlamentarios.

Resultaría de gran interés, como en otras muchas áreas del parlamento, que se fomentara la colaboración de este órgano de supervisión con instituciones externas y otros órganos análogos de diferentes parlamentos, incluso de organizaciones internacionales que se ocupan de la ética en la IA, para estar permanentemente al día en cuanto a las buenas prácticas a nivel global.

Por otra parte, también sería importante, para garantizar la transparencia, que el trabajo e impacto de este órgano de supervisión se hiciera público de manera que así se fomente la confianza y la credibilidad en todo el ecosistema parlamentario, incluida la ciudadanía, por supuesto.

c.- Monitorear los efectos de la IA en una amplia gama de problemas críticos. Esta tarea debe incluir el monitoreo en áreas como la propiedad intelectual, la fiabilidad (téngase en cuanta que la fiabilidad es básica en cualquier tarea parlamentaria, y más si hablamos del proceso legislativo), la responsabilidad, las garantías para los empleados públicos, la protección de datos de carácter personal, los sesgos y la posible discriminación, la ciberseguridad e incluso las cuestiones medioambientales. Un correcto examen de todas estas cuestiones nos llevará a tomar decisiones más conscientes e informadas a la hora de implementar un sistema de IA.

En definitiva, se trata de hacer una prospección, un análisis de cuáles serán los efectos del uso de la IA antes de que esta sea implantada.

El parlamento puede y debe evaluar los efectos de la IA en estos temas mediante investigaciones, consultas y evaluaciones de impacto continuas. La colaboración con expertos, la participación de las partes interesadas y la revisión periódica de las aplicaciones de IA garantizan una evaluación exhaustiva que permita a los legisladores adaptar las políticas y regulaciones para abordar los desafíos cambiantes en diversos ámbitos.

Desarrollando un marco integral para la realización de evaluaciones de impacto, que incluya metodologías estandarizadas y mecanismos de presentación de informes, con evaluaciones exhaustivas sobre estos temas clave, las instituciones parlamentarias pueden obtener una comprensión integral de los efectos de la IA y tomar decisiones bien pensadas para aprovechar sus beneficios, a la vez que se mitigan los posibles riesgos y desafíos.

d.- Otra tarea de gran calado es la de garantizar el acceso seguro y el control sobre los datos utilizados en los sistemas de IA parlamentaria.

Esta tarea es básica para mantener la responsabilidad, la seguridad y protección de los datos que se manejen.

El parlamento puede garantizar el acceso seguro a los datos mediante la implementación de protocolos robustos de gestión de datos, controles de acceso y cifrado. Con el mismo propósito, los parlamentos pueden establecer políticas claras de intercambio de datos, establecer diferentes niveles de acceso según la necesidad de conocer esos datos, y auditar periódicamente el uso de los datos para lograr un equilibrio entre la seguridad y el control del acceso en los sistemas de IA parlamentarios.

En este punto es crucial la colaboración entre los delegados y delegadas de protección de datos, como expertos en privacidad, con los expertos en ciberseguridad, para diseñar e implementar estas medidas robustas de acceso y control de datos.

Al mismo tiempo, la supervisión del DPD garantizará la puesta al día en la evolución de las normativas de protección de datos para asegurar el cumplimiento de los requisitos legales cambiantes.

e.- Asimismo, es importante la cooperación con todas las partes interesadas, también con los proveedores de IA, con otros parlamentos, con la academia, con la ciudadanía, etc., para desarrollar políticas y regulaciones resilientes que fomenten la innovación y protejan al mismo tiempo los derechos humanos, en un correcto equilibrio.

Un ejemplo de esta cooperación la encontramos en el Parlamento griego, en el que en 2017 se creó el Equipo Helénico de Reconocimiento Óptico de Caracteres (OCR)[35], una iniciativa científica de colaboración abierta que facilita la cooperación entre instituciones representativas, académicos y profesionales de todo el mundo.

A través de este tipo de cooperación el parlamento puede fomentar el diálogo abierto con diversas partes interesadas, se pueden conformar grupos de trabajo colaborativos e intercambio de conocimientos, para contribuir a la elaboración de políticas bien fundamentadas que fomenten la innovación, respetando al mismo tiempo los derechos humanos y los principios éticos en el desarrollo y la regulación de la IA.

En definitiva, a través de estas tareas se posibilita la integración de la IA en la estrategia informática global de la institución, con seguridad. De lo que se trata es de una implantación compatible con otros proyectos, y además que garantice los derechos humanos. He aquí la cuestión clave.

Se puede sugerir también el establecimiento de un portal de transparencia en materia de IA, lo cual pudiera mejorar la rendición de cuentas y la confianza pública.

Asimismo, la formación en IA a los parlamentarios y a funcionarios es imprescindible para garantizar una toma de decisiones informada y un uso eficaz de las tecnologías de IA en el ámbito legislativo.

---

35 https://hellenicocrteam.gr

4. Especialización y formación del personal

Si reconocemos la revolución que supone la introducción de la IA generativa, y los retos y tareas que ello implica, entendemos perfectamente que la formación de todas las personas concernidas es algo fundamental. Debemos adquirir nuevas habilidades, y no sólo mecánicas. No sólo debemos tener la facilidad de empleo de concretas herramientas. Debemos conocer los porqués del funcionamiento de estas tecnologías. Porque en ese fondo van a encontrarse las cuestiones que debemos monitorizar y controlar.

1.- En primer lugar, es imprescindible contar con un equipo de personas expertas dedicado a mantenerse al día con las innovaciones tecnológicas en el campo de la IA y en otras áreas de la tecnología. Y no solamente hablaríamos de personal informático. Debiera ser un equipo interdisciplinar, que contemple tanto los avances tecnológicos en puridad como las connotaciones jurídico-éticas que dichos avances comporten.

Tener este equipo expansivo, que acoja diferentes experticias, permitirá que las instituciones parlamentarias puedan mantenerse informadas, tomar decisiones y aprovechar eficazmente los beneficios de la IA, minimizando sus riesgos.

Para que este grupo cumpla sus cometidos a la perfección, es preciso invertir en una formación continua, y en una colaboración sin límite, con especialistas externos y estableciendo alianzas con instituciones educativas y la industria de la IA, ya que la actualización periódica de conocimientos y el fomento de una cultura de innovación van a permitir a los equipos parlamentarios mantenerse al día con la evolución de la tecnología de la IA.

Debemos añadir a todo esto la importancia de la difusión y la expansión del conocimiento. No sólo debemos contar con un equipo potente y que se forme continuamente, que beba de diversas fuentes. Los miembros de estos equipos deben ser animados a publicar artículos, informes y trabajos de investigación para contribuir a una base de conocimientos más amplia en el campo de la IA, a todos los niveles (informático, jurídico, sociológico…)

En este sentido, asociaciones como la nuestra son elementos clave para conseguir esta finalidad: la de mantener al día a la propia institución, y la de difundir y elaborar doctrina acerca de las nuevas tecnologías (en nuestro caso, en lo relativo a su impacto en la protección de datos de carácter personal).

Del mismo modo, debe fomentarse una cultura de innovación dentro del equipo, que permita la experimentación y la creatividad en la exploración de aplicaciones de la IA para los procesos parlamentarios. No se trata únicamente de aprender, sino también de aplicar y de atreverse a innovar.

Y, siempre, la colaboración es fructífera. Deben establecerse, como se ha señalado, conexiones institucionales con fuentes de experiencia, por ejemplo, mediante la especialización de personal en departamentos de investigación y la colaboración con comités que abordan la IA.

2.- Así como es importante contar con un equipo especializado y focalizado, también es importante organizar frecuentemente programas de formación sobre IA para el funcionariado parlamentario y otros operadores de las cámaras, ya que esto puede contribuir al desarrollo de competencias fundamentales en IA y a promover su uso responsable y ético en las instituciones parlamentarias.

Al igual que comentábamos al hablar del equipo de personas expertas, el parlamento puede organizar programas de formación en IA colaborando con instituciones educativas y la industria, organizando talleres y creando módulos online accesibles.

Se trataría de una formación no únicamente técnica o dirigida a aprender a manejar ciertas herramientas, sino que debiera ser una formación que priorizara las consideraciones éticas, la privacidad de datos, y que fomentara el pensamiento crítico para garantizar que el funcionariado y el personal de las cámaras en general desarrollen competencias esenciales en IA, promoviendo así un uso responsable y ético de la IA.

En cuanto a la metodología, se pueden utilizar plataformas y recursos de aprendizaje digital[36] para facilitar oportunidades de aprendizaje remoto o al propio ritmo de cada cual, aunque nunca

---

36 Como por ejemplo los webinars de la UPI: https://www.ipu.org/innovation-tracker/story/2023 transforming-parliaments-webinar-series

debemos perder la perspectiva de lo enriquecedor que resulta la formación presencial, la cual fomenta la comunicación y el intercambio de experiencias entre el personal parlamentario con otros agentes.

El propio grupo de personas expertas puede tener una función pedagógica para el resto del personal, facilitando la colaboración entre diferentes departamentos.

Por supuesto, los parlamentarios y parlamentarias deberían incluirse en la oferta formativa, puesto que el uso de la IA en la mayor parte de las funciones parlamentarias les va a concernir directamente.

3.- En línea con todo lo anterior, se debe insistir en fomentar el intercambio de conocimientos con actores externos y la participación en esquemas de cooperación bilateral y multilateral. Esta es una estrategia vital para que las instituciones parlamentarias se mantengan informadas, colaboren y aprovechen la experiencia en el campo de las tecnologías emergentes y todo lo que ello supone, como la preservación de los derechos fundamentales que puedan verse amenazados, enriqueciendo así su comprensión de la IA, y contribuyendo a una gobernanza responsable y ética de la IA en el parlamento.

Esto puede conseguirse mediante el establecimiento de foros, alianzas y proyectos de colaboración con actores externos, de manera que los operadores parlamentarios intercambien información entre sí o consulten con expertos sobre las iniciativas y enfoques adecuados.

La participación activa en esquemas de cooperación bilateral y multilateral fomenta el intercambio de información, los avances tecnológicos y la armonización de políticas, promoviendo un enfoque globalmente informado e interconectado para abordar los desafíos parlamentarios, incluidos los relacionados con la IA.

A esto podemos añadir, y ya refiriéndonos a los parlamentarios y parlamentarias, la posibilidad de creación de comisiones de estudio acerca de los avances tecnológicos y de la IA en particular. De esta manera, a través de la invitación a comparecer de personas expertas en la materia se puede contribuir a una formación profunda de nuestros representantes, que confluya con la formación específica recibida por el funcionariado, lo cual va a contribuir a que las decisiones tomadas por la cámara en cuanto a la utilización de IA en sus procesos sea lo más reflexiva, informada y atinada posible.

En definitiva, las actividades formativas deben ser lo más amplias posibles, deben tener una perspectiva expansiva y global y no deben ir encaminadas únicamente al manejo de herramientas.

Hay una cuestión en la que se debe incidir: entendemos que no es positivo ni admisible dejar la implantación de la IA en manos externas. Es decir, y por concretar, no parece que la fórmula de elección deba ser la contratación de empresas que hagan estudios acerca de cómo debiera implantarse en las instituciones la IA, en qué procesos y de qué maneras.

La adopción de esta tecnología tiene unas implicaciones tan directas en cuestiones éticas, de derechos fundamentales y de transparencia, que su establecimiento requiere una plena consciencia de todas las partes implicadas. La formación de estas partes es básica e imprescindible, porque las decisiones no las puede adoptar un agente externo. Deben ser decisiones internas y consensuadas al máximo.

4.- Finalmente, es muy importante llevar a cabo un archivo y documentar los pasos y los resultados de las actividades relacionadas con la IA. Esto va a generar memoria institucional y permitirá la difusión del conocimiento dentro de cada institución parlamentaria.

El Parlamento puede documentar las actividades de IA manteniendo registros detallados, creando marcos de informes estandarizados y empleando sistemas de gestión del conocimiento.

La difusión periódica de actualizaciones a los actores internos garantiza la acumulación de memoria institucional, fomentando la transparencia y la toma de decisiones informada en las iniciativas parlamentarias de IA.

Dentro de la documentación a tener puesta al día y a disposición de todos los operadores internos se encontraría el material formativo, así como las contribuciones, informes, artículos, etc, del personal que forme parte del equipo interno de personas expertas.

III. BIBLIOGRAFÍA

BAROCAS, S., & SELBST, A. D. (2016). Big data's disparate impact. *California Law Review, 104*(3), 671-732. https://doi.org/10.2139/ssrn.2477899

Comité Europeo de Protección de Datos. (2023). *Statement on the use of personal data in the training of generative AI systems.* https://edpb.europa.eu

COTINO HUESO, L. (2021). *Derechos y garantías ante la inteligencia artificial y las decisiones automatizadas.* Valencia: Tirant lo Blanch.

DE HERT, P., & PAPAKONSTANTINOU, V. (2018). The new General Data Protection Regulation: Still a sound system for the protection of individuals? *Computer Law & Security Review, 34*(2), 179-194. https://doi.org/10.1016/j.clsr.2017.12.002

FITSILIS, F., & DE ALMEIDA, P. (2024). Artificial Intelligence and its Regulation in Representative Institutions. In Charalabidis, Y., Medaglia, R., & van Noordt, C. (Eds.), Research Handbook on Public Management and Artificial Intelligence (pp. 149-167). Edward Elgar Publishing.

FLORIDI, L. (2019). Establishing the rules for building trustworthy AI. *Nature Machine Intelligence, 1*(6), 261-262. https://doi.org/10.1038/s42256-019-0055-y

GUICHOT REINA, E. (2022). Inteligencia artificial, transparencia y datos personales en el sector público. *Revista Española de Derecho Constitucional, 125*, 15-44.

KHATRI, V., & BROWN, C. V. (2010). Designing data governance. Communications of the ACM, 53(1), 148-152.

OCDE. (2021). *Principios de la OCDE sobre la inteligencia artificial.* https://www.oecd.org/going-digital/ai/principles/

PALMIRANI, M., VITALI, F., VAN PYUMBROECK, W.,& NUBLA DURANDO, F. (2022). Legal Drafting in the Era of Artificial Intelligence and Digitisation. Brussels: European Commission.

PASQUALE, F. (2015). *The black box society: The secret algorithms that control money and information.* Harvard University Press.

SIMÓN CASTELLANO, J. (2022). Vigilancia algorítmica y garantías democráticas: una propuesta de control jurídico de los sistemas de IA pública. *Revista General de Derecho Administrativo, 61.*

Unión Interparlamentaria. (2024). *Directrices para la IA en los parlamentos.* 149ª Asamblea, Ginebra. https://www.ipu.org

Unión Interparlamentaria. (2025). *Principios éticos sobre el uso de IA en parlamentos.* 150ª Asamblea, abril. https://www.ipu.org

VÉLIZ, C. (2020). *Privacy is power: Why and how you should take back control of your data.* Transworld.

VILLAVERDE MENÉNDEZ, I. (2021). Algoritmos públicos y transparencia: hacia un nuevo paradigma jurídico. *Revista de Derecho Público, 53*, 95-120.

WOLFF, J. (2021). How Is Technology Changing the World, and How Should the World Change Technology? Global Perspectives

ZUIDERVEEN BORGESIUS, F. J. (2018). Discrimination, artificial intelligence, and algorithmic decision-making. *Council of Europe Report.* https://rm.coe.int/discrimination-artificial-intelligence-and-algorithmic-decision-making/1680925d73

Inteligencia Artificial y procedimiento legislativo

MONTSERRAT AUZMENDI DEL SOLAR
Letrada del Parlamento Vasco
Delegada de Protección de Datos del Parlamento Vasco

SUMARIO: I. INTRODUCCIÓN. II. IA Y PROCEDIMIENTO LEGISLATIVO. 1. Detección de las necesidades sociales. 2. Análisis predictivo. 3. Generación de documentos acompañantes. 4. Mejora de la técnica normativa. 5. Lucha contra la dispersión normativa. 6. Identificación de las incoherencias o contradicciones normativas. 7. Evaluación *ex post* de las normas. III. PROTECCIÓN DE DATOS DE CARÁCTER PERSONAL. IV. CONCLUSIÓN. V. BIBLIOGRAFÍA.

RESUMEN: La integración de la inteligencia artificial (IA) en el proceso de redacción legislativa, así como en el resto de procesos parlamentarios, representa un cambio de paradigma que ofrece numerosas oportunidades para mejorar la eficiencia, la precisión y la transparencia.
Desde los análisis de las necesidades sociales a regular, el enrutamiento inteligente de solicitudes hasta la generación de documentos de apoyo, la mejora de la técnica legislativa o la evaluación *ex post* de las normas, la IA está revolucionando la forma en que se conciben, elaboran e implementan las leyes. Sin embargo, esta transformación requiere un enfoque matizado que equilibre el increíble potencial de la IA con el valor indispensable del juicio humano, la experiencia jurídica y las consideraciones éticas. Sin estos ingredientes, la utilización de la IA no tendrá sentido.

ABSTRACT: The use of artificial intelligence in the legislative drafting process, as well as in other parliamentary processes, represents a paradigm change that offers numerous opportunities to improve efficiency, accuracy, and transparency.
From analyzing the social needs to be regulated, intelligently routing requests to generating supporting documents, improving legislative technique, and performing *ex-post* evaluations of laws, AI is disrupting the way laws are conceived, drafted, and implemented. However, this transformation requires a nuanced approach that balances the incredible potential of AI with the indispensable value of human judgment, legal expertise, and ethical considerations. Without these ingredients, the use of AI will be meaningless.

PALABRAS CLAVE: procedimiento legislativo, técnica normativa, evaluación normativa, inteligencia artificial, ética normativa,

KEY WORDS; legislative procedure, normative technique, normative evaluation, artificial intelligence, normative ethics

I. INTRODUCCIÓN

La Inteligencia Artificial (IA en adelante) se nos presenta como algo absolutamente nuevo y disruptivo, y muy particularmente si nos circunscribimos al ámbito parlamentario. Pero esto no es del todo cierto. La verdad es que la IA se lleva utilizando en nuestras cámaras, en una pequeña escala, desde hace mucho tiempo. En realidad, los antivirus o los programas de ciberseguridad, por citar algunos ejemplos, son sistemas que utilizan la IA para adoptar miles de decisiones cada día. Podríamos decir que adoptan decisiones a cada momento. Y convivimos con este tipo de programas de manera totalmente normalizada, en nuestras instituciones y fuera de las mismas.

Por lo tanto, no debemos contemplar la IA, en el ámbito parlamentario, como algo que surge repentinamente y trastoca nuestras vidas y nuestra forma de trabajar.

Pero si nos referimos a la IA generativa, como modo de generar contenidos, ésta sí es relativamente reciente. Se puede decir que eclosiona a finales de 2022. Y hemos de decir que los parlamentos ya la están utilizando, si bien en un contexto experimental, con prudencia, como corresponde en los inicios de cualquier proyecto innovador

A la IA generativa se le pide que genere texto, imágenes u otros datos por medio de modelos denominados a veces 'grandes modelos de lenguaje'. Básicamente, por medio de la IA generativa pretendemos acelerar la creación de contenido de manera que nos ahorre tiempo. Pero no sólo eso, también nos puede ayudar a encontrar formas innovadoras de generar esos contenidos. Por poner un ejemplo, y aplicado al tema que desarrollo en este artículo, la IA puede haber asimilado el corpus legislativo completo (y no sólo uno, sino cuantos queramos), y pudiera utilizarlo para crear nuevos proyectos de ley. Su potencial es inmenso en este sentido.

Ahora bien, como sabemos, producir legislación no es un juego, no es una operación inocua. Utilizar para ello IA puede comprometer grandes principios, como la transparencia. Y además nos podría preocupar mucho la precisión de los textos generados, así como el uso responsable de la herramienta para generarlos. La IA tiene capacidad para crear contenido importante e influyente (como sería un texto legal), pero mal utilizada puede crear contenido falso, incorrecto, inadecuado y, lo que es peor, malintencionado.

Un dato que no se nos escapa es la velocidad a la que avanzan las posibilidades que ofrece la IA. Se dispara su potencialidad según pasa el tiempo, los meses, incluso diría que los días. Aumentan sus posibilidades, sus usos, y el número de sujetos que la utilizan. Es rara ya la persona, la entidad, que no 'trastea' o curiosea con herramientas de IA, como Chat GPT u otras.

En poco tiempo, la utilizarán sin la menor duda los sistemas de los parlamentos, pero indudablemente también los programas informáticos de terceros que operan con nuestras instituciones. Es decir, nos veremos inmersos en la IA, por más que alguien pretenda quedar al margen de la misma. Por lo tanto, dado que su avance es imparable, nos vemos en la necesidad de acogerla.

Por otra parte, no sólo la IA generativa es la que está desarrollándose. Debemos ir mirando ya con el retrovisor otras formas de IA que se van implementando, incluso más potentes que la generativa. Tal como señala la Unión Interparlamentaria en un reciente boletín[1], tenemos ya enfrente la computación neuromórfica, que intenta mimetizar el proceso mental humano, o la IA neurosimbólica, que combina capacidades de aprendizaje estadístico y basado en datos de las redes neuronales con el razonamiento simbólico. Todo esto puede parecernos muy sofisticado en este momento. Pero podemos vaticinar que, en pocas fechas, estaremos escribiendo precisamente sobre estas nuevas modalidades de IA, que nos afectarán igualmente.

Como he señalado previamente, la IA no está exenta de riesgos, por lo que su puesta en marcha en los parlamentos (como en cual-

---

1 https://www.ipu.org/ai-guidelines/role-ai-in-parliaments

quier otra institución, por supuesto), debe conllevar mecanismos de salvaguarda y control, que garanticen un uso seguro y eficaz.

En un parlamento pueden llevarse a cabo diferentes tareas con el auxilio de la IA; algunas de ellas muy instrumentales, y otras de gran repercusión e impacto en la ciudadanía. Ya podemos contemplar como algo casi habitual su utilización para redactar documentos simples, o incluso para elaborar discursos. Al tratarse, en estos casos, de tareas bien definidas, los sistemas de IA podrán ser utilizados con muy pocos riesgos, o puede que con ninguno.

Pero si pensamos en utilizar la IA para cuestiones de más calado, como gestionar enmiendas o redactar legislación, aquí nos encontramos con tareas que realmente tienen relevancia e impacto, que no son inocuas. Las repercusiones de lo que se elabora y aprueba en un texto legal son muy altas, y tienen incidencia en la vida de las personas.

Esto significa que si empleamos la IA en una tarea legislativa, debemos gestionar esta utilización mitigando riesgos, y haciendo un enorme ejercicio de transparencia. Cuando un parlamento utilice IA para legislar, debe explicar convenientemente por qué producen los sistemas de IA generativa empleados, determinados resultados. Esto es vital para garantizar la transparencia y la rendición de cuentas, y permitir así una adopción de decisiones razonada y, sobre todo, sustentada en una base ética. Los parlamentos deben explicar esto, por lo tanto, y deben demostrar que los principios éticos están integrados en su uso de IA generativa para no legislar con oscurantismo sino, todo lo contrario, generando confianza entre los miembros del legislativo y entre la ciudadanía.

En definitiva, un sistema de gobernanza de IA para parlamentos debe estar presidida por una serie de principios insoslayables. Siguiendo las reflexiones de García Mexía[2], estos principios deben ser:

- Debe estar centrado en el ser humano
- Debe ser establecido expresamente (a través de una norma o acto)

---

[2] García Mexía, P.: *Parlamento e inteligencia artificial*, conferencia dictada en el seno de las Jornadas parlamentarias del Congreso de los Diputados (mayo 2024)

- Debe ser basado en la transparencia
- Debe ser conforme con la legislación
- Orientado a la seguridad
- No discriminatorio
- Ajustado a los tiempos
- Simple y comprensible
- Alineado con los proveedores
- Favorable a la innovación

El problema puede ser encontrar los instrumentos adecuados para mitigar los riesgos aludidos, y que puedan comprometer esta serie de principios. El primero de estos instrumentos va ser, por supuesto, la propia legislación. Contamos ya con el Reglamento (UE) 2024/1689 del Parlamento Europeo y del Consejo, de 13 de junio de 2024, por el que se establecen normas armonizadas en materia de inteligencia artificial y por el que se modifican diversos Reglamentos y Directivas (publicado el 12 de julio, que entró en vigor el 1 de agosto y cuya implantación será progresiva)[3]. Es importante señalar que, dado el tema que regula, y su imparable avance, esta norma puede que ya se esté quedando obsoleta.

En realidad, la legislación interna de los Estados y de las Comunidades Autónomas, en nuestro caso, así como la normativa europea, puede que no sean capaces de seguir el ritmo verdaderamente vertiginoso del desarrollo tecnológico y por tanto de la IA, pero debemos confiar, algo podrán hacer. Podemos pensar que la legislación sobre desinformación, también la legislación electoral, las normas sobre propiedad intelectual, y la normativa en materia de protección de datos de carácter personal, entre otras, pueden y deben tener elementos protectores contra un uso indebido del contenido generado por IA.

En todo caso, y tal como reflexiona Presno Linera[4], nos encontramos en un Estado de Derecho, por lo que el uso de la IA debe someterse en primer lugar al principio de legalidad, en su doble sentido:

---

3 https://www.boe.es/buscar/doc.php?id=DOUE-L-2024-81079

4 Presno Linera, M. A., *Derechos fundamentales e inteligencia artificial*, 2022, Marcial Pons, Fundación Giménez Abad, pp. 89 ss.

como principio de sumisión a normas jurídicas, y en su sentido más estricto de regulación por leyes. Tal como sostiene este autor, la IA debe estar sujeta a disposiciones jurídicas y no meramente a dictados éticos.

Otra cuestión muy importante a considerar son los *tempi* de implantación de una tecnología de este tipo. La IA no puede aterrizar bruscamente en nuestras instituciones. Como para cualquier otra solución tecnológica, va a exigir un proceso de lo que podríamos denominar 'inmersión cultural', con todas las fases que un proceso de este tipo comporta: descubrir, aprender, experimentar, probar con casos sencillos y luego echar a andar en temas más complejos y comprometidos.

Y no sólo es imprescindible seguir este camino lógico. También es importante, más si cabe, consensuar: los departamentos de informática, el funcionariado, los servicios jurídicos, delegados y delegadas de protección de datos, parlamentarios y parlamentarias, las personas usuarias en definitiva tienen que participar en el proceso. No pueden ser únicamente destinatarias de decisiones tomadas unilateralmente. Con esto quiero decir que esta cuestión no es sólo un tema del personal informático. Considero que, en general, se comete el error de pensar que todo aquello que está tocado por la tecnología, aquellos procesos en los que la tecnología desempeña un papel de soporte crucial, deben ser 'pensados' por los departamentos tecnológicos de nuestras instituciones. Y es un error garrafal. Lo fundamental no es la tecnología de soporte, lo fundamental es lo que esa tecnología soporta, los derechos implicados, la corrección jurídica de los procesos. Y, lamentablemente, en ocasiones gana el razonamiento tecnológico, muchas veces influido por la economía de medios, en detrimento de la finura jurídica y el respecto exquisito de los derechos.

Volviendo a la cuestión del consenso entre todos los agentes implicados, de lo que se trata es de decidir varias cosas: si se implanta esta tecnología, a qué nivel y dónde, y en qué procesos o funciones.

Afortunadamente, en algunas cámaras, aunque no son multitud, se han creado comisiones para analizar las nuevas soluciones tecnológicas, entre ellas la IA. De este modo, numerosas personas expertas informan en el seno de estas comisiones a sus señorías para que sean conscientes de las ventajas y también de los peligros de la implantación de esta tecnología.

Un ejemplo muy interesante en este sentido es el del Bundestag alemán. En esta cámara se crearon dos comisiones: una comisión para la digitalización, y una comisión para la inteligencia artificial. Estas comisiones no sólo fueron útiles para la propia cámara. En el caso de la comisión para la inteligencia artificial, los resultados de su trabajo fueron utilizados para la posterior redacción del Reglamento Europeo de Inteligencia Artificial mencionado anteriormente. Es decir, esta comisión a la postre resultó un instrumento de cooperación entre el Bundestag y el Parlamento Europeo[5].

Pero, en lo que aquí nos interesa, este tipo de comisiones son importantísimas para generar el necesario consenso en el tema de la implantación de las tecnologías, de manera que las decisiones no queden sólo en manos de unos pocos, porque estas decisiones influyen en absolutamente todos los operadores de la cámara respectiva.

También debemos ser conscientes de que la IA no es una panacea. Por mucho que vaya a suponer un importante auxilio en tareas relevantes, por mucho que amplíe nuestro horizonte de soluciones para el enfoque de ciertos problemas, la IA tiene sus limitaciones, y además sus respuestas tienen sesgos, como veremos. Por otra parte, puede ser complicado, cuando no imposible, garantizar la exactitud de los resultados que arroje.

En cuanto a las limitaciones, podemos mencionar, centrándonos en el ámbito de la actividad parlamentaria, las que señalo a continuación. Por más que algunas de ellas puedan parecer obvias, debemos mencionarlas y tomar consciencia de las mismas:

a) Evidentemente, la IA ni ninguna otra tecnología, va a ostentar la representación política. Aunque parezca una auténtica obviedad, es preciso señalarlo. La representación política siempre y solamente va a ser una aspiración humana.

---

5 Roca, M. J., "Las comisiones parlamentarias de digitalización y de inteligencia artificial del Bundestag: dos formas de asesoramiento técnico al poder legislativo", *Teoría y Realidad Constitucional*, núm. 52, 2023, pág 335 y ss. Este es un interesantísimo trabajo sobre este particular.

b) Derivado de lo anterior, tampoco podrá desarrollar ni se le podrá encomendar nunca el oficio político, entendido este como el conjunto de conocimientos, habilidades y estrategias que permiten a un individuo participar efectivamente en la vida política y obtener así beneficios colectivos. Esta es una actividad humana.

c) Tampoco podemos pretender que esta herramienta tenga sensibilidad ni empatía, que son igualmente capacidades humanas. Éstas podrán ser quizá imitadas a través de algoritmos para simular emociones, pero siempre se tratará de una imitación mecánica.

d) El liderazgo también es una capacidad humana, que conlleva emoción, comprensión del contexto, visión y propósito.

e) Finalmente, la creatividad es una habilidad humana para la resolución de problemas complejos, que ninguna máquina podrá superar.

Como se puede apreciar, todas estas limitaciones tienen como base, seguramente, la idea de que la IA, la inteligencia artificial, en realidad no es inteligencia. La inteligencia, con todos los elementos emocionales que comporta, es una cualidad humana. Quizá el error consiste en denominar 'inteligencia' a esta herramienta auxiliar. Pero, en todo caso, la denominación que se le ha dado es una convención y señalar las limitaciones mencionadas tiene como fin que no incurramos en ningún error de concepto.

Y es que el contexto parlamentario, por más que haya quien considere que puede y debe convertirse en una diana perfecta para que la 'objetividad' de la tecnología produzca un aseguramiento de las garantías democráticas de la ciudadanía, es un contexto pleno de habilidades que nunca podrán sustituirse por una herramienta, por más sofisticada que ésta sea. La representación y el oficio político, la sensibilidad y empatía, el necesario liderazgo y la imprescindible creatividad para solucionar del mejor modo los problemas que acucian a la sociedad, únicamente pueden ser de factura humana. Precisamente en nuestro ámbito parlamentario, la IA llegará para quedarse, seguro, pero con un papel meramente auxiliar, aunque muy importante, no lo pongo en duda.

He mencionado igualmente que las respuestas de la IA son sesgadas. A este respecto hay que señalar que es fundamental, por lo tanto, luchar contra el sesgo. Para ello, los grandes modelos de lenguaje en los que se basa la IA deben entrenarse siempre con arreglo a principios éticos, de forma que los materiales de los que la IA se alimente sean amplios y eviten prejuicios, como serían los prejuicios de género, los estereotipos o los prejuicios contra ciertas minorías.

Ahora bien, también sabemos que luchar contra el sesgo es extremadamente complicado, porque la IA se alimenta de lo que existe previamente, y lo que existe, la realidad, está sesgada. Por otra parte, a medida que la IA se generalice, ésta será su autorreferencia, y si ella misma está sesgada, se seguirá generando contenido sesgado, y aún más sesgado. De aquí se concluye que la lucha contra el sesgo es imprescindible, complicada, pero no por ello debe ser soslayada, y debe ser acometida desde un principio, para que con el tiempo los sesgos de la IA no sean incontrolables.

Por todo esto, por las limitaciones de la IA, por las precauciones que debemos adoptar en cuanto a los sesgos que puede ir adquiriendo, los comienzos de su utilización por nuestros parlamentos deben ser cautelosos. Se puede utilizar en un principio para la elaboración de documentos sencillos, de tareas no relevantes, dejando para una fase posterior su uso en procesos esenciales, como es el procedimiento legislativo. Esta es, por otra parte, la recomendación llevada a cabo por la Unión Interparlamentaria[6].

Además de dar pasos cautelosos en el uso de la IA en los parlamentos, una vez implantada la misma, y sobre todo en procesos como la redacción legislativa, ello tiene que conllevar una permanente supervisión humana, para garantizar la fiabilidad, la precisión, y, sobre todo y ante todo, el uso ético de esta tecnología.

Esta supervisión deberá tener un carácter participativo, con todas las partes interesadas: personal informático y servicios jurídicos, sin olvidar el papel imprescindible que en este ámbito han de ocupar los delegados y delegadas de protección de datos, indudablemente.

---

6 "El uso de la IA generativa en los parlamentos", boletín temático elaborado en abril de 2024. https://www.ipu.org/resources/publications/issue-briefs/2024-04/using-generative-ai-in-parliaments

Y no solamente nos bastará con una supervisión interna. Hemos de tener en cuenta que cualquier sistema de IA que se pretenda utilizar debe ser explicable, debe someterse a validación de personas expertas y debe poder ser objeto de auditorías externas. Es decir, la más absoluta transparencia debe presidir el uso de la IA por parte de nuestras instituciones.

II. IA Y PROCEDIMIENTO LEGISLATIVO

Entrando ya en el núcleo de este breve trabajo, el uso de la IA en el procedimiento legislativo, debemos decir que, con todas las precauciones y limitaciones que he señalado hasta ahora, lo cierto es que esta tecnología, a la hora de legislar, nos abre un mundo de posibilidades, cuyas riendas, eso sí, deberán ser férreamente controladas por las personas.

Pensemos que esta tecnología tiene capacidad de procesar y analizar cantidades ingentes de información con una rapidez, eficacia y precisión sin precedentes, y esto nos abre un enorme abanico de posibilidades para abordar la tarea de la legislación.

Debemos analizar, por supuesto, en qué fases, tareas y momentos la IA puede ser un aliado (o quizá un peligro, no lo olvidemos), con el que optimizar el proceso legislativo, con el que conseguir el texto más adecuado a los propósitos del legislador. En definitiva, un aliado con el que el principio democrático se plasme en su máxima expresión.

Antes de enumerar estas fases y tareas y analizar cómo nos podemos servir de la IA en el seno del procedimiento legislativo, simplemente quiero apuntar una cuestión:

¿Podemos pensar que la IA va a suponer una tecnificación del procedimiento legislativo? Y si esto es así, ¿creemos que ello va a comportar una mayor racionalización del mismo? Pero esto a su vez nos llevaría a una tercera pregunta: ¿Es compatible la tecnificación con lo que hoy en día es la realidad del proceso legislativo?

Ciertamente es muy complicado responder categóricamente a estas preguntas. Pero estas preguntas obedecen a que, en realidad, el proceso parlamentario no puede considerarse ni técnico ni racional. Y no se entienda esta afirmación como algo negativo en sí.

Centrándonos en el debate parlamentario con carácter general, éste tiene un carácter muy subjetivo, está lleno de calificativos y subjetividades. Siendo realistas, podemos decir que la conversación estrictamente jurídica es escasa. En definitiva, los rasgos de tecnicidad y de racionalidad no son los dominantes en el debate parlamentario, seguramente porque este debate tiene como objetivo la opinión pública. El debate parlamentario en general no tiene como fin llegar a una solución práctica de consenso sobre un determinado tema. En general, pretende influir en la opinión pública, en la ciudadanía, y por ello el discurso utilizado raramente es jurídico y mucho menos técnico.

En cuanto al propio proceso normativo, aunque las fases de la producción normativa están delimitadas por los reglamentos parlamentarios, tampoco podemos decir que exista una regulación sustancial del proceso.

La elaboración de las leyes tiene mucho de difuso, tiene vaivenes, a veces las reales intenciones no son las que aparentemente se plasman, o viceversa. A lo largo de los veinticinco años como letrada del Parlamento Vasco he asistido a numerosas ponencias legislativas, y puedo afirmar que cada proceso legislativo tiene una vida diferente, pese a que se cumplan escrupulosamente las previsiones reglamentarias, como no puede ser de otro modo.

Esta plasticidad, esta vida propia de cada proyecto o proposición de ley, ¿es compatible con un intento de ayuda racional y técnica en el proceso legislativo? Puede que algunos no lo vean así. O puede también que la utilización de la IA nos ayude precisamente a otorgar una mayor racionalización, si pensamos que esto va a incrementar la seguridad jurídica, y, en definitiva, la mejora de nuestra legislación.

En todo caso, esta es una de las cuestiones sobre las que hay que meditar con calma a la hora de implantar una tecnología de este tipo en un proceso tan importante como el que nos ocupa.

Recientemente nos ha llegado la noticia de que Emiratos Árabes Unidos ha establecido todo un sistema de regulación a través de la

IA[7], un sistema, tal como se describe, absolutamente racionalizado, con el que se pretende reducir hasta un 70% el tiempo que se invierte en legislar, desarrollar normas más contextualizadas y coherentes, monitorizando en directo el impacto de las leyes sobre la sociedad y la ciudadanía. Se trata esta de una noticia impactante, sin lugar a dudas. Ahora bien, Emiratos Árabes no es una democracia. Su preocupación por mantener parámetros altamente democráticos, en los que la transparencia, la garantía de los derechos fundamentales y los postulados éticos están en la cúspide del sistema, no es la nuestra. Por lo tanto, no parece que su modelo pueda ser un modelo para nuestra legislación. En todo caso, estaremos atentos a qué resultados arroje esta implantación.

Hechas estas breves reflexiones, paso a analizar las fases y tareas del proceso legislativo en las que la IA podría tener un papel facilitador.

1. Detección de las necesidades sociales

Efectivamente, la primera fase en la que la IA nos puede asistir es en una fase de la que podríamos señalar que, en puridad, no pertenece al proceso legislativo en sí, como es la de la detección de las necesidades sociales, que son base para la puesta en marcha de un proyecto legislativo.

Las necesidades de la ciudadanía, aquellas que pretenden ser satisfechas a través de la legislación, pueden ser calificables y cuantificables a través de estudios estadísticos. Y, por supuesto, en esta tarea la IA podría cumplir una importante función.

Evidentemente, los proyectos legislativos pretenden dar una solución a un problema o a una necesidad social. Si esta está bien señalada, bien acotada, si se conoce perfectamente la magnitud de aquello que se pretende regular, la consecuencia va a ser una norma más adecuada a las necesidades que si la adoptamos sin tener todo ese conocimiento previo.

---

7 Emiratos Árabes Unidos lanza el primer sistema de producción legislativa del mundo impulsado por Inteligencia Artificial - Confilegal

Como he indicado, esta no es una fase en sí del procedimiento legislativo, pero sí puede ser ese *prius* que, bien enfocado y valorado, nos puede llevar a la génesis de la norma más afinada para conseguir el objetivo pretendido.

Como se comprenderá, esta fase no es precisamente una fase de corte estrictamente jurídico, por lo que en la herramienta a utilizar habrían de conjugarse, además de los criterios jurídicos que siempre van a estar en juego, criterios de índole sociológica, de modo que la herramienta pueda detectar qué situaciones o qué fenómenos sociales son críticos, y, por tanto, merecedores de ser tratados con prioridad.

Con estos datos en la mano, el Gobierno (en el caso de los proyectos de ley), o los grupos parlamentarios (en el caso de las proposiciones de ley) podrían elaborar propuestas que aborden los problemas sociales realmente importantes (al menos desde la lógica de la herramienta utilizada).

Este sin duda sería un primer paso para abordar la legislación desde un punto de vista racional y objetivo, aunque, eso sí, siempre que la herramienta no manifieste ningún sesgo indeseado, porque, en caso contrario, el resultado sería el opuesto: la herramienta nos induciría a elaborar una propuesta legislativa que pudiera ir en contra de toda racionalidad, o en contra de los auténticos intereses sociales.

Nos damos cuenta, por lo tanto, de que la asistencia de la IA en esta fase es todo un reto, porque el *quiz* de la cuestión no está en el manejo de muchísimos datos para llegar a conclusiones, sino que la clave estaría en el tratamiento de esta información. Por lo tanto, nos encontramos ante varias preguntas determinantes:

- ¿Qué criterios trasladamos a la herramienta de IA para que el resultado que traslade tenga calidad y rigor?
- ¿Quién decide estos criterios?

Si hay algo claro es que, para responder a estas preguntas, sería preciso alcanzar un consenso, pero no es sencillo determinar quiénes deberían ser los sujetos idóneos para decidir sobre estas materias. En todo caso, estas decisiones debieran ser tomadas por un ente muy plural, porque se trata de decisiones cruciales, teniendo en cuenta que unos criterios mal establecidos y sin una base ética firme y consensuada, sin duda podrían llevarnos a medidas utilitarias con respecto a ciertas minorías, perjudicándolas, podrían llevarnos a usar parámetros discriminatorios, lo cual dista mucho del objetivo que tendríamos en origen para el uso de la IA.

Evidentemente, el núcleo filosófico de todas estas reflexiones es muy denso y necesita de una permanente revisión y actualización. No faltan autores que señalan que la toma de la decisión de adoptar una medida legislativa es un acto discrecional en el que no cabe la intervención de la tecnología. Se encuadraría este tipo de acto en lo que llaman la 'reserva de humanidad', tal como califica Ponce Solé[8]. Entienden que este tipo de actos discrecionales en los que hay que poner en juego muchos factores, muchos intereses, muchos principios, son actos que deben ser tomados por las personas, sin mediar elementos tecnológicos que, lejos de aportar objetividad, pudieran introducir elementos discriminatorios.

En conclusión, la utilización en esta fase previa de la IA, en todo caso, merece una reflexión mucho más extensa y profunda. Pero, probablemente, lo más sensato sea pensar que en esta tarea la IA deba ser un simple apoyo, una inspiración, con una intensa supervisión, y con la toma de muchísimas cautelas.

2. *Análisis predictivo*

En la fase previa al proceso legislativo como tal, podemos encontrar otra utilización de la IA realmente interesante y que puede aportar una valiosa información a quien debe tomar la decisión de elaborar una propuesta normativa.

Se trata de su utilización para llevar a cabo análisis predictivos. Es decir, para proyectar el impacto potencial de las leyes y políticas propuestas antes de su implementación.

A través de una herramienta de IA se pueden hacer una serie de previsiones a futuro acerca de qué efectos va a producir la aplicación de una determinada norma que se proyecta. Se puede proyectar su implantación en un determinado grupo social para poder predecir

---

8 Ponce Solé, J., "Inteligencia artificial, Derecho administrativo y reserva de humanidad: algoritmos y procedimiento administrativo debido tecnológico", *Revista General de Derecho Administrativo*, núm. 50, 2019, p. 28.

si se conseguirían los objetivos de la norma, si su aplicación pudiera tener efectos colaterales o incluso si la implementación de las medidas que se proponen pudiera dar lugar justo al efecto contrario que se pretende.

Esto sería en realidad una buena ayuda, un asistente eficaz a la hora de plantear una propuesta normativa. Siempre, insisto en ello, con carácter de asistencia.

Con los medios de los que hemos dispuesto hasta ahora podría hacerse ciertamente complicado proyectar esa ficción acerca de qué efectos, positivos o negativos, pudiera tener un proyecto normativo sobre la realidad social a la que se pretende aplicar.

Sin embargo, con un asistente de IA esta proyección es posible, de una manera sencilla, y la información que puede aportar puede ser de gran valor a la hora de calibrar las propuestas.

Aunque, por supuesto, los resultados que la herramienta arroje en esta tarea, deberán siempre ser filtrados y valorados por las personas responsables. No sería raro que la IA diera como resultado que una determinada medida fuera a suponer desviarse del objetivo propuesto, pero que, teniendo en cuenta otros parámetros que o bien no se le han ofrecido a la herramienta, o bien son parámetros que han surgido de manera sobrevenida, la reflexión humana nos haga llegar a otra conclusión.

En definitiva, las predicciones que la IA pueda llevar a cabo no son más que eso, predicciones en base a unos parámetros que se han señalado previamente.

Sólo el análisis humano puede tener una composición de lugar global que valore los resultados ofrecidos por una determinada predicción o proyección, y que sugiera la conveniencia o no de la toma de una determinada medida legislativa.

Pero, para quien va a redactar un anteproyecto, la puesta a disposición de datos predictivos o de diferentes opciones válidas con los diferentes resultados que arrojaría su aplicación, siempre va a ser una herramienta valiosísima. Tal como describe García Majado[9]: *"La*

---

9 García Majado, P., "Inteligencia artificial, predicciones y funciones normativas", *Teoría y Realidad Constitucional*, núm. 54, 2024, p. 431.

función de creación normativa supone, como es bien sabido, decantarse por alguna de las opciones políticamente posibles que habitan dentro del marco de lo jurídicamente lícito"

Si se puede obtener información exhaustiva de todas esas opciones dentro de lo jurídicamente lícito, a través de IA, el ser humano podrá decidir después cuál de esas opciones resulta políticamente más conveniente para la sociedad.

3. Generación de documentos acompañantes

Otra fase en la que la IA puede ser de gran utilidad en el proceso legislativo, y también en una fase pre-parlamentaria, es la de generación de la documentación que debe acompañar a los proyectos legislativos.

Los documentos acompañantes a las propuestas legislativas son componentes esenciales del proceso legislativo, ya sean requeridos por el reglamento o solicitados para enriquecer los debates legislativos con información relevante sobre la política o el marco legal. Proporcionan contexto, análisis y justificaciones valiosos para las leyes propuestas, informando el debate y la toma de decisiones entre los parlamentarios y las partes interesadas.

Tradicionalmente, la creación de estos documentos ha sido un proceso laborioso, que a menudo requiere mucho tiempo y esfuerzo por parte de diferentes personas expertas en la elaboración de los proyectos, lo que genera posibles diferencias de estilo y contenido.

La IA puede optimizar, y lo está haciendo, este aspecto de la redacción legislativa, actuando como un redactor eficiente y preciso.

Los sistemas basados en IA pueden aprovechar los datos legislativos existentes, las plantillas predefinidas y la generación de lenguaje natural, para generar automáticamente documentos de apoyo completos. Estos sistemas pueden analizar el contenido de la legislación propuesta, identificar disposiciones legales y precedentes relevantes, y extraer información clave para crear documentos acompañantes precisos y coherentes.

Esta automatización no solo ahorra tiempo y esfuerzo a los redactores legislativos, sino que también mejora la calidad y la coherencia de estos documentos esenciales. Además, permite a los legisladores y a las partes interesadas acceder a información y análisis relevantes con mayor rapidez, lo que facilita un proceso legislativo más eficiente e informado.

4. Mejora de la técnica normativa

Una vez nos centramos en el propio proceso legislativo, el que se produce en el parlamento, y dejando atrás (aunque sin desatenderlas), las dudas filosóficas que nos plantea la IA en la detección de las necesidades a regular por las normas, podemos decir sin ambages que la IA nos puede ayudar en la mejora de la técnica normativa[10].

La función principal de la redacción legislativa es traducir los objetivos de las políticas a un lenguaje preciso y jurídicamente sólido. Exige un profundo conocimiento de la legislación vigente, tanto en su forma textual como en su interpretación, adhiriendo a estrictas directrices y tradiciones de redacción. Los redactores legislativos deben desenvolverse en un panorama lingüístico complejo, donde la elección de palabras, la sintaxis e incluso la puntuación pueden tener profundas implicaciones jurídicas.

Tradicionalmente, este proceso se ha basado en gran medida en la experiencia humana: el análisis meticuloso de los textos legales, la interpretación de los precedentes y la garantía de la coherencia dentro del vasto corpus jurídico.

Este enfoque manual, si bien meticuloso, puede requerir mucho tiempo y ser propenso a errores humanos, especialmente a medida que las demandas legislativas crecen en volumen y complejidad. Además, desenvolverse en el panorama jurídico en rápida evolución y garantizar la claridad y la coherencia en un vasto corpus legislativo representa un desafío significativo para los redactores humanos.

Si entendemos la técnica normativa como el arte y ciencia de elaborar textos legales claros, precisos y eficaces, con todas estas implicaciones que señalamos, esta técnica se encuentra con un universo de posibilidades de evolución gracias a la tecnología de la IA. Es más, debemos aferrarnos, sin dudar un momento, a esta tecnología, por-

---

10 Álvarez González, E. M., "La función normativa y la técnica legislativa en España", p. 244, Tirant lo Blanch, Valencia, 2022.

que quizá ella pueda ayudarnos en este momento tan delicado, precisamente, para este 'arte'.

Es una preocupación constante por parte de los servicios jurídicos de todas las cámaras, la disminución de la calidad normativa de los textos, por muchísimos motivos que en demasiadas ocasiones son incontrolables para quienes tenemos por oficio precisamente asegurar la calidad de los productos emanados del parlamento. Las prisas, la necesidad de conjugar mil matices que casi son contradictorios, la menor exigencia de calidad lingüística, bastante generalizada, y muchos otros factores, contribuyen a que tengamos un corpus normativo cada vez más complicado de interpretar y, por supuesto, de aplicar[11].

Pues bien, ante esta realidad, como he señalado anteriormente, la capacidad de estos sistemas para analizar corpus legislativos enteros y extraer de ellos patrones puede ser muy importante a la hora de mejorar la calidad de las nuevas leyes que elaboremos, puede ser de gran ayuda.

Además, esta ayuda no sólo va a ser importante para la revisión y mejora de la redacción legal, sino que también se puede utilizar para garantizar que las leyes se alineen con los principios de justicia, equidad y eficacia. Y esto sí que es relevante. Es decir, no sólo nos va a ayudar a redactar, desde un punto de vista meramente técnico, sino que nos puede asistir para garantizar que el contenido de los textos no se aparte de los principios que queremos preservar.

Contemplamos, por lo tanto, el auxilio de la IA en dos planos:

1.- Por una parte, la IA nos puede ofrecer una ayuda muy técnica, muy ligada al plano lingüístico. Puede analizar, por ejemplo, la estructura de textos legales exitosos y puede proponer, para los nuevos textos, y siguiendo los parámetros que ha analizado, esquemas de organización que faciliten su comprensión y aplicación, asegurando un lenguaje claro y accesible. Además, puede evaluar la complejidad del lenguaje, la longitud de las oraciones o la utilización de la terminología técnica. Y, tras esta evaluación, puede sugerirnos alternativas

---

11 Ilustra estas afirmaciones el excelente trabajo de Piedad García Escudero: "*Técnica legislativa y seguridad jurídica: ¿hacia el control constitucional de la calidad de las leyes?*", Cuadernos Civitas, Madrid, 2010.

lingüísticas más comprensibles sin sacrificar la precisión jurídica, por supuesto. Este uso incluiría también la disposición de artículos, la segmentación en secciones y capítulos, la coherencia en el uso de definiciones y referencias cruzadas. Este análisis nos evitaría la corrección de errores que se detectan una y otra vez, con lo cual, además de precisión, ganaríamos tiempo.

Y toda esta labor es importantísima, porque aunque pudiéramos pensar que estaríamos trabajando con la IA en un plano meramente técnico (que lo es), este trabajo supondría la democratización del acceso al Derecho por parte de la ciudadanía.

Efectivamente, un lenguaje más claro, aunque igual de preciso, o más, comprensible y organizado, tendrá como consecuencia que la ciudadanía pueda llegar a la comprensión de los textos legales con una facilidad que, en general, se le está vedando.

2.- En cuanto al segundo plano, la IA puede verificar el cumplimiento de principios como la proporcionalidad, la necesidad y la no discriminación de las nuevas leyes.

Si aportamos los debidos criterios a la herramienta para que discrimine si efectivamente principios como los señalados u otros principios diferentes se cumplen a través del texto propuesto, ésta nos informará al respecto y podrá darnos un conocimiento más que interesante acerca del cumplimiento de ciertos valores éticos por parte de la concreta propuesta.

Hay que señalar, por supuesto, que esta tarea de verificación no es ni tan neutra ni tan sencilla como la que atañe a la organización de los textos o a su claridad de redacción. Esta verificación tiene un componente subjetivo que requerirá mucho cuidado y una supervisión humana extrema.

En conclusión, teniendo en cuenta las dos vertientes expuestas, podemos decir que la IA, en materia de calidad normativa, puede ser un asistente avanzado, dando una perspectiva adicional basada en el análisis de enormes cantidades de datos legislativos. Con una incidencia valiosa y muy aprovechable en los aspectos técnicos, y aportando una información a tener en cuenta, aunque con cautelas, en cuanto al análisis del cumplimientos de los principios éticos de las normas propuestas.

5. Lucha contra la dispersión normativa

Existe otro aspecto, ciertamente ligado al anterior, al de la mejora de la técnica normativa, en el que la IA nos puede auxiliar. Se trata de la lucha contra la dispersión normativa. En primer lugar, se debe aclarar a qué nos referimos cuando hablamos de la dispersión normativa.

Hoy en día, tenemos un reto y un problema, que es la creciente complejidad y dispersión de las normas. A nadie extraña que se hable de que nos encontramos con duplicidades, con redundancias, con normas que quizá no debieran haber sido aprobadas porque ya existía una normativa reguladora de la misma realidad… Y hay que reconocer que todo esto es un problema para quien aplica el Derecho, y también, por supuesto, para la ciudadanía.

Para los y las aplicadoras del Derecho, cuya tarea ya comporta una dificultad y una responsabilidad, constituye un problema añadido el hecho de contar con una 'maraña' normativa que ha de desbrozarse para encontrar la norma que es de justa aplicación al caso concreto. Y si una vez hecha esta labor de desbrozamiento o despiece nos encontramos con varias normas que, aparentemente, son aplicables a la misma cuestión, la dificultad aumenta exponencialmente.

Pues bien, un sistema de IA con avanzada capacidad de procesamiento del lenguaje y análisis de datos, puede escrutar al detalle el ordenamiento jurídico para detectar precisamente las redundancias y las duplicidades, que ciertamente existen. La IA puede comparar leyes, reglamentos, directrices a todos los niveles, y puede identificar las áreas donde múltiples disposiciones regulan de manera superpuesta y a veces contradictoria la misma cuestión.

Pero, además de poder detectar las redundancias, puede identificar también casos de sobrerregulación. Es decir, casos en que la regulación existente es excesivamente compleja, lo cual puede obstaculizar la comprensión y aplicación práctica de las leyes.

Existe, como he mencionado, un problema de descontrol del ordenamiento jurídico, en el que el exceso de normas, la falta de claridad de las mismas, y su no univocidad (dado que pueden expresar preceptos contradictorios), pueden generar, y de hecho, como sabemos, generan, graves problemas a todos los sujetos implicados. Y lo grave no es que el trabajo de los agentes jurídicos se complique, sino que ello puede dar lugar a errores, con la consiguiente vulneración de derechos de la ciudadanía. Y esto sí que es un gravísimo problema que hemos de solucionar.

Haciendo esas detecciones, la IA nos puede sugerir (insisto en este término, sugerir) maneras de simplificar y clarificar la normativa, manteniendo e incrementando su efectividad, pero mejorando en gran medida su accesibilidad y, ante todo, la seguridad jurídica.

La IA puede sugerir llevar a cabo textos refundidos o fórmulas para reducir el exceso normativo en ciertos temas. Todo ello en beneficio de la transparencia y de la participación ciudadana en los asuntos públicos. El exceso, la contradicción, la ausencia de claridad, son las características de un ordenamiento poco transparente. Y el *prius* para que la ciudadanía participe en la *res pública*, consiste en que esté bien informada, no lo olvidemos.

Pero insisto de nuevo en el matiz de la sugerencia. Quiero decir con ello, que la IA no va a sustituir de ninguna manera la decisión política. Puede existir una maraña normativa, una contradicción palmaria, pero por el motivo que fuere, puede que esa sea la decisión del legislador. La decisión política corresponde al legislador, exclusivamente.

Ahora bien, dicho esto, este uso de la IA es extremadamente importante como base de datos valiosísima que puede ser utilizada por legisladores y aplicadores del Derecho a la hora de tomar sus decisiones. Es decir, todas estas advertencias de duplicidades, contradicciones o sobrerregulación harán al legislador consciente de la naturaleza del ordenamiento jurídico, del estado en que se encuentra, para que pueda tomar sus próximas decisiones de la manera más informada posible, del modo más consciente.

6. *Identificación de las incoherencias o contradicciones normativas*

Otra de las tareas en las que la IA puede auxiliar en el proceso legislativo, para hacer más efectivo el mismo, es la de identificar las incoherencias o contradicciones normativas.

No solamente podemos encontrarnos con duplicidades o sobrerregulación, podemos encontrarnos con normas que entran en colisión, de manera más o menos sutil, con otras normas, y que incluso sean abiertamente contradictorias.

Por otra parte, la cuestión de la coherencia normativa no es baladí. No se circunscribe únicamente al ámbito práctico o técnico. Debemos considerarla un principio filosófico básico dentro de la Filosofía del Derecho.

Desde el punto de vista de la Teoría del Derecho, la coherencia del sistema jurídico se considera esencial para la legitimidad y la justicia del ordenamiento jurídico.

Ronald Dworkin[12] lo expresó con gran claridad: la integridad en el Derecho implica que se trate a cada caso como parte de un todo coherente de principios jurídicos. La idea de 'coherencia' es lo que permitiría ver al Derecho objetivo no como un mero conjunto de normas, sino como un conjunto de normas orientado, es decir, que persigue ciertos objetivos y que éstos son los que dotan de sentido al conjunto. Por ello, estos objetivos pueden tener prioridad frente a alguna regla concreta de las que conforman el Derecho. Esta característica del ordenamiento jurídico resulta imprescindible cuando de lo que se trata es de dar cuenta del Derecho desde la perspectiva aplicativa o del caso concreto. Las decisiones adoptadas por cualquier instancia jurídica deben presentarse como justificadas jurídicamente, lo que supone que sean acordes con el Derecho, concebido como un todo unitario.

Pero ¿qué sucede? Que en la práctica, como consecuencia de algo que hemos mencionado antes, la sobredimensión normativa, el volumen creciente de la legislación, y también la dinámica cambiante de la sociedad que, no lo olvidemos, provoca asimismo en cierta medida esa sobredosis legislativa, nos encontramos con gran cantidad de desajustes normativos y de faltas flagrantes de coherencia normativa.

Y aquí, la IA también puede ser una gran aliada, siempre que sea correctamente utilizada. Su uso podría abordar dos tipos de problemas en la legislación:

---

12 Dworkin, R., *"Interpretation and coherence in legal reasoning"*, Stanford Encyclopedia of Philosophy, 2001.

- las denominadas 'inconsistencias', es decir, las leyes que no se alinean y entran en conflicto entre sí de manera sutil, y
- las contradicciones, es decir, aquellas disposiciones de una ley que se oponen directamente a lo que dice otra.

Estos desajustes, o *décalages* no solamente generan confusión y problemas a la hora de aplicar el Derecho, sino que generan otro efecto de mayor gravedad aún: provocan desconfianza en el sistema legal. Además de que son fuente indudable de inseguridad jurídica.

La IA nos puede ayudar a detectar este tipo de problemas y desajustes, con una tecnología que, como hemos señalado, puede llevar a cabo un 'peinado' exhaustivo del ordenamiento jurídico para proporcionar al legislador toda esta información tan valiosa para que pueda ejercer sus funciones de manera informada.

Pero, como ya he señalado en más de una ocasión, este auxilio no es una panacea. La clave de la cuestión es cómo asegurarnos de que la integración de la IA en estas tareas (que no son tan auxiliares o tan inocuas puesto que van a 'modular' la decisión política, tengámoslo en cuenta), respete y promueva los principios de justicia, equidad, y los derechos humanos. La respuesta siempre estará en manos de las personas, por supuesto.

7. *Evaluación ex post de las normas*

Hay otra cuestión en la que, sin duda, la IA va a ser de sumo interés, y acerca de la que en poco tiempo tendremos noticias y contará con un interesante desenvolvimiento.

Se trata de un uso de la IA que va a estar también fuera del propio procedimiento legislativo en sí. Así como planteábamos esta herramienta para, en una fase previa, detectar las necesidades sociales, y llevar a cabo proyecciones a futuro de los posibles efectos de las normas que se plantean, una vez que tenemos las leyes aprobadas, la IA nos puede ayudar para la evaluación *ex post* de las mismas. Es decir, puede ser muy importante su uso para analizar y valorar el impacto de las normas una vez éstas hayan sido implementadas.

Lo que buscamos con esta evaluación *ex post* es algo tan sencillo, tan importante, y a su vez tan complicado como saber si las leyes que se han aplicado han alcanzado los objetivos que perseguían cuando se aprobaron, así como identificar si han causado algún efecto no deseado, y en función de los resultados de este análisis, poder ajustar o modificar la legislación para mejorar su eficacia y eficiencia.

Debemos hacernos, para comenzar con este planteamiento, una pregunta: Esta tarea de la evaluación normativa ¿está normalizada? ¿Se trata de un ejercicio que se lleva a cabo, ya sea con auxilio de la IA o sin él?

La respuesta, lamentablemente, es negativa. La evaluación normativa es un tema que ha sido objeto de estudio en numerosas ocasiones. En los años 90 del pasado siglo y al principio de la década del 2000 proliferaron estudios sobre esta materia[13]. Pudimos leer numerosos artículos y monografías sobre la cuestión, pero lo cierto es que esta evaluación *ex post* no se lleva a cabo de manera sistemática.

Existen no pocas razones por las cuales este trabajo se ha ido soslayando. Quizá hemos contado con pocos recursos para ello, quizá no disponíamos de las herramientas analíticas adecuadas y, ciertamente, es tremendamente complejo medir el impacto de la legislación. Cada norma tiene un ámbito de aplicación concreto. En ocasiones este ámbito de aplicación es toda la ciudadanía o un ámbito de aplicación lo suficientemente amplio como para que sea complejo llevar a cabo un estudio de este tipo.

Sin embargo, a través de la IA, y su enorme capacidad para analizar grandes volúmenes de datos e información, puede que haya llegado el momento de abordar esta tarea de la evaluación de las leyes y su impacto, de un modo que hasta ahora no podíamos ni imaginar.

A través de esta tecnología se pueden identificar patrones y correlaciones que podrían pasar desapercibidos (de hecho, es así) en análisis convencionales, y, además, podrían preverse tendencias y efectos futuros, proporcionando así una base sólida para decisiones legislativas bien informadas en las que la improvisación se minimice. Esta segunda utilidad es de especial relevancia, y complementa así ese uso de la IA que mencionaba al principio: el que se podría encargar de proyectar a futuro el efecto de las normas que se pudieran plantear. Es decir, por una parte, podríamos disponer de la proyección, a mo-

---

13 *"La evaluación de las leyes"* XII Jornadas de la Asociación Española de Letrados de Parlamentos Autonómicos, Tecnos, Madrid 2006.

do de ficción, de qué pudiera suceder si un proyecto de ley entrara en vigor, y por la otra, podríamos conocer, respecto de las normas que ya están operativas —según las tendencias sociales que se prevén— cómo funcionarían en un futuro próximo. Podemos imaginar la ayuda que puede suponer esta información, correctamente utilizada, para los poderes legislativos.

Pero también es cierto que debemos enfrentarnos a nuestra propia realidad. Ante esta situación, que parece tan prometedora, debemos hacernos dos preguntas:

- La primera, con una herramienta que nos informe con rapidez y exactitud de los impactos de las leyes, de manera que pudieran éstas modificarse cuando fuera preciso, en función de estos *inputs*, ¿está el poder legislativo preparado para adaptar las leyes de manera fluida y rápida, tan pronto nos llegue la información que nos brinde la IA?
- Y la segunda pregunta, que nos hacemos continuamente: esta herramienta, que nos promete ser un paso adelante en la eficiencia y precisión del procedimiento legislativo, ¿estaremos seguros de que puede pasar el triple test de ética, transparencia y responsabilidad?

La respuesta a la primera pregunta, aunque cueste decirlo, necesariamente ha de ser negativa. Nuestros reglamentos parlamentarios son normas pensadas para proteger los derechos de las minorías parlamentarias, y así debe seguir siendo. En realidad, el derecho parlamentario es el derecho que persigue la protección de las minorías frente al poder que sin duda y legítimamente tienen las mayorías, pero que no debe ejercerse hasta el punto de aplastar a la oposición y le impida ejercer sus funciones parlamentarias.

Sin embargo, los procedimientos parlamentarios, y especialmente el procedimiento legislativo, son procedimientos poco ágiles y quizá poco adaptados a los tiempos en que vivimos. Debemos reflexionar y repensar las normas relativas al procedimiento legislativo. Evidentemente, una reflexión mínimamente desarrollada requerirá muchísima más extensión que la que se le pudiera dedicar en este breve trabajo.

Probablemente debamos aligerar el procedimiento, sin menoscabar un ápice de las garantías para los derechos y para el *ius in officium* parlamentario. Habrá que arbitrar soluciones para que las ventajas que la IA brinde se puedan aplicar, y puedan ser de utilidad en los parlamentos. Porque lo cierto es que con el actual procedimiento sería inviable una modulación flexible y sobre la marcha de las leyes, tomando esta expresión con la máxima de las cautelas.

En cuanto a la segunda pregunta, el que la IA utilizada pueda pasar con éxito el triple test de ética, transparencia y responsabilidad, esto dependerá de los pilares sobre los que se asiente esta tecnología. Como decía al principio, para su establecimiento se requerirá un amplio consenso, y se asentará sobre criterios de carácter ético insoslayables, con un máximo de transparencia. Los mecanismos para que este triple test se supere con éxito los establecerá cada institución, y de cada institución será la responsabilidad en caso de que la IA no pase este examen.

III. PROTECCIÓN DE DATOS DE CARÁCTER PERSONAL

A lo largo de este texto se ha mencionado la necesidad de que las herramientas de IA utilizadas en el seno del procedimiento legislativo superen el triple test de ética, transparencia y responsabilidad.

En este triple test habría que incluir necesariamente, dentro del apartado ético, el test acerca del respeto a los datos de carácter personal que la IA utilizada pueda garantizar[14].

No se nos escapa que las herramientas de IA suponen importantes riesgos para ciertos derechos fundamentales. Y entre todos ellos, quizá el derecho que pueda verse más fuertemente comprometido sea el de la protección de datos.

El entrenamiento de cualquier herramienta de IA requiere el constante manejo de datos, de todo tipo, también de datos de carácter personal. Y el empleo de estas herramientas supone que las mismas van entrenándose y alimentándose de los datos que vamos incorporando en nuestros trabajos.

---

[14] Esta cuestión se trata de manera exhaustiva en: de Alba Bastarrechea, E. (coord.) y otros (2023). *La protección de datos en el ámbito parlamentario: guía práctica*. Asociación de Delegados y Delegadas de Protección de Datos de Parlamentos (ADPDP). Bilbao. 2ª ed.

Es por ello que, especialmente en algunas de las fases que he mencionado en este trabajo, la vigilancia sobre la protección de datos debe ser extrema.

Cuando se menciona que la IA puede ser un auxilio para llevar a cabo análisis predictivos, proyectando de forma ficticia una propuesta normativa en un determinado grupo social, probablemente sea imposible llevar a cabo esta tarea sin el manejo de datos personales de determinados colectivos. Habremos de ser especialmente cuidadosos en el empleo de datos anonimizados, con un escrupuloso respeto hacia los derechos de los individuos.

Del mismo modo, y quizá de una manera más intensa, la evaluación *ex post* de los efectos de las leyes va a requerir una intromisión en los datos de carácter personal de la ciudadanía respecto de la que se estudia el impacto normativo. En este caso no se está realizando una proyección ficticia, sino que se está estudiando el impacto real de una norma en una realidad social. Este estudio es extremadamente interesante y valioso, pero va a comportar unos riesgos para los datos de las personas que han de ser valorados y en la medida de lo posible, evitados.

De hecho, no sería difícil encuadrar la utilización de la IA en la evaluación del impacto normativo en sectores sociales determinados, dentro de la prohibición contenida en el artículo 5.1° c)[15] del Reglamento de Inteligencia Artificial antes mencionado. Se trataría de una actuación encuadrable en el llamado "social scoring". Siguien-

---

[15] c) la introducción en el mercado, la puesta en servicio o la utilización de sistemas de IA para evaluar o clasificar a personas físicas o a colectivos de personas durante un período determinado de tiempo atendiendo a su comportamiento social o a características personales o de su personalidad conocidas, inferidas o predichas, de forma que la puntuación ciudadana resultante provoque una o varias de las situaciones siguientes:
i) un trato perjudicial o desfavorable hacia determinadas personas físicas o colectivos de personas en contextos sociales que no guarden relación con los contextos donde se generaron o recabaron los datos originalmente,
ii) un trato perjudicial o desfavorable hacia determinadas personas físicas o colectivos de personas que sea injustificado o desproporcionado con respecto a su comportamiento social o la gravedad de este;

do el análisis de este precepto realizado por Lorenzo Cotino[16], para que un sistema de IA quede comprendido dentro de la prohibición de este artículo, deben concurrir simultáneamente tres condiciones acumulativas:

- el uso del sistema de IA
- que el sistema realice una evaluación o clasificación basada en el comportamiento social o en características personales o de personalidad
- que se produzca un trato perjudicial o desfavorable en contextos sociales no relacionados y/o trato desproporcionado respecto del comportamiento social

En cuanto a la primera de las condiciones, es evidente que se cumpliría. Si se pretende realizar una evaluación normativa *ex post* a través de un sistema de IA, lo estamos aplicando y usando.

En relación con la segunda condición, realizar una evaluación del efecto que una determinada norma produce en una realidad social conlleva necesariamente procesar datos que la herramienta arroje sobre comportamientos sociales o personales (imaginemos una ley que incida en el ámbito penal, por ejemplo), características de personas o grupos, evolución de hábitos, etc. Tal como señala Cotino, una evaluación implica "apreciación o juicio sobre una persona o grupo de personas" que va más allá de una "simple clasificación" de personas o grupos. Incluso puede decirse que evaluar incluye también el concepto de "elaboración de perfiles" propio de la protección de datos.

Y en lo relativo a la tercera condición, he aquí el riesgo de plantear una evaluación del impacto normativo a través de una herramienta de IA: el riesgo de que dicha evaluación o juicio provoque un trato perjudicial o desfavorable en contextos sociales no relacionados con la evaluación original, o genere un trato desproporcionado o discriminatorio de algún modo.

---

16 COTINO HUESO, L., "*¿Cuándo "no es no"? Criterios para definir los sistemas de inteligencia artificial prohibidos en la Unión Europea*". (Artículo remitido para su evaluación y publicación a la Revista General de Derecho Administrativo)

En realidad, el cumplimiento de las dos primeras condiciones no impediría la utilización de la IA en la medición del impacto normativo, siempre que, eso sí, se tenga una vigilancia exquisita para que los datos analizados (como hemos dicho, de comportamientos, cumplimientos normativos, relaciones con instituciones, conducta en el ámbito digital, y otros) no sean utilizados de ninguna de las maneras para otros usos y, en especial, para usos que pudieran provocar un trato discriminatorio hacia aquellas personas o colectivos que han sido analizados.

Ni que decir tiene que en estas tareas la labor de los y las delegadas de protección de datos va a ser de una tremenda importancia. No va a poder emplearse una IA con rigor en el procedimiento legislativo sin una supervisión extrema por parte del o la DPD.

IV. CONCLUSIÓN

La integración de la inteligencia artificial en el proceso de redacción legislativa representa un cambio de paradigma que ofrece numerosas oportunidades para mejorar la eficiencia, la precisión y la transparencia.

Desde el enrutamiento inteligente de solicitudes hasta la generación de documentos de apoyo, la IA está revolucionando la forma en que se conciben, elaboran e implementan las leyes. Sin embargo, esta transformación requiere un enfoque matizado que equilibre el increíble potencial de la IA con el valor indispensable del juicio humano, la experiencia jurídica y las consideraciones éticas.

A medida que la tecnología de la IA siga evolucionando, su papel en la redacción legislativa se ampliará sin duda, ofreciendo soluciones aún más innovadoras a las complejidades de la elaboración de leyes. Soluciones que garanticen además la interoperabilidad, la accesibilidad a largo plazo y una mayor transparencia en todos los sistemas legislativos.

Al adoptar esta evolución de forma responsable y estratégica, los órganos legislativos pueden aprovechar el poder de la IA para crear un entorno legislativo más eficiente, transparente y receptivo, en beneficio de todas las partes interesadas. Y en el que se respeten los derechos fundamentales, y entre ellos, obviamente, el derecho a la protección de datos de carácter personal.

Hay una idea que indudablemente debemos asumir: esta tecnología ha llegado para quedarse (realmente la tenemos entre nosotros desde hace tiempo) y tendremos la tarea de integrarla en los procedimientos parlamentarios, y, entre éstos, en el procedimiento legislativo.

Pero, y este es el desafío, debemos utilizarla de manera que sirva para fortalecer la integridad de nuestro ordenamiento jurídico. En último término este es el objetivo, y ningún otro. Debemos tener el foco bien apuntado, porque cualquier desenfoque en este sentido pudiera conseguir justo el efecto contrario: el de debilitar precisamente nuestro ordenamiento.

Las herramientas de IA deben gestionarse con cuidado para garantizar que no distorsionen ni socaven la intención original ni los principios que sostienen al parlamento.

La redacción legislativa es un proceso complejo que a menudo implica equilibrar intereses contrapuestos, interpretar principios legislativos complejos y desenvolverse en el panorama político.

Los sistemas de IA, si bien son capaces de procesar grandes cantidades de datos, pueden carecer de la capacidad de comprender plenamente estas sutilezas. Por lo tanto, es fundamental que los redactores humanos mantengan el control total sobre el texto legislativo final, utilizando la IA como herramienta de apoyo.

Además, la redacción legislativa a menudo implica información sensible y confidencial, por lo que la gobernanza y la seguridad de los datos son primordiales. Los sistemas de IA deben diseñarse e implementarse con protocolos rigurosos para proteger estos datos contra accesos no autorizados, filtraciones o uso indebido. Esto implica establecer políticas claras sobre el uso de datos, permisos de acceso y protocolos de cifrado.

Si bien la IA puede mejorar significativamente la eficiencia de la redacción legislativa, existe el riesgo de que la búsqueda de eficiencia eclipse las consideraciones éticas. Los parlamentos deben lograr un equilibrio que garantice que las mejoras en velocidad y productividad que ofrece la IA no se produzcan a expensas de una minimización de las exigencias éticas. En esta cuestión, la supervisión debe ser exhaustiva. Este equilibrio puede lograrse incorporando comités de ética o juntas de revisión en el proceso de desarrollo e implementación de la IA, garantizando así que cada paso esté alineado con los valores fundamentales de equidad, justicia y transparencia.

Por otra parte, la llegada de la IA a la redacción legislativa no debe malinterpretarse como una señal para abandonar la experticia humana. Si bien la IA demuestra capacidades notables en el procesamiento de datos, el reconocimiento de patrones e incluso la generación de lenguaje básico, no pueden reemplazar las complejas habilidades y el criterio de los redactores humanos. Esta experticia sigue siendo crucial para cerrar la brecha entre el derecho y el lenguaje. La IA puede ayudar a agilizar los aspectos técnicos de la redacción, pero la tarea principal de traducir los principios jurídicos a un lenguaje legislativo preciso y eficaz exige intelecto humano. Los sistemas de IA actualmente carecen de la profundidad de comprensión necesaria para interpretar matices políticos, comprender sintaxis compleja o anticipar las consecuencias imprevistas de la elección de palabras específicas para generar consenso. Aquí es donde el conocimiento especializado y la experiencia de los redactores humanos se vuelven indispensables.

Elaborar una legislación jurídicamente sólida va más allá de la simple aplicación de reglas gramaticales y sintácticas. Requiere un profundo conocimiento de las tradiciones jurídicas, los matices culturales y la capacidad de transmitir la intención legislativa con precisión y claridad. Los redactores legislativos deben dominar el arte de usar el lenguaje para dar forma al significado jurídico, una habilidad que queda fuera del alcance de las tecnologías actuales de IA.

Por lo tanto, la IA debe considerarse una herramienta poderosa que complementa la experiencia humana en la redacción legislativa, una función fundamental de cualquier parlamento, no un sustituto. A medida que las tecnologías de IA evolucionan, los redactores humanos deben seguir adaptando y mejorando sus habilidades, participando activamente en el uso de estas herramientas para perfeccionar su aplicación y garantizar que la redacción legislativa siga siendo un proceso fundamentalmente humano, guiado por principios éticos y un profundo conocimiento del derecho y su impacto en la sociedad.

A modo de resumen, y para lanzar unas ideas conclusivas, debemos centrarnos en los siguientes puntos:

1. La utilización de la IA generativa en los parlamentos debe ser progresiva, comenzando por tareas rutinarias, generándose una cultura que acoja de buen grado esta tecnología, y haciéndose un ejercicio de transparencia como pocas veces se ha hecho en nuestras instituciones.
2. El grado de consenso entre todos los sujetos afectados debe ser elevado. Consenso en relación a la propia utilización de esta herramienta, en relación a qué tipo de procesos debieran ser asistidos por la misma, y sobre todo en relación con los criterios de los que la herramienta debiera 'alimentarse'. En este sentido es muy recomendable la creación de Comisiones de Estudio para la Inteligencia Artificial, tal como se hizo en el Bundestag.
3. Por otra parte, hemos de tomar consciencia de las grandes limitaciones que tiene esta tecnología, así como de los sesgos que puede conllevar, algunos obvios, pero otros más ocultos, y contra los que hay que luchar.
4. Entre los diversos procedimientos parlamentarios, el procedimiento legislativo puede ser uno de los más beneficiados por la implantación de esta tecnología.
5. Su uso para analizar las necesidades sociales que deben ser legisladas puede ser un uso controvertido, aunque útil, sin duda.
6. Más fácil es observar su utilidad para la mejora de la técnica legislativa, la lucha contra la dispersión normativa así como contra la falta de coherencia del ordenamiento jurídico.
7. Y el aspecto en el que se puede augurar un mayor futuro para la IA, quizá sea el de poder convertirse en una asistencia de gran valor para acometer de una vez la tarea de la evaluación legislativa *ex post*, siempre contemplada como de gran importancia pero nunca llevada a cabo.
8. Eso sí, la vigilancia debe ser extrema en cuanto al respeto a la protección de datos de carácter personal por parte de las herramientas de IA utilizadas, especialmente en aquellas tareas de prospectiva social o de evaluación del impacto de las leyes.

9. Finalmente, es seguro que la integración de la IA en los procesos legislativos va a conllevar modificaciones reglamentarias en aras a procurar que los resultados arrojados por los análisis llevados a cabo a través de esta tecnología puedan implantarse con la agilidad que la misma tecnología nos va a exigir. Siempre con un exquisito respeto de los derechos en juego.

V. BIBLIOGRAFÍA

ASOCIACIÓN ESPAÑOLA DE LETRADOS DE PARLAMENTOS AUTONÓMICOS: *"La evaluación de las leyes"* XII Jornadas de la Asociación Española de Letrados de Parlamentos Autonómicos, Tecnos, Madrid 2006.

ÁLVAREZ GONZÁLEZ, E. M., *"La función normativa y la técnica legislativa en España. Una nueva herramienta: la inteligencia artificial"*, Tirant lo Blanch, Valencia, 2022.

COTINO HUESO, L., *"¿Cuándo "no es no"? Criterios para definir los sistemas de inteligencia artificial prohibidos en la Unión Europea"*. (Artículo remitido para su evaluación y publicación a la Revista General de Derecho Administrativo)

DE ALBA BASTARRECHEA, E. (coord.) y otros (2023). *La protección de datos en el ámbito parlamentario: guía práctica.* Asociación de Delegados y Delegadas de Protección de Datos de Parlamentos (ADPDP). Bilbao. 2ª ed.

DWORKIN, R., *"Interpretation and coherence in legal reasoning"*, Stanford Encyclopedia of Philosophy, 2001.

GARCÍA-ESCUDERO MÁRQUEZ, P., *"Técnica legislativa y seguridad jurídica: ¿hacia el control constitucional de la calidad de las leyes?"*, Cuadernos Civitas, Madrid, 2010.

GARCÍA MAJADO, P., "Inteligencia artificial, predicciones y funciones normativas", *Teoría y Realidad Constitucional,* núm. 54, 2024, pp. 421-447.

GARCÍA MEXÍA, P., *Parlamento e inteligencia artificial,* conferencia dictada en el seno de las Jornadas parlamentarias del Congreso de los Diputados (mayo 2024).

PONCE SOLÉ, J., "Inteligencia artificial, Derecho administrativo y reserva de humanidad: algoritmos y procedimiento administrativo debido tecnológico", *Revista General de Derecho Administrativo,* núm. 50, 2019, p. 28.

PRESNO LINERA, M. A., *Derechos fundamentales e inteligencia artificial,* 2022, Marcial Pons, Fundación Giménez Abad, pp. 89 ss.

UNIÓN INTERPARLAMENTARIA "El uso de la IA generativa en los parlamentos", boletín temático elaborado en abril de 2024. https://www.ipu.org/resources/publications/issue-briefs/2024-04/using-generative-ai-in-parliaments.

Inteligencia Artificial en la función de control parlamentario

NICOLÁS PULIDO AZPÍROZ
Letrado del Parlamento de Cantabria
Delegado de Protección de Datos del Parlamento de Cantabria

ÁNGEL L. SANZ PÉREZ
Letrado-Secretario General del Parlamento de Cantabria

SUMARIO: I. INTRODUCCIÓN. II. EL ENFOQUE EN EL USO DE LOS SISTEMAS DE IA Y LA OBLIGACIÓN DE PROTECCIÓN DE DERECHOS FUNDAMENTALES. III. LA INTEGRACIÓN DE LA IA EN LA FUNCIÓN DE CONTROL PARLAMENTARIO. 1. Aspectos técnicos y funcionales. 2. Su proyección en (la renovación de) las funciones parlamentarias y especialmente en la de control. 3. Las garantías de protección frente a los sistemas de IA. Mención a la protección de datos personales. IV. CONCLUSIONES. V. BIBLIOGRAFÍA

RESUMEN: La inteligencia artificial supone una etapa más del progreso tecnológico del que los poderes públicos, incluidos los Parlamentos, participan para no devenir obsoletos en el entorno en el que se desenvuelven. Si bien todavía es pronto para determinar su alcance, su incesante desarrollo está creando grandes expectativas, siempre en el bien entendido de que debe servir para reemplazar tareas —no a personas—. No obstante, toda evolución técnica requiere de unas coordenadas normativas y éticas que encaucen su uso, y muestra de ello es la aprobación de una pluralidad de normas de distinta índole orientadas a tal fin, entre las que destaca el Reglamento de Inteligencia Artificial de la Unión Europea, que los Parlamentos, llegado el caso, deberán cumplir. La renovación tecnológica de las Cámaras parlamentarias suele ir de la mano de la renovación de sus funciones, con el fin último de preservar el rol institucional del Parlamento ante la sociedad. La integración de la inteligencia artificial en la administración parlamentaria supondrá una mayor eficiencia en su trabajo y permitirá reforzar todas sus funciones, incluida la de control, a través de una mejora en la tramitación y ejercicio de los mecanismos de fiscalización, pero dentro del respeto a los derechos de las personas que puedan verse afectadas, entre los que se incluye la protección de datos personales.

ABSTRACT: The rising of artificial intelligence (AI) is another step of technological progress, in which public authorities —including Parliaments— take part in order not to become apart from the modern world. Current society is uncertain as to its implications and yet has great expectations of its development. It is our point of view that AI will accomplish its goal by replacing tasks deemed dull or time-consuming, helping us focus on more complex matters. In any case, this new reality demands both appropriate ethical and legal rules regulating its use, which includes the passing of the AI Regulation in the European Union. Parliaments shall have to comply with it when using AI systems to adapt to the coming future. Institutions tend to be considered obsolete when they fail to deliver solutions demanded by citizens, and, in this regard, AI will not save democracy, but may shape renewed Parliaments and help preserve their position in our political system —especially, to limit the increasing prominence of the Executive. This paper analyses the benefits of AI in relation to the scrutiny function and the plausible ways of its application —mainly, to carry out mechanical tasks or those not requiring an act of pondering according to values—, in which fundamental rights (in particular, the right of data protection) must be preserved.

PALABRAS CLAVE: Sistema parlamentario, función de control, inteligencia artificial, protección de datos personales.

KEY WORDS: Parliamentary system, scrutiny function, artificial intelligence, data protection

I. INTRODUCCIÓN

Los poderes públicos, y los Parlamentos en particular, nunca han sido ajenos a la integración de las nuevas tecnologías en su funcionamiento. Las posibilidades de cambio —siempre para mejor— que brindan los avances técnicos han supuesto un refuerzo en el ejercicio de sus funciones al mismo tiempo que su modernización, la cual se entiende implícita para entender y atender a las necesidades de una sociedad en constante evolución. El devenir de este entorno cambiante debe conjugarse con el de las instituciones, que se desenvuelven bajo una dinámica propia, y que podemos caracterizar como *complejo*, no tanto por una dificultad intrínseca como por la confluencia de una multiplicidad de factores que obligan a adoptar un punto de vista igualmente múltiple, en el que se cruzan aspectos políticos, jurídicos, institucionales, sociales e incluso éticos, que forman un mosaico cuyo valor se percibe cuando sus piezas son apreciadas en conjunto.

En este estado de cosas debemos destacar el cambio de circunstancias que ha operado desde hace tiempo en los sistemas políticos contemporáneos. Han cambiado los esquemas del parlamentarismo clásico y la relación de los ciudadanos con sus representantes. Aunque las Cámaras representativas siguen siendo, al menos conceptualmente, el centro de representación de la indistintamente llamada soberanía nacional o popular, el radical cambio social que ha tenido lugar gracias a la globalización (interconexión mediante las nuevas tecnologías, comunicación a través de las redes sociales, acceso ubicuo a cualesquiera fuentes de información —incluidas las actividades de los entes públicos—, mayor divulgación de contenidos, posibilidades de formación más amplias para la población, etc.) ha influido en el perfil del elector, quien puede sentirse más involucrado o "volcado" en participar en la gestión de los asuntos públicos (no sólo a través de las vías de la democracia directa o semidirecta, sino mediante una mayor interacción con sus representantes). También es cierto que este exceso de información puede resultar pernicioso y que nos arrastre al remolino de la "infoxicación" o al de la manipulación y difusión de datos intencionadamente falsos, lo que ha dado pie a que Innerarity defina la sociedad en que vivimos como una *sociedad del desconocimiento*, que afectaría al modo en que la política debe dar soluciones a los problemas de nuestros días y en la que "[l]a ciencia no está en condiciones de liberar a la política de la responsabilidad de tener que decidir bajo condiciones de inseguridad" (2022: 24)[1].

A este cambio *fuera* de las instituciones hay que añadir un cambio *dentro* o *entre* las instituciones. Tras un siglo de parlamentarismo racionalizado, la realidad política ha alterado los esquemas del parlamentarismo clásico y el Ejecutivo ha desplazado al Legislativo en el ejercicio de sus funciones —incluida la elaboración de las leyes, por citar la más significativa, ya sea por el tentador empleo del decreto-ley, o por la existencia de una mayoría parlamentaria del mismo co-

---

1 El mismo autor ha estudiado en detalle en su obra *Una teoría crítica de la inteligencia artificial* el devenir de la democracia y la inteligencia artificial, que enmarca en el impulso conjunto que históricamente han tenido tecnología y organización política. A su juicio, esta relación habría alcanzado un nuevo estadio en el mundo digital, no sólo por los medios empleados en el siglo XXI sino por el cambio que implican en el modo de adoptar decisiones, fuertemente basado en la automatización (2025: 21-22).

lor político que el Gobierno y que decide sobre la tramitación de las iniciativas legislativas—. Como respuesta a este fenómeno se ha resaltado el preponderante papel que habría adquirido la función de control. Se ha partido de la asunción tradicional de que el control parlamentario es ejercido por el Parlamento "frente" al Gobierno (Aragón Reyes, 1986) pero, lejos de ser Poderes netamente diferenciados, la sustitución del binomio Parlamento-Gobierno por el de mayoría-minoría ha privado de significado a las funciones parlamentarias tradicionales, que ha supuesto la confusión en un solo actor (el Gobierno) de la doble condición de controlador y controlado, poniéndose de relieve la consiguiente pérdida de eficacia real del control que se ejerce en sede parlamentaria (Martínez Elipe, 2000: 101-103; Tudela, 2007: 77).

Iniciar un debate para revisar las funciones del Parlamento en tanto que ente representativo de la soberanía nacional desbordaría el objeto de este trabajo, pero ello no debe excluir que, en cierto modo, pueda contribuir a su revitalización. Así, en conexión con la modernización tecnológica de las instituciones, en este capítulo estudiaremos una posible perfección del ejercicio de la función de control gracias a la incorporación de la inteligencia artificial ("IA"). Partimos del planteamiento de que ésta puede proporcionar a los miembros de las Cámaras las herramientas precisas para llevar a cabo su labor de control o fiscalización con mayores garantías de eficacia dentro de esa merma general de sus funciones (por citar un caso ilustrativo, y sin perjuicio de que profundicemos más adelante en la cuestión, pensemos en la posibilidad de que la IA analice y ordene lotes de información de carácter voluminoso, disperso o intrincado, colocando a los miembros de la oposición en una mejor posición para vigilar la actuación del Gobierno). Asimismo, el desarrollo de la inteligencia artificial está yendo de la mano de la incipiente promulgación de un relevante *corpus* normativo, que nos obliga a dar cuenta de forma sucinta de las principales implicaciones que tendrá su utilización por los Parlamentos.

Antes de proseguir con el desarrollo de este trabajo, para comprender la perspectiva adoptada es conveniente hacer dos apuntes previos. Uno de ellos se refiere a la obsolescencia que, no es raro oír, afecta a nuestros Parlamentos y que les impide cumplir eficazmente no sólo con las funciones que tienen encomendadas, sino con su rol institucional. La insuficiencia de medios aminora la eficacia con que realizan su trabajo, y a este respecto no se puede excluir el positivo avance que suponen las mejoras tecnológicas. Algunas voces ya han llamado la atención sobre la aportación de las nuevas tecnologías a la renovación de las funciones de las instituciones, tanto desde la perspectiva del procesamiento de ingentes cantidades de información o *big data* (Carceller, 2024) como desde la constantemente reivindicada modernización del Parlamento (Tudela, 2023).

Por otro lado, es imprescindible un ejercicio de reflexión. En línea con lo que apuntan Surden (2019: 1321-1322) o Pasquale (2024: 315), debemos ser realistas sobre el alcance de la IA y en qué puede contribuir al trabajo de las personas, aplicando un enfoque que no se limita en exclusiva al plano jurídico. Hay que saber fondear esta desbordante marea de *tecno-optimismo* sin ser arrastrados por ella. Así, el aceleradísimo desarrollo de la IA no significa (o no debería) que las personas vayan a ser prescindibles, sino determinadas actividades que realizan; no va a ser una panacea, pero sí nos aliviará de numerosas tareas que retrasan o anquilosan el trabajo diario. Su objeto de proyección serán, por tanto, las actividades tediosas y rutinarias que puedan automatizarse sin merma de su calidad y que se garantice una intervención humana cuando sea preceptiva, que habrá de dedicarse a labores que las máquinas no pueden (no deberían) ejercer so riesgo de afectar negativamente a derechos fundamentales, principios o bienes jurídicos —como la dignidad de la persona— consagrados en distintos textos normativos fundamentales nacionales e internacionales (*v.gr.* la Constitución Española, la Carta de Derechos Fundamentales de la Unión Europea o el Tratado de la Unión Europea).

II. EL ENFOQUE EN EL USO DE LOS SISTEMAS DE IA Y LA OBLIGACIÓN DE PROTECCIÓN DE DERECHOS FUNDAMENTALES

Si bien toda innovación supone un progreso, y la irrupción de la IA ha desatado una suerte de euforia que se traduce en un optimismo generalizado por las bondades que trae, lo nuevo siempre es una fuente de incertidumbre e incluso de riesgos en la misma medida[2]. No hay más que imaginarse los potenciales peligros derivados de un desconocimiento en su funcionamiento o sus características, su utilización negligente o, lo que no es raro, un mal uso deliberado. La necesidad de dotarnos de un marco ético que oriente su empleo se está plasmando en la incesante promulgación de distintas obras doctrinales, normas, recomendaciones y declaraciones de principios, que buscan sosegar ese clamor popular surgido del miedo de que herramientas tecnológicas de gran alcance sean empleadas de manera indebida. Este curso de acción hace que nos encontremos con un sistema normativo *de lege ferenda* que se ha vinculado con la conformación, en expresión acuñada por F. Balaguer, de una "Constitución del algoritmo" que supla la insuficiencia de una Constitución *analógica* para regular "la realidad que se ha impuesto y que configura un nuevo tipo de sociedad que vive en un mundo digital" (2023: 32).

Y es que el avance de las nuevas tecnologías está avivando la conciencia en torno a la necesidad de renovar los conceptos y categorías de que disponemos hoy en día. Aunque se trata de una materia que excede de los límites de este capítulo, lo cierto es que está íntimamente relacionada con el impacto que el acelerado desarrollo de lo digital tiene tanto en los grandes principios de nuestro sistema político como también en los derechos fundamentales. Entre algunos autores subyace la preocupación de que el avance de la IA esté siendo orientado por agentes económicos globales que operan guiados por los objetivos del mercado en un ordenamiento jurídicamente obsoleto, el cual no ofrece a los ciudadanos garantías suficientes de protección (Balaguer, 2023: 30-31; Cámara Villar, 2024: 441-443). Se ha considerado que su evolución debe tener como contrapeso la dignidad de la persona (arts. 10.1 CE, 1 CDFUE y 2 TUE) con el fin de

---

2 Pensemos en los albores de la primera Revolución industrial inglesa, donde el advenimiento tecnológico —que por entonces se identificó con algo hoy ya superado, como es la explotación del carbón o la invención de la máquina de vapor— fue acogido con temor y recelo por igual, y desembocó en una reacción turbulenta a través de movimientos sociales (el ludismo) e incluso artísticos (el Romanticismo). Tomemos como ejemplo de esto último una obra cumbre de la literatura —aunque con elementos propios del gótico—, como es el *Frankenstein* de Mary Shelley, en el que la temible criatura creada por el protagonista es fruto del progreso científico que permitió la industrialización del Reino Unido.

evitar que sea mercantilizada, y sus derechos y libertades, perjudicados (Cotino, 2023: 127-131). En la tutela que merecen los derechos fundamentales en general, gozaría de una especial consideración el derecho a la protección de datos, ya que desde el momento en que los sistemas inteligentes trabajan principalmente con datos personales para su entrenamiento y utilización, urge evitar que las personas puedan sufrir las consecuencias resultantes de las decisiones que adoptan los algoritmos. Ello ha hecho que sea descrito como un derecho transversal (Cámara Villar, 2024: 451 y 443[3]) o un "derecho comodín" en un entorno deficitario de garantías y normas de protección de los usuarios (Balaguer, 2023: 48).

De este pálpito se ha querido dar una respuesta que, partiendo de lo ético, está materializándose progresivamente en un marco jurídico que otorgue seguridad y, sobre todo, protección frente a posibles peligros. Emulando a Isaac Asimov, F. Pasquale propone unas nuevas leyes de la robótica para la realidad que nos espera, con las que defiende que la IA reemplace funciones, no personas (2024: 28-39). En el plano patrio, autores como Ponce Solé han conceptualizado y descrito la llamada "reserva de humanidad"[4], consistente en preservar un área de actuación para las personas en ciertas decisiones que no se considera apropiado que sean llevadas a cabo íntegramente por seres inanimados[5]. Del mismo modo, los propios Parlamentos —en el seno de las correspondientes comisiones de estudio— han tomado la iniciativa para impulsar el estudio de la IA y su integración en la sociedad, como ha sido el caso de Alemania, estudiado por Roca Fernández, y que en el país teutón ha supuesto que el Legislativo haya ido por delante del Ejecutivo en la materia (2023: 345).

---

3 A pesar de la constante promulgación de normas y resoluciones nacionales e internacionales, y de la labor de interpretación llevada a cabo por el Tribunal de Justicia de la Unión Europea, este autor reclama la necesidad de una urgente regulación propia para la protección de datos personales en relación con el avance de la IA (2024: 449).

4 Si bien reconoce que recogió dicha expresión de la profesora Silvia Díez (2024: 98).

5 En palabras del propio autor, "se trataría de una decisión respecto de ciertos ámbitos, en los que los seres humanos, a través de los órganos legitimados para ello, excluyen la aplicación de la IA porque se considera inadecuado el uso de ésta" (2024: 98).

En este entorno regido por máquinas inteligentes es de desear que las normas que se dicten en un futuro próximo prevean la actuación de seres humanos, atribuyéndoles la supervisión, valoración o decisión final, para evitar que los derechos de los ciudadanos se vean afectados por el mal funcionamiento de la tecnología en los distintos ámbitos en que pueden tener lugar. Esta idea subyace en diversas iniciativas que están siendo aprobadas en esta "oleada" tecnológica. A nivel internacional debemos citar el Convenio Marco del Consejo de Europa sobre Inteligencia Artificial, Derechos Humanos, Democracia y Estado de Derecho, firmado en Vilnius el 5 de septiembre de 2024 —entre cuyos signatarios figura la Comisión Europea—; y el Reglamento de Inteligencia Artificial en la Unión Europea[6] ("RIA"), que, de forma significativa, y en línea con lo instado por la doctrina, establece expresamente que la IA debe ser una tecnología "centrada en el ser humano" (considerando 6; artículo 1.1). Ambos textos ponen el acento en la protección que se debe ofrecer en el empleo de los sistemas de IA, un carácter tuitivo que se refleja en el RIA en una variedad de deberes exigibles a lo largo de su cadena de uso o ciclo de vida y en la que se incluye a los usuarios bajo la denominación de *responsables del despliegue*, concepto en el que quedarían incluidos los Parlamentos[7].

En el escenario que se nos plantea, los poderes públicos podrán ser caracterizados como operadores (art. 3.8 RIA), categoría que ostentarán bien en su condición de proveedores, cuando desarrollen algún sistema propio de IA —posibilidad algo remota en el caso de las Cámaras Parlamentarias—, bien de responsables del despliegue en tanto que futuros usuarios —escenario más probable—, según se desprende de los artículos 2.1 [letra b)] y 3.4, a la luz del considerando 13 del Reglamento, en el cual leemos que:

---

6 Reglamento (UE) 2024/1689 del Parlamento Europeo y del Consejo, de 13 de junio de 2024, por el que se establecen normas armonizadas en materia de inteligencia artificial y por el que se modifican los Reglamentos (CE) nº 300/2008, (UE) nº 167/2013, (UE) nº 168/2013, (UE) 2018/858, (UE) 2018/1139 y (UE) 2019/2144 y las Directivas 2014/90/UE, (UE) 2016/797 y (UE) 2020/1828.

7 Para una panorámica de los deberes exigibles a los responsables del despliegue, *vid.* Fuertes López (2024).

> El concepto de 'responsable del despliegue' a que hace referencia el presente Reglamento debe interpretarse como cualquier persona física o jurídica, incluida cualquier autoridad pública, órgano u organismo, que utilice un sistema de IA bajo su propia autoridad, salvo cuando su uso se enmarque en una actividad personal de carácter no profesional. Dependiendo del tipo de sistema de IA, el uso del sistema puede afectar a personas distintas del responsable del despliegue.

Bajo el RIA, los Parlamentos quedarán abarcados por su ámbito subjetivo de aplicación y deberán cumplir con las obligaciones allí previstas[8], a expensas de una mayor concreción del régimen aplicable que de forma complementaria puedan establecer los Estados Miembros[9]. Interesa destacar que estos deberes que recaen sobre quienes forman parte de esta cadena de uso de la IA son exigibles en plano de igualdad tanto a sujetos del sector público como privado, y se vinculan con una especial protección de los derechos fundamentales y, en el campo específico de las instituciones y autoridades públicas, con nada más y nada menos que la preservación del Estado de Derecho[10].

---

8 El artículo 25 del Reglamento prevé una cláusula de mutación subjetiva, por la cual todo usuario que modifique un sistema de IA en alguno de los supuestos previstos en su apartado 1 adquirirá la condición de proveedor (*v.gr.* que modifique sustancialmente un sistema de IA de alto riesgo o la finalidad de cualquier sistema de tal modo que pase a considerarse de alto riesgo). El cambio de condición supondrá la asunción de las obligaciones establecidas para los proveedores en el artículo 16.

9 Hablamos de normas sectoriales o de desarrollo, enfocadas en áreas que escapan al objeto de nuestro estudio y que presentan matices entre ellas. Destaca el proyecto de ley nº 1146 en Italia para regular los sistemas de inteligencia artificial en consonancia con el RIA, que se encuentra en el Senado en fase de tercera lectura a fecha de 15 de agosto de 2025.
También cabe citar la tramitación en Francia de la proposición de ley nº 675, sobre identificación de imágenes generadas por inteligencia artificial y publicadas en redes sociales, registrada en la Asamblea Nacional el 3 de diciembre de 2024 y en curso a fecha igualmente de 15 de agosto de 2025.
Y en España, de momento contamos con el Real Decreto 817/2024, de 8 de noviembre, que establece un entorno controlado de pruebas para el ensayo del cumplimiento de la propuesta de Reglamento del Parlamento Europeo y del Consejo por el que se establecen normas armonizadas en materia de inteligencia artificial. Nótese que fue aprobado y publicado estando pendiente de aprobación el RIA.

10 Así se puede apreciar en el Convenio Marco del Consejo de Europa, en cuyo preámbulo leemos que las Partes contratantes son conocedoras de los beneficios

Las obligaciones de los operadores se volverán más intensas cuando manejen sistemas denominados *de alto riesgo*[11] (art. 6), que se identifican con aquéllos relacionados con los servicios enumerados en los Anexos I y III del Reglamento[12], si bien se eximirá de tal condición a los de este último Anexo cuando, entre otros supuestos, el sistema no sustituya a una valoración humana previa o bien se emplee para mejorar la actividad humana ya realizada (*vid.* art. 6.3).

III. LA INTEGRACIÓN DE LA IA EN LA FUNCIÓN DE CONTROL PARLAMENTARIO

1. Aspectos técnicos y funcionales

Empiezan a ser frecuentes las noticias rocambolescas protagonizadas por la IA, como son las de un robot director de orquesta[13] o de un candidato a la alcaldía de una gran ciudad[14]. Más allá de la simpática reacción que despiertan, el interés de ambos casos (y de tantos otros similares) descansa en que parten de una idea común: la tecnología incrementa ostensiblemente el nivel de rendimiento

---

que el desarrollo de la IA puede traer para el Estado de Derecho ("*Recognising that activities within the lifecycle of artificial intelligence systems may offer unprecedented opportunities to protect and promote human rights, democracy and the rule of law*"), para, a renglón seguido, señalar que los Estados son igualmente conscientes de los riesgos que su uso entraña para el Estado de Derecho ("*Concerned that certain activities within the lifecycle of artificial intelligence systems may undermine human dignity and individual autonomy, human rights, democracy and the rule of law*").

11 *Vid.* art. 26 para las obligaciones de los responsables del despliegue.

12 Los servicios del Anexo III comprenden: la biometría; infraestructuras críticas; la educación y formación profesional; el empleo, gestión de los trabajadores y acceso al autoempleo; el acceso a servicios privados esenciales y a servicios y prestaciones públicos esenciales y disfrute de estos servicios y prestaciones; la garantía del cumplimiento del Derecho; migración, asilo y gestión del control fronterizo, y por último administración de justicia y procesos democráticos.

13 Recuperado de https://www.theguardian.com/world/2024/oct/13/three-armed-robot-maira-pro-s-conductor-makes-debut-dresden.

14 Recuperado de https://www.elconfidencial.com/tecnologia/2024-07-11/japon-tokio-alcalde-inteligencia-artificial_3921654/.

posible y permite la realización de ciertas tareas que escapan a las destrezas humanas[15].

No obstante, en estos casos la IA es usada como un auxilio, salvaguardándose la dirección de la actividad por una persona de carne y hueso. Este fin de ayuda o complemento —nunca de sustitución— con el que se recurre a la tecnología debe orientar la incorporación de la IA en los Parlamentos; no sólo por motivos conceptuales, intrínsecos del sistema representativo (nos encontraríamos con escaños ocupados por seres inanimados), sino también estructurales que impone la nueva normativa: es imprescindible una labor de juicio humano que —aparte de supervisar el resultado final en el caso de los sistemas de alto riesgo (art. 14 RIA)— oriente la acción que realiza la máquina. Es decir, atribuimos la decisión última a una persona ("nos fiamos" de ella) por cuanto actúa según criterios de oportunidad o de empatía que, aun siendo asumidos por una máquina, preferimos que sean tomados por un ser humano; o porque, sencillamente, la máquina puede fallar y dar lugar a las llamadas "alucinaciones" del algoritmo (resultados incorrectos debidos a causas técnicas u otras más graves, como es una configuración sesgada en la recopilación y análisis de los datos de suministro o *inputs*).

Sea como fuere, no se puede negar que la IA ayudará a mejorar el desempeño técnico de las Cámaras agilizando trámites, realizando tareas mecánicas y reduciendo tiempos de trabajo, sin perjuicio de que su rendimiento aumente a medida que dicha tecnología se perfeccione. Especialmente, si tenemos en cuenta que la Unión Interparlamentaria ("UI") ya la incluía como una de las tendencias en la digitalización de la institución parlamentaria (2023: 18)[16]; de

---

15 En el caso de la música, la máquina es capaz de ejecutar partituras con un número de notas de imposible representación para una sola persona, y en el de la política, el promotor justificó la candidatura de la IA en la capacidad de ésta para acceder de forma inmediata a ingentes cantidades de información que permitan tener un conocimiento minucioso de una determinada materia y tomar una decisión.

16 El tema en cierto modo no es (tan) nuevo, si tenemos en cuenta que la UI viene refiriéndose desde hace tiempo al *parlamento electrónico*. En su Informe mundial de 2018, lo define como aquél que "sitúa la tecnología, el conocimiento y los estándares en el núcleo de sus procesos institucionales, a la vez que encarna los valores de colaboración, inclusividad, participación y apertura a la ciudadanía"

hecho, los programas de ordenador más empleados a diario ya la incorporan en su funcionamiento para la realización de labores de escasa experimentación, como sucede en los antivirus, determinadas aplicaciones de correo electrónico o programas de ciberseguridad internos —si bien no en su modalidad generativa— (Unión Interparlamentaria, 2024: 2). En cualquier caso, la futura implantación de la IA exige una necesaria planificación o un esquema previo que guíe a la Administración parlamentaria dentro del proyecto más amplio de digitalización de la institución, como apuntan R. Marañón (2024: 162) o J. Guillem (2024: 92). Este autor también señala la necesaria realización de un examen técnico de la infraestructura existente en la Cámara que verifique, entre otros externos, la existencia de mecanismos de firma electrónica y de registros telemáticos, los niveles de ciberseguridad adecuados o la formación del personal (2024: 102). A estos aspectos cabe añadir más, que podríamos concretar, por ejemplo, en la compatibilidad informática de los medios existentes con los programas que se van a instalar, la posibilidad de que sea el propio personal informático de la Cámara el que desarrolle las aplicaciones o los programas, o la dotación presupuestaria de la institución.

2. *Su proyección en (la renovación de) las funciones parlamentarias y especialmente en la de control*

Como anticipábamos en la introducción, en el sistema parlamentario contemporáneo es el Ejecutivo quien goza de preeminencia frente al Legislativo. En una aproximación general a las funciones de los Parlamentos, ha dicho nuestro Tribunal Constitucional ("TC") que "son, ante todo, escenarios privilegiados del debate público" (STC 226/2004, de 29 de noviembre, FJ 6), descripción que ha mantenido hasta la fecha presente (entre otras, STC 25/2023, de 17 de abril, FJ 3). No se puede dudar que el Parlamento hoy cumple, mal que bien, esa función de foro de debate político en un sistema cuyos contornos han sido desdibujados, y en cuyo vértice se sitúa la función de control, que mantiene su plena vigencia como herramienta de

(2018: 21). La UI da cuenta de la existencia de una definición anterior en su informe de 2008, pero la actualiza, habida cuenta de las innovaciones tecnológicas acaecidas en el tiempo (2018: 19).

contrapeso entre poderes[17]. Aunque no sea el punto de vista acogido por el TC, lo cierto es que la función de control no se limita estrictamente a tales procedimientos, sino que es una *perspectiva* de todas las funciones parlamentarias (Rubio Llorente, 2013: 220), y la complejidad actual del aparato estatal motiva que sean insuficientes los procedimientos que tradicionalmente han servido para ejercer el control por la Cámara. Consciente del ámbito y las posibilidades reales de la función de control parlamentario, el Tribunal acabó reconociendo la necesaria colaboración entre órganos (*vid.* STC 208/2003, de 1 de diciembre), y es en el marco de esta colaboración donde se puede enmarcar el uso por el Parlamento de la IA para controlar la acción del Gobierno. El ejercicio de las funciones parlamentarias en general, y la de control en particular, van a estar sin lugar a dudas afectadas —cuando no influenciadas— por su desarrollo, y aplicándola a tareas concretas se puede vislumbrar de qué forma contribuiría al ejercicio del control parlamentario. Así, sus beneficios son extensibles a todas las facetas de la actividad parlamentaria aunque, como acertadamente dice Surden (2019: 1322), hay que partir de que la aportación de la IA a lo jurídico se apreciará en aquellas labores automatizables, que siguen un *modus operandi* basado en la ejecución de estructuras de aplicación formales o semiformales, patrones subyacentes y respuestas dicotómicas; no siendo procedente en aquellas que sean conceptuales, abstractas o subjetivas, que seguirán reservadas a las personas. De este modo la IA permitirá que nos centremos de manera exclusiva en tareas que requieran de un juicio o una decisión que atiendan a criterios éticos o valorativos, no aprehensibles —todavía— por las máquinas.

---

17 Ya el ATC 60/1981, de 17 de junio, determinó con claridad que es "esencial a todo sistema parlamentario la responsabilidad política del Gobierno ante el Parlamento, en la que se comprende el deber del ejecutivo de informar y el derecho de la Cámara o Cámaras a ser informados sin que tales técnicas de relación puedan ser utilizadas para lesionar derechos individuales" (FJ 4). Dijo el Tribunal en aquel Auto que "Sólo un sistema de distribución de poderes, que evitan su concentración y hacen posible la aplicación de las técnicas de relación y control entre quienes lo ejercen legítimamente, garantiza la vigencia efectiva de las libertades y derechos" (*ibídem*), ideas reiteradas hasta el día de hoy (entre otras. SSTC 70/2022, de 2 de junio, FJ 5 y 93/2024, de 19 de junio, FJ 4).

En lo que atañe a las funciones del Parlamento, si bien el artículo 108 de la Constitución diseña con claridad la función de control a este respecto, de la misma forma que lo hacen los Estatutos de Autonomía ("El Gobierno responde solidariamente en su gestión política ante el Congreso de los Diputados"), *control* no equivale a exigencia de responsabilidad, sino que la labor de control es una tarea previa, lógica y cronológicamente, a esta eventual exigencia que puede derivarse del ejercicio del propio control (García-Escudero y Pendás, 1988). En estas palabras, por *Parlamento* deben entenderse incluidas tanto las Cortes Generales como las Asambleas legislativas autonómicas, que han sido equiparadas por la jurisprudencia constitucional, que ha establecido que "en nuestro sistema de democracia representativa, [en el que] la voluntad soberana tiene su lugar natural y ordinario de expresión en las Cortes Generales (art. 66.1 CE) y las voluntades autonómicas en los respectivos Parlamentos de las Comunidades Autónomas" (STC 103/2008, de 11 de septiembre, FJ 2), o que "[e]l sistema institucional previsto en el art. 152 CE para las comunidades autónomas prevé la misma forma de gobierno que la establecida por la Constitución para el Estado. Por ello, las determinaciones constitucionales a este respecto resultan plenamente aplicables a los ordenamientos autonómicos" (STC 93/2024, de 19 de junio, FJ 4.3).

La primera conclusión que podemos extraer, conjugando esta noción de control con la forma planteada de integrar la IA, es que ésta no puede sustituir a los parlamentarios en el ejercicio de sus funciones, pues la esencia de la labor político-parlamentaria parte de decisiones difícilmente medibles mediante criterios preestablecidos, como son la oportunidad y la conveniencia políticas. Debe, por tanto, preservarse la decisión humana para activar los mecanismos clásicos de control a través de los que el Parlamento extingue la relación de fiducia entablada con el Gobierno, como son la moción de censura y la cuestión de confianza, cuyo ejercicio supone la valoración global de un ciclo político o mandato legislativo y la ponderación de diversos factores para reemplazar al actual gabinete. También en los medios de fiscalización o control en sentido amplio, compuesto por las tradicionales preguntas, interpelaciones, mociones o proposiciones no de ley, e incluso las comisiones de investigación, basados en inquirir acerca de un determinado asunto de relevancia o interés público libremente apreciado por el promotor de la iniciativa. No obstante, es en relación con estas últimas técnicas de control, que versan sobre temas específicos o cuestiones concretas, donde la IA puede desplegar su utilidad y permitir a Sus Señorías acceder a determinadas series de información desde las que poder hacer un seguimiento más detallado de la actuación del Ejecutivo.

Desde este planteamiento podemos bosquejar las posibles ventajas para la función de control parlamentario, basándonos en las experiencias vividas en otros países y que pueden ser de muy distinto signo, consistentes en: el acceso a resúmenes parlamentarios y traducción de los debates, un *chatbot* que informe acerca del estado de las iniciativas parlamentarias, o el reconocimiento de voz para identificar vídeos parlamentarios y el diario de sesiones (Marañón, 2024: 169; Guillem, 2024: 95 y 100); a las que podemos añadir el resumen histórico de las actuaciones llevadas a cabo por el Gobierno en una rama de actuación específica; la posibilidad de informar sobre el nivel de ejecución de partidas presupuestarias, subvenciones, licitaciones públicas, etc., o el seguimiento en el cumplimiento de las iniciativas no legislativas (*v.gr.* mociones o proposiciones no de ley). También cabría el uso, en la medida en que sean compatibles, de aplicaciones usadas en el seno del procedimiento legislativo; p. ej., las usadas para la recopilación y el análisis de la información obrante en un expediente que sea susceptible de actualización durante la tramitación de una determinada iniciativa (Solar Cayón, 2025: 109-110). De este modo, se facilita sobremanera el control de todas las áreas de actuación del Ejecutivo, que no deben limitarse únicamente al Gobierno en sentido estricto, sea nacional o autonómico (la Administración General del Estado o las administraciones autonómicas), sino que deben ser extensibles también a las entidades que forman el sector público institucional o Administración instrumental.

Ahora bien, una cuestión nuclear descansa en que, si las Cámaras Parlamentarias van a poder incorporar la IA para el mejor ejercicio de sus funciones, no hay ningún motivo para impedir su uso al resto de poderes (Judicial y, en lo que nos interesa, Ejecutivo). Partimos de la premisa de que la IA pueda ser empleada por todos los actores de la sociedad, sean del ámbito privado, político, institucional, etc., por lo que *a priori* nadie tiene por qué quedar excluido de su utilización; ni siquiera el Gobierno, quien deberá poder utilizar este instrumento en el ejercicio del control parlamentario por la oposición. Por ello, hay que incidir, de un modo importante, en el límite en el uso de todo instrumento por parte del Gobierno que pueda suponer una menor fiscalización en la actuación del poder político. El poder no puede ser sometido a menor control por el Parlamento por el hecho de que el Gobierno tenga a su disposición una herramienta que pueda acceder a una cantidad de información casi ilimitada. Pero en el lado parlamentario del control puede afirmarse que la IA puede ser, a diferencia de lo que pasa con el Gobierno, un instrumento más útil. Aunque todavía sea pronto para vaticinar resultados concretos, los estudios acerca de la IA en este sentido tienden a relacionarla con la renovación o actualización de la institución tanto en su funcionamiento como en su relación con la ciudadanía. Un Parlamento que pueda ejercer un control más eficaz sobre el Gobierno verá reforzada su posición institucional y, sobre todo, su proximidad con la sociedad. Se ha dejado anotada la gran bondad que supondrá, ya que así cambia su posición "en el espacio político y se convierten en instrumentos cada vez más esenciales para la conformación de la opinión pública, modificando el modo en el [*que el*] parlamento se relaciona con la sociedad y significando una alternativa a la tradicional carencia de medios de los que están dotados los parlamentarios frente al ejecutivo" (Guillem, 2024: 92); o para, en definitiva, lograr el "perfeccionamiento de la democracia representativa con un acercamiento real del ciudadano" (Marañón, 2024: 169-170), de tal modo que la opinión pública y los electores coadyuven al control por la vía extraparlamentaria, pues son estos últimos ante quienes verdaderamente se rinden cuentas[18].

[18] En la conocida cita del prof. Rubio Llorente (2013: 218-219), el control "no tiene como finalidad la aparente y formal de aprobar o reprobar la actuación del órgano controlado, pues la decisión parlamentaria al respecto, que no es ni puede ser otra que la impuesta por la mayoría, es simplemente formalización de una decisión anterior y conocida, sino la apelación a la voluntad del electorado, que en su día habrá de sacar las consecuencias que estime oportunas del resultado de este control 'ad referendum'".

3. *Las garantías de protección frente a los sistemas de IA. Mención a la protección de datos personales*

Hasta ahora nos hemos referido a la faceta activa de la IA (la realización de tareas), pero no a la pasiva (su vigilancia o supervisión). Para salvaguardar la posición del individuo ante la adopción de decisiones automatizadas, hemos aludido a la intervención humana que debe preservarse en el ciclo de toda actividad automatizada, y que Ponce Solé ha estudiado respecto de las decisiones que incorporan un margen de discrecionalidad en los procedimientos administrativos bajo la expresión "reserva de humanidad" y que puede operar a distintos niveles[19].

En el ámbito parlamentario la labor de vigilancia no debería albergar una mayor trascendencia, por cuanto la IA se manejará para actividades puramente instrumentales, destinadas a trabajar con inmensas cantidades de información mediante su recopilación, clasificación y análisis que sirvan de base para el ejercicio de la función de control.

Aquí la intervención humana queda salvaguardada en la medida en que, a partir de la extracción de la información interesada, corresponderá a los Diputados/as formular una determinada iniciativa gracias a que cuentan con los elementos de juicio suficientes. Será en el reglamento de la respectiva Cámara donde se delimite la materia objeto de control: las interpelaciones versan sobre los motivos o propósitos de la conducta del Ejecutivo en cuestiones de política general (art. 180 Reglamento del Congreso de los Diputados), mientras que en las preguntas ante el Pleno se puede interrogar al Gobierno acerca de si va a tomar alguna providencia en relación con algún asunto (art. 188).

---

19 Niveles de automatización que pueden ser de mayor o menor intensidad y que, en consecuencia, modularán la exigencia de participación de las personas. En lo que nos interesa, el citado autor deslinda una reserva con carácter general, que se predica por ejemplo respecto de la protección de datos (con base en el art. 22 RGPD), frente a una intervención más concreta a la que recurrir cuando la normativa reconozca un margen de discrecionalidad al operador administrativo (2024: 99-104).

En todos estos casos conviene tener presente que el control parlamentario es un control político, cuya fuerza radica en desgastar o crear obstáculos futuros al Gobierno (Aragón Reyes, 1986: 25). Los programas o aplicaciones inteligentes pueden reunir la información solicitada y ofrecer un borrador de iniciativa, pero debe mantenerse la libertad del sujeto fiscalizador de controlar según su criterio, de interrogar sobre temas que puedan suscitar una mayor reacción mediática o que tengan una mayor sensibilidad social, de escoger el momento oportuno en el que plantear la cuestión, o que se planteen mociones o proposiciones no de ley que insten la actuación del Gobierno en un asunto bajo una necesidad cierta y probada tras contar con la información pertinente[20], etc.; y la libertad del sujeto fiscalizado de responder de la manera que estime oportuna (quien siempre podrá dar una respuesta incorrecta o incompleta, pero que será fácilmente detectada[21]). De esta manera, la refutación de las afirmaciones o de los datos aportados permitirá lograr un debate parlamentario más dinámico en el que se garantice al mismo tiempo la libre actuación en las intervenciones, y un aumento en la eficacia del control o fiscalización en sede parlamentaria.

Cuestión distinta que también merece atención es el examen técnico que se realiza en la calificación y admisión a trámite de las iniciativas de control. ¿Se imagina el lector a un sistema de IA realizando un examen de constitucionalidad de las iniciativas presentadas ante la Mesa de la Cámara? Ciertamente, los órganos parlamentarios pue-

---

20 Ahora bien, para el ejercicio de un derecho muy específico de los parlamentarios (las peticiones de acceso a documentación), determinados expedientes estarán vinculados a los archivos o información en poder del Ejecutivo, en cuyo caso la IA deberá ayudar al Gobierno a obtener más rápidamente la información requerida.

21 Son variadas las "vías de escape" a las que recurre el sujeto fiscalizado en la práctica para esquivar el control de la Cámara, que pueden ser tanto procedimentales (p. ej., la falta de remisión de documentación, la ausencia de contestación veraz a preguntas o la incomparecencia de la autoridad convocada) como sustantivas (p. ej., ante solicitudes de información, oponer el carácter no público de una determinada sociedad, el necesario y estricto cumplimiento de obligaciones contables, o la necesaria protección de la confidencialidad u otros derechos de terceros —protección de datos de carácter personal, propiedad intelectual o industrial, secretos empresariales, etc.—) pero que, con fortuna, la IA ayudará a limitar.

den ayudarse de medios técnicos para verificar si, con base en los respectivos reglamentos y los requisitos procedimentales allí previstos, una iniciativa, por ejemplo, guarda conexión con las competencias de una determinada Consejería del Gobierno[22], o si es reiterativa de otras formuladas con anterioridad[23], pero sin llegar al extremo de que la IA desplace a la Mesa, que es soberana para interpretar el Reglamento en caso de ambigüedad o laguna y quien debe poder decidir sobre su admisión o inadmisión.

Estrechamente vinculada con la actuación humana está la protección de los derechos fundamentales. El estatuto del parlamentario o *ius in officio* (art. 23.2 CE) es la raíz desde la que se desarrollan todas las facultades de los parlamentarios, en las que está plenamente integrada la función de control[24] que se canaliza a través de los mecanismos previstos reglamentariamente. El desarrollo de la IA abre nuevas vías de estudio, entre las que tiene una posición singular la protección de datos personales, presente en el ámbito parlamentario. Con un fin garantista, el artículo 2 del RIA ha incluido sendas cláusulas de salvaguarda en defensa de las personas que sean destinatarias de una actuación de un sistema de IA: la primera, de alcance general, se contiene en el apartado 1 y consiste en incluir dentro de su ámbito subjetivo de aplicación a las personas que se vean afectadas por su uso [letra g)]; la segunda es una cláusula específica en materia de protección de datos que se recoge en el apartado 7, en virtud de la cual:

> El Derecho de la Unión en materia de protección de los datos personales, la intimidad y la confidencialidad de las comunicaciones se aplicará a los datos personales tratados en relación con los derechos y obligaciones

---

22 Por ejemplo, los artículos 160.2 del Reglamento del Parlament de Catalunya o 200.2 del Reglamento de la Junta General de Principado de Asturias.

23 Artículo 271 del Reglamento de las Cortes de Aragón.

24 "[E]n lo que se refiere a la determinación del núcleo de la función representativa parlamentaria vinculado con el ejercicio de las potestades de control de la acción del Gobierno, la jurisprudencia constitucional ha señalado que 'los instrumentos de control pueden ser mecanismos de información, mecanismos que pueden activar e impulsar un control de la acción del Gobierno y que, en último término, pueden poner en marcha los instrumentos de exigencia de responsabilidad política'" (doctrina citada, entre otras, en las SSTC 124/2018, de 14 de noviembre, FJ 7 c), y 58/2023, de 23 de mayo, FJ 3).

establecidos en el presente Reglamento. El presente Reglamento no afectará a los Reglamentos (UE) 2016/679 o (UE) 2018/1725 ni a las Directivas 2002/58/CE o (UE) 2016/680, sin perjuicio del artículo 10, apartado 5, y el artículo 59 del presente Reglamento.

Aunque los desafíos que la IA plantea a la protección de datos giran en torno a áreas de actuación que, en principio, escapan a la actividad ordinaria de los Parlamentos (p. ej., fines de policía, identificación biométrica remota o desarrollo de sistemas en espacios controlados de prueba), pueden darse escenarios en los que pueda verse comprometido este derecho, como es la sustanciación de comparecencias de terceros o el acceso a información que afecte a datos de quienes no ostenten un cargo representativo o no guarden relación alguna con las funciones parlamentarias *stricto sensu*. A este respecto, hay que tener en cuenta que la actividad parlamentaria no es ajena ni queda exenta de control cuando se lleve a cabo un tratamiento de datos personales según el RGPD[25], tal y como ha reconocido el Tribunal de Justicia de la Unión Europea ("TJUE") en relación con la actividad de las comisiones de peticiones (sentencia de 9 de julio de 2020, asunto *Land Hessen*, C-272/19) y las comisiones de investigación (sentencia de 14 de enero de 2024, asunto *Österreichische Datenschutzbehörde*, C-33/22). Si en la primera sentencia el TJUE estableció de forma bastante clara que "el Reglamento 2016/679 no prevé ninguna excepción, en particular en su considerando 20 y en su artículo 23, en lo que se refiere a las actividades parlamentarias" (ap. 72), en la segunda —objeto de comentario entre nosotros por B. Coscullueła (2024)— consagró la prevalencia del Derecho de la Unión Europea sobre el Derecho nacional en sus distintas ramificaciones, incluidas las disposiciones de rango constitucional (apartados 70 y 71)[26], en

---

25 Reglamento (UE) 2016/679 del Parlamento Europeo y del Consejo, de 27 de abril de 2016, relativo a la protección de las personas físicas en lo que respecta al tratamiento de datos personales y a la libre circulación de estos datos y por el que se deroga la Directiva 95/46/CE.

26 "[E]s preciso recordar que la invocación por un Estado miembro de disposiciones de Derecho nacional no puede afectar a la unidad y a la eficacia del Derecho de la Unión. En efecto, los efectos que se asocian al principio de primacía del Derecho de la Unión se imponen a todos los órganos de un Estado miembro, sin que puedan oponerse a él, en particular, las disposiciones internas, incluidas las de rango constitucional" (apartado 70).

lo que se refiere a la protección de datos personales; tesis que choca con lo fijado por nuestro Tribunal Constitucional en su sentencia 76/2019, de 22 de mayo, sobre el artículo 18.4 CE, que limitó la eficacia de las disposiciones del Derecho europeo a ser parámetro de legalidad, que no de constitucionalidad, del Derecho interno[27].

Así, los interesados deben poder ejercer siempre los derechos reconocidos por el RGPD y la LOPDGDD[28] en relación con el tratamiento de datos llevados a cabo en la utilización de sistemas de inteligencia artificial —tal como nos recuerda el considerando 10 del RIA—, salvo cuando sea de aplicación alguna de las excepciones previstas en el RIA, que operan como una base jurídica válida prevista por el Derecho de la UE, según exige el art. 6 RGPD[29]. Sea como fuere, de los artículos del RIA relativos a la protección de datos, y otros pertinentes —arts. 85 y 86—, queda claro que son ámbitos de protección separados pero compatibles, de tal suerte que las vías de salvaguarda previstas por el legislador europeo en materia de protec-

---

27 En dicha sentencia el Tribunal abordó la relación entre el derecho a la protección de datos personales en su previsión en el ordenamiento nacional y en el RGPD, estableciendo que:
"Cuando, como ocurre en este proceso, se le demanda [*a este Tribunal*] el enjuiciamiento constitucional del desarrollo legislativo de un derecho fundamental que se halla en la actualidad parcialmente determinado por el Derecho de la Unión Europea, como es la protección de datos personales, '[l]as exigencias derivadas del Derecho de la Unión no pueden ser irrelevantes a la hora de establecer los márgenes constitucionalmente admisibles de libertad de apreciación política' (STC 1/2012, de 13 de enero, FJ 9). Sin que ello implique de forma alguna que el análisis de constitucionalidad pueda o deba incluir un examen sobre la compatibilidad entre el reglamento europeo y la ley interna, ni que un eventual juicio de incompatibilidad pueda derivar en la declaración de inconstitucionalidad de una ley interna por oposición a una disposición de Derecho de la Unión, pues cualquier análisis de compatibilidad entre el Derecho de la Unión Europea y la Ley Orgánica 3/2018 se dirimirá en términos de legalidad ordinaria y selección del derecho aplicable en un primer término, y no en clave de contradicción con la Constitución de la norma interna eventualmente contraria al Derecho de la Unión (mutatis mutandis, STC 140/2018, FJ 6)" [FJ 3].

28 Ley Orgánica 3/2018, de 5 de diciembre, de Protección de Datos y garantía de los derechos digitales.

29 Para un análisis en profundidad de la aplicación conjunta del RIA y el RGPD, *vid.* Jiménez López (2024), quien pone como ejemplos los arts. 10.5 y 59 RIA. No obstante, son supuestos de aplicación poco probable en una Cámara parlamentaria.

ción de datos deben poder hacerse valer de forma complementaria a las infracciones del RIA. Cabe referirnos aquí de forma breve al régimen específico de protección recogido en el Reglamento, consistente en que los interesados puedan presentar una reclamación ante las autoridades de vigilancia competentes (art. 85), así como su derecho a obtener una explicación "clara y significativa" del papel que ha tenido un sistema de IA de alto riesgo en el resultado de salida y sobre el que el responsable del despliegue ha adoptado su decisión (art. 86). Esta segunda facultad tiene un trasfondo complejo, pues está ligado al cumplimiento de varios deberes previstos en el RIA que velan por que los operadores sean verdaderamente conscientes de las capacidades del sistema, y que incluyen el deber de alfabetización del personal que lo utilice (art. 4 y considerando 20), así como la garantía de transparencia mediante el suministro de instrucciones de uso suficientemente claras (art. 13) y una supervisión humana efectiva (art. 14).

IV. CONCLUSIONES

El punto de partida de este trabajo es que la modernización tecnológica de los Parlamentos es necesaria para la modernización de la Institución, y la IA puede contribuir a ese objetivo al igual que el resto de tecnologías que en su momento supusieron una innovación técnica o científica. Ahora bien, debemos partir igualmente de la premisa de que la IA surtirá los efectos que se esperan de ella desde un enfoque realista, llevando a cabo tareas mecánicas o automáticas (es decir, de escaso o nulo componente valorativo) y que no supongan adoptar la decisión final en la gestión o dirección de una actividad que, por su impacto, pueda afectar al estatuto jurídico de los ciudadanos.

La regulación de la IA es un cuerpo normativo *in fieri* o en fase de obligada maduración, debido al incipiente desarrollo en que se encuentra la propia IA, fruto de su continua evolución. El progreso tecnológico debe estar al servicio y tener como base a las personas, siendo el fundamento para ello su dignidad y los derechos fundamentales, reconocidos tanto en la Constitución española como en los diversos tratados internacionales. En la UE se ha aprobado el Reglamento (UE) 2024/1689, de 13 de junio, cuya regulación pone el foco en la comercialización de sistemas de IA y las obligaciones que los operadores —sean de naturaleza privada o pública— deben cumplir para garantizar un uso que resulte, entre otras características, seguro, fiable y transparente.

Estas medidas de precaución van de la mano del reconocimiento de vías adicionales de protección, especialmente en lo que se refiere a evitar que un sistema inanimado adopte decisiones que incidan en los derechos de las personas. La protección de datos personales ocupa un papel relevante, por cuanto los sistemas de IA requieren de éstos para trabajar y el RGPD y los derechos allí previstos mantienen su pleno ámbito de aplicación, tal como establece expresamente el RIA.

En este marco, la función de control parlamentario, que mantiene su naturaleza política, se verá favorecida de forma similar al resto de funciones y trabajos parlamentarios gracias al impulso de la IA, si bien dentro de una aconsejable revisión del ámbito y la extensión del control en un sistema cuyos postulados teóricos, de corte clásico, han sido superados por la realidad política —principalmente, la preeminencia del Ejecutivo en el parlamentarismo actual— y que han supuesto la merma general de las funciones que desempeñan los Parlamentos. En conexión con la naturaleza misma de la Institución y de la representación política, se debe garantizar que el control siga siendo ejercido por los parlamentarios, quienes se podrán ayudar de las mejoras que introduzca la IA para ejercer un control más efectivo de la actuación del Gobierno. En cualquier caso, se debe asegurar un margen imprescindible de intervención humana (*v.gr.* en la admisión de iniciativas o formulación de propuestas) para preservar tanto la esencia de las funciones parlamentarias como los derechos de los representantes y terceros en su participación en la Cámara (incluido el derecho a la protección de datos, con las especialidades propias del ámbito parlamentario). La mejora tecnológica de los Parlamentos debe contribuir en último término a revitalizar su posición como institución y mejorar su relación con la sociedad.

V. BIBLIOGRAFÍA

ARAGÓN REYES, M. (1986). El control parlamentario como control político. *Revista de Derecho Político*, 23, 9-39.

BALAGUER CALLEJÓN, F. (2023). La Constitución del algoritmo. El difícil encaje de la Constitución analógica en el mundo digital. En F. Balaguer Callejón y L. Cotino Hueso (coords.). *Derecho público de la inteligencia artificial* (pp. 29-56). Zaragoza: Fundación Manuel Giménez Abad de Estudios parlamentarios y del Estado autonómico.

CÁMARA VILLAR, G. (2025). Protección de datos e inteligencia artificial en perspectiva europea. En M. Aragón Reyes, J. J. Solozábal Echavarría y J. L. Requejo Pagés (dirs.). *El Estado constitucional democrático. Libro en homenaje a Javier Jiménez Campo* (pp. 441-458). Madrid: Centro de Estudios Políticos y Constitucionales.

CARCELLER STELLA, J. (2024). *Big data* para el proceso normativo. *El Cronista del Estado social y democrático de Derecho,* 115, 40-49.

COSCULLUELA MARTÍNEZ, B. (2024). Competencia de la Autoridad Nacional de Control en materia de protección de datos para conocer de las reclamaciones previstas en el Reglamento General de Protección de Datos presentadas a consecuencia de la actividad propia de una comisión de investigación. *Revista de las Cortes Generales.* 118, 573-588.

COTINO HUESO, L. (2025). Cómo abordar jurídicamente el impacto de la inteligencia artificial en los derechos fundamentales. En M. E. Casas Baamonde (dir.) y D. Pérez del Prado (coord.). *Derecho y tecnologías* (pp. 123-171). Madrid: Fundación Ramón Areces.

FUERTES LÓPEZ, M. (2024). Usuarios de los sistemas de inteligencia artificial y sus obligaciones. *Revista de privacidad y Derecho digital,* 34, 121-171.

GARCÍA-ESCUDERO MÁRQUEZ, P. y PENDÁS GARCÍA, B. (1988). Senado y Gobierno: El Senado como Cámara de control. En VV.AA., *Gobierno y administración en la Constitución, Vol. 1* (pp. 659-674). Madrid: Ministerio de Hacienda, Instituto de Estudios Fiscales.

GUILLEM CARRAU, J. (2024). Inteligencia artificial y parlamentos modernos. *Corts. Anuari de Dret Parlamentari,* 38, 77-114.

INNERARITY, D. (2025). *Una teoría crítica de la inteligencia artificial.* Barcelona: Galaxia Gutenberg.

INNERARITY, D. (2022) *La sociedad del desconocimiento.* Barcelona: Galaxia Gutenberg.

JIMÉNEZ LÓPEZ, J. (2024). El Reglamento de inteligencia artificial y el Reglamento general de protección de datos. En L. Cotino Hueso y P. Simón Castellano (dirs.). *Tratado sobre el Reglamento de Inteligencia Artificial de la Unión Europea* (pp. 149-180). Madrid: Editorial Aranzadi.

MARAÑÓN GÓMEZ, R. (2024). Parlamento e inteligencia artificial. El parlamento virtual. En X. A. Sarmiento Méndez y F. Visiedo Mazón (coords.). *El parlamento contemporáneo: el presente y sus retos* (pp. 157-172). Zaragoza: Fundación Manuel Giménez Abad de Estudios parlamentarios y del Estado Autonómico.

MARTÍNEZ ELIPE, L. (2000). *Fiscalización Política del Gobierno. Fiscalización parlamentaria y extraparlamentaria. Inspección parlamentaria. Volumen Primero.* Cizur Menor: Aranzadi.

PASQUALE, F. (2024). *Las nuevas leyes de la robótica: Defender la experiencia humana en la era de la IA.* Barcelona: Galaxia Guternberg. Traducción de Juan Trejo.

PONCE SOLÉ, J. (2024). *El Reglamento de Inteligencia Artificial de la Unión Europea de 2024, el derecho a una buena administración digital y su control judicial en España.* Madrid: Marcial Pons.

ROCA FERNÁNDEZ, M. J. (2023). Las comisiones parlamentarias de digitalización y de inteligencia artificial del Bundestag: dos formas de asesoramiento técnico al Poder Legislativo. *Teoría y Realidad Constitucional,* 52, 335-355.

RUBIO LLORENTE, F. (2013). *La forma del poder. Estudios sobre la Constitución.* 3ª ed. Madrid: Centro de Estudios Constitucionales.

SOLAR CAYÓN, J. I. (2024). *Inteligencia artificial jurídica e imperio de la ley.* Valencia: Tirant lo Blanch.

SURDEN, H. (2019). Artificial Intelligence and Law: An Overview. *Georgia State University Law Review,* 35:4, 1305-1337. Recuperado de: https://readingroom.law.gsu.edu/gsulr/vol35/iss4/8.

TUDELA ARANDA, J. (2023). Gobierno, parlamento, democracia e inteligencia artificial. *Teoría y Realidad Constitucional,* 52, 303-333.

TUDELA ARANDA, J. (2007). La renovación de la función parlamentaria de control. *Teoría y Realidad Constitucional,* 19, 75-104.

Unión Interparlamentaria (2024). *El uso de la IA generativa en los parlamentos.* Recuperado de https://www.ipu.org/file/19128/download.

Unión Interparlamentaria (2023). *Guía sobre la transformación digital en los Parlamentos.* Recuperado de https://www.ipu.org/file/17433/download.

Unión Interparlamentaria (2018). *Informe mundial de 2018 sobre el parlamento electrónico.* Recuperado de https://www.ipu.org/file/5921/download.

Inteligencia Artificial en la función presupuestaria

ISABEL CAÑAS PALACIOS
Letrada del Parlamento de Navarra y Delegada de Protección de Datos del Parlamento de Navarra

FRANCISCO JAVIER LÓPEZ HERNÁNDEZ
Letrado del Parlamento de Canarias

SUMARIO: I. INTRODUCCIÓN. II. LA VISIÓN SISTÉMICA DE LA INTELIGENCIA ARTIFICIAL Y SU UTILIDAD EN LA FUNCIÓN PRESUPUESTARIA DESDE LA PERSPECTIVA DEL CICLO PRESUPUESTARIO. 1. Aproximación conceptual. 2. Marco normativo. 3. Los condicionantes de la inteligencia artificial aplicada a la función presupuestaria: autonomía tecnológica de las Cámaras y ciclo presupuestario. 4. La implantación de un sistema de inteligencia artificial a la función presupuestaria en el marco del ciclo de vida de una solución de inteligencia artificial: metodología. 5. La protección de datos como límite en un escenario de parlamento abierto. III. DELIMITACIÓN DE LA FUNCIÓN PRESUPUESTARIA A LOS EFECTOS DE LA DETERMINACIÓN DE LA FINALIDAD PREVISTA POR UN SISTEMA DE INTELIGENCIA ARTIFICIAL APLICADO A LA MISMA. IV. CONTEXTO Y DETERMINACIÓN DE LAS NECESIDADES A ATENDER POR UN SISTEMA DE INTELIGENCIA ARTIFICIAL EN LA FUNCIÓN PRESUPUESTARIA. 1. Diagnóstico de situación y necesidades a atender por uno o varios sistemas de inteligencia artificial en la aprobación del proyecto de ley de presupuestos generales. 2. Diagnóstico de situación y necesidades a atender por uno o varios sistemas de inteligencia artificial en el control de la ejecución presupuestaria por los Parlamentos. 3. Diagnóstico de situación y necesidades a atender por uno o varios sistemas de inteligencia artificial en el control del veto presupuestario y en la detección de la incidencia presupuestaria de las iniciativas. V. DEFINICIÓN DE LOS DATOS OBJETO DE TRATAMIENTO EN UN SISTEMA DE INTELIGENCIA ARTIFICIAL APLICADA A LA FUNCIÓN PRESUPUESTARIA Y ANÁLISIS DESDE LA PERSPECTIVA DE LA PROTECCIÓN DE DATOS PERSONALES. 1. El análisis de los datos a tratar desde la perspectiva del Registro de Actividades de Tratamiento y el principio de privacidad en el diseño y por defecto. 2. Datos de entrenamiento para uno o varios sistemas de inteligencia artificial en la aprobación del proyecto de ley de presupuestos generales. 3. Datos de entrenamiento para uno o varios sistemas de inteligencia artificial en el control de la ejecución presupuestaria por los Parlamentos. 4. Datos de entrenamiento para uno o varios sistemas de inteligencia artificial en el control del veto presupuestario y en la detección de la incidencia presupuestaria de las iniciativas. VI. EVALUACIÓN DE RIESGOS E IMPACTOS DE UN SISTEMA DE INTELIGENCIA ARTIFICIAL APLICADA A LA FUNCIÓN PRESUPUESTARIA DESDE LA PERSPECTIVA DE LOS DERECHOS FUNDAMENTALES, DESDE LA PROTECCIÓN DE DATOS Y LA CIBERSEGURIDAD. 1. Planteamiento: el papel del responsable del sistema de IA, el del responsable del tratamiento y el del delegado o delegada de protección de datos. 2. Evaluación del sistema de inteligencia artificial. 3. Evaluación de impacto en materia de protección de datos. 4. La evaluación de la necesidad de actualizar la política de seguridad. VII. BIBLIOGRAFÍA.

RESUMEN: La función presupuestaria es fundamental en el desenvolvimiento de la vida de un parlamento y en el presente capítulo abordaremos las potencialidades que es capaz de desempeñar la inteligencia artificial aplicada a esta función. Llevaremos a cabo nuestro análisis identificando el contexto regulatorio, el diagnóstico de situación y las necesidades a atender por sistemas de inteligencia artificial aplicados a la función presupuestaria, datos a tratar y la evaluación de los riesgos que se ha de plantear desde la perspectiva de los derechos fundamentales, y por supuesto, desde la visión de la protección de datos.

ABSTRACT: The budget function is fundamental in the development of the life of a parliament and in this chapter we will address the potential of artificial intelligence applied to this function. We will carry out our analysis by identifying the regulatory context, the diagnosis of the situation and the needs to be met by artificial intelligence systems applied to the budget function, the data to be processed and the assessment of the risks to be considered from the perspective of fundamental rights and, of course, from the viewpoint of data protection.

PALABRAS CLAVE: inteligencia artificial, función presupuestaria, evaluación de impacto y de riesgos, protección de datos, datos de entrada, datos de resultado, ciberseguridad.

KEY WORDS: artificial intelligence, budget function, impact and risk assessment, data protection, input data, output data, cybersecurity.

I. INTRODUCCIÓN

En el contexto actual, la senda de innovación de las Cámaras afronta un nuevo hito evolutivo de la mano del despliegue de la inteligencia artificial, en adelante IA. Y se puede afirmar que la divisa ante la que se sitúan nuestros parlamentos frente a la misma, recuerda en cierto modo al cambio estructural que supuso la llegada de internet o en general la modernización que han traído consigo las tecnologías de la información y las comunicaciones que, "*inciden en casi todos los ámbitos de la acción humana, incluida la política*" (Echeverría y Unceta, 2014, 99). De hecho, "[*e*]*l avance de las IA se consolida rápidamente en los diferentes ámbitos de la vida económica, social, medioambiental e incluso política de los seres humanos*" (Tejedor-Estupiñán, 2024, 9).

Sin embargo, existe una diferencia considerable *a priori*, pues el desenvolvimiento a gran escala de la IA nace determinado por la existencia de una regulación tuitiva que, colocando por encima los derechos fundamentales de la ciudadanía, proporciona los márgenes que condicionarán el desarrollo de la inteligencia artificial.

Al igual que en el resto de las funciones propias de los parlamentos, este capítulo pretende analizar desde la perspectiva de la protección de datos, la viabilidad aplicativa de sistemas de inteligencia artificial a la función presupuestaria, abordando este reto desde la privacidad en el diseño y por defecto, la protección de datos, la transparencia, y la rendición de cuentas.

II. LA VISIÓN SISTÉMICA DE LA INTELIGENCIA ARTIFICIAL Y SU UTILIDAD EN LA FUNCIÓN PRESUPUESTARIA DESDE LA PERSPECTIVA DEL CICLO PRESUPUESTARIO

1. Aproximación conceptual

No son pocas las definiciones que desde el ámbito científico se han elaborado —y se siguen formulando— sobre la IA[1]. Incluso no faltan autores que niegan que pueda darse una única definición[2]. Desde esta perspectiva, y teniendo en cuenta la plurivocidad del término, sin ánimo de ser exhaustivos, procederemos a una aproxima-

---

1 Casar Corredera afirma que "*Se suele referir, como es sabido, el origen de la Inteligencia Artificial a los años 50 del siglo XX y concederle el crédito principal (con lo que estoy de acuerdo) al gran Alan Turing, a cuyo famoso test me referiré más tarde, al hilo de las llamadas Redes Neuronales Adversarias, y a la famosa conferencia de Dartmouth (Dartmouth Summer Research Project on Artificial Intelligence), en la que participaron ni más ni menos que John McCarthy, Marvin Minsky, Claude Shannon, Allen Newely y Herbert Simon, entre otros*" (2023, 477).

2 Ya desde 1989 advertían Dormido Bencomo y De la Cruz García que "*Resultaría fácil dar una explicación clara de la I.A. si se dispusiera de una definición concisa y aceptada de forma general. Desgraciadamente no existe acuerdo ni dentro del propio campo. No es inusual encontrar científicos que consideran que están trabajando en el campo de la I. A. y otros colegas suyos no lo crean así. Y a la inversa, existen científicos que trabajan en áreas que se consideran de forma "tradicional, como parte de la I. A., pero que ellos se niegan a aplicar dicha etiqueta a su trabajo*" (1989, 9-10).

ción a dicho concepto y a otros relacionados con la IA, siempre como premisa conceptual para abordar las implicaciones en la función presupuestaria de los parlamentos.

Siguiendo a Medel Marabolí y Williams Obreque la IA es "*una tecnología en pleno desarrollo, la cual utiliza una serie ordenada de instrucciones (algoritmos) para procesar cantidades muy grandes de información*" (2024, 2). Sin embargo, otro sector de la doctrina niega su reducción conceptual como una tecnología, y considera más adecuado definir a la IA como "*ecosistema digital*" (Pollicino y Dunn, 2024, 6). Lo cierto es que, siguiendo a Estid Alvarado Rojas que su vez cita a Loaiza, la IA "*se considera como una de las ramas de las ciencias de la computación que se ocupa de construir sistemas que permiten exhibir un comportamiento cada vez más inteligente*" (Estid Alvarado Rojas, 2015, 28). Y abundando en la noción de sistema, López de Mántaras y Brunet citando a su vez a Steels y López de Mántaras afirman que la IA "*es una colección de componentes computacionales que permiten construir sistemas que emulan funciones realizadas por el cerebro humano*" (López de Mántaras y Pérez Brunet, 2023, 13).

En esta línea, el Reglamento (UE) 2024/1689 del Parlamento Europeo y del Consejo, de 13 de junio de 2024, regulador a nivel europeo de la materia de Inteligencia Artificial (en adelante RIA) opta por la categoría de sistema y así considera en el art. 3 que un sistema de inteligencia artificial es:

"*un sistema basado en una máquina que está diseñado para funcionar con distintos niveles de autonomía y que puede mostrar capacidad de adaptación tras el despliegue, y que, para objetivos explícitos o implícitos, infiere de la información de entrada que recibe la manera de generar resultados de salida, como predicciones, contenidos, recomendaciones o decisiones, que pueden influir en entornos físicos o virtuales.*"

Pero esta definición introduce otro elemento fundamental para la comprensión de la IA: "la máquina". Aclara el considerando 12 RIA que "[*e*]*l término «basado en una máquina» se refiere al hecho de que los sistemas de IA se ejecutan en máquinas*" y realzando la capacidad adaptativa de aprendizaje de "la máquina", la Agencia Española de Protección de Datos (en adelante, AEPD) en la guía titulada "Adecuación al RGPD de tratamientos que incorporan Inteligencia Artificial. Una introducción" hace suya la definición de IA dada en 1956 por John McCarthy como *"la ciencia y la ingeniería de crear máquinas inteligentes, especialmente programas de computación inteligentes"*[3]. De ahí que no se trata de una tecnología mecánica más, sino una tecnología basada en el aprendizaje "*que tiene como objetivo imitar las capacidades de razonamiento humano*"[4] como apunta el documento de la AEPD "10 malentendidos sobre el *machine learning* (aprendizaje automático)". Pues bien, llegados a este punto, parece necesario examinar si entonces la IA equivale al *machine learning* (en adelante ML).

El aprendizaje automático se basa "*en redes neuronales artificiales (RNA), las cuales son capaces de identificar patrones complejos en grandes conjuntos de datos*" (Tejedor-Estupiñán, 2024, 11). Siguiendo el documento de la Axencia para a Modernización Tecnolóxica de Galicia (AMTEGA) titulado "Guía práctica para la gestión de la Inteligencia Artificial en las Administraciones Públicas" el ML:

> *"es la capacidad de las máquinas para aprender automáticamente a partir de datos y algoritmos. (...) El proceso comienza con la recopilación de datos históricos, como instrucciones y experiencia directa, para que se puedan construir modelos lógicos para inferencias futuras. La precisión de la salida depende del tamaño de los datos: una mayor cantidad de datos construirá un mejor modelo, lo que a su vez aumenta su precisión"*[5].

Los modelos de ML se nutren de conjuntos de datos sin los cuales no podrían funcionar, cuestión que es extrapolable a la IA en general. Y la AEPD en el documento denominado "10 malentendidos sobre el *machine learning* (aprendizaje automático)" precisa que "[*a*] *diferencia de otros tipos de sistemas de IA, el rendimiento de los modelos de ML depende en gran medida de la precisión y la representatividad de los datos*

---

3 Página 5 del documento de la AEPD "Adecuación al RGPD de tratamientos que incorporan Inteligencia Artificial. Una introducción" (2020) https://www.aepd.es/prensa-y-comunicacion/notas-de-prensa/la-aepd-publica-una-guia-para-adaptar-al-rgpd-los-productos-y

4 Página 2 del documento de la AEPD "10 malentendidos sobre el *machine learning* (aprendizaje automático)" (2022) https://www.aepd.es/prensa-y-comunicacion/notas-de-prensa/la-agencia-y-el-supervisor-europeo-lanzan-un-documento-que

5 Página 10 del documento de la AMTEGA "Guía práctica para la gestión de la Inteligencia Artificial en las Administraciones Públicas" (2023) https://amtega.xunta.gal/es/guia-practica-para-la-gestion-de-la-IA-en-las-AAPP

utilizados para su entrenamiento (datos de entrenamiento)"[6]. Todo lo cual denota que el ML no es la única aplicación o rama de IA, pues como recuerda la guía "Adecuación al RGPD de tratamientos que incorporan Inteligencia Artificial. Una introducción", "*[e]xisten diversas formas de aproximarse a una solución de IA* (...)"[7] y el ML solo es una de ellas, sobre la que afirma la AEPD que se trata de "*[u]na de las ramas con más éxito en aplicaciones comerciales*"[8], aspecto sujeto a revisión dado el revulsivo que ha supuesto la aparición incesante de nuevas fórmulas de IA generativa.

Por ello, debe trazarse una línea evolutiva de desarrollo de IA partiendo de la distinción "*entre la IA basada en el conocimiento e IA basada en datos*" (López de Mántaras y Pérez Brunet, 2023, 13). La primera "*empezó a desarrollarse a finales de los años setenta, intenta modelar el conocimiento humano mediante modelos informáticos*" (López de Mántaras y Pérez Brunet, 2023, 13). Dentro de esta IA "*a partir de la década de los ochenta del siglo XX se populariza el aprendizaje automático o machine learning (ML)*"[9] (López de Mántaras y Pérez Brunet, 2023, 13) incluyendo "*redes neuronales artificiales y algoritmos genéticos*" (Mújica-Sequera, 2024, 33). La IA basada en datos "*se ha desarrollado mayoritariamente a partir del siglo XXI (...) a partir del análisis de grandes cantidades de datos*

---

6 Página 2 del documento de la AEPD "10 malentendidos sobre el *machine learning* (aprendizaje automático)" (2022) https://www.aepd.es/prensa-y-comunicacion/notas-de-prensa/la-agencia-y-el-supervisor-europeo-lanzan-un-documento-que

7 Página 5 del documento de la AEPD "Adecuación al RGPD de tratamientos que incorporan Inteligencia Artificial. Una introducción" (2020) https://www.aepd.es/prensa-y-comunicacion/notas-de-prensa/la-aepd-publica-una-guia-para-adaptar-al-rgpd-los-productos-y

8 Página 6 Ibidem.

9 Alonso-Robisco y Carbó plantean la diferencia entre el ML y la econometría tradicional basando la diferencia de ambos enfoques predictivos "*dentro del debate abierto hace más de dos décadas por el estadístico Leo Breiman sobre las dos culturas de la modelización estadística. Por una parte, la cultura de los datos, donde podemos englobar la econometría. En ella se asume que los datos son generados por un proceso estocástico basado en un modelo teórico subyacente cuyos parámetros hay que estimar para realizar inferencia estadística. Por otra parte, la cultura algorítmica, donde englobaríamos la IA y el ML, en la cual se usan algoritmos que no se basan en un modelo teórico determinado y que tienen como objetivo realizar la mejor predicción posible, ignorando aspectos como la relación teórica subyacente que gobierna el comportamiento de los datos*" (Alonso-Robisco y Carbó, 2022, 8).

que se procesan mediante algoritmos estadísticos de aprendizaje, tales como los algoritmos de aprendizaje profundo" (López de Mántaras y Pérez Brunet, 2023, 13). El ML "*ha sido el desencadenante de las aplicaciones modernas de la Inteligencia Artificial y de la Inteligencia Artificial Generativa*" (Casar Corredera, 2023, 478), gracias a "*la disponibilidad de datos, principalmente por el uso de servicios digitales y la sensorización*" (Troncoso Lora, 2022, 4) lo que desembocó en el "*Deep Learning y Big Data*" (Mújica-Sequera, 2024, 33). En ese sentido, es muy expresiva la referencia a Lopezosa y Codina que efectúan Quiñonez-Cercado *et al.*:

"*A diferencia de la IA tradicional, que se orienta más hacia tareas de clasificación, predicción o detección de patrones, la IA generativa tiene la capacidad de generar contenido nuevo basándose en los patrones aprendidos, sin reproducir directamente los datos de entrenamiento*" (2025, 623).

Esta IA tradicional, también denominada predictiva o analítica, "*usa algoritmos de aprendizaje autónomo que se basan en datos históricos*" (Redbond, 2023) y sobre esa base "*analiza los datos existentes para descubrir patrones y tendencias, haciendo predicciones y recomendaciones*" (Schmarzo, 2024). La IA generativa "*se basa en patrones que se encuentran en el texto y otros conjuntos de datos estructurados para generar nuevos contenidos, ofreciendo formas innovadoras de resolver problemas o crear productos*" (Schmarzo, 2024). De hecho, la IA generativa parte de la "*asociación arquitecturas-algoritmos capaces de aprender las características de los datos de un dominio y, por tanto, de distinguir, de predecir y, en su caso, de generar de acuerdo con lo aprendido*" (Casar Corredera, 2023, 478).

Hecha esta *summa divissio*, cabe advertir que la guía titulada "Adecuación al RGPD de tratamientos que incorporan Inteligencia Artificial. Una introducción" distingue hasta tres categorías diferentes de IA en función del alcance y ámbito de aplicación: "*las inteligencias artificiales fuertes, generales y débiles*"[10] que de algún modo constituyen los estadios evolutivos de la IA. Señala la AEPD:

"[l] *a IA general podría resolver cualquier tarea intelectual resoluble por un ser humano; la IA fuerte o superinteligencia iría más allá de las capaci-*

---

[10] Página 5 del documento de la AEPD "Adecuación al RGPD de tratamientos que incorporan Inteligencia Artificial. Una introducción" (2020) https://www.aepd.es/prensa-y-comunicacion/notas-de-prensa/la-aepd-publica-una-guia-para-adaptar-al-rgpd-los-productos-y

dades humanas. Pero el tipo de IA que ha disparado la aplicación práctica de esta disciplina es la que se conoce como IA-débil (AI-weak) y que, en contraste con la IA fuerte y general, se caracteriza por desarrollar soluciones capaces de resolver un problema concreto y acotado"[11].

Así las cosas, la IA cuya integración en la función presupuestaria de los parlamentos planteamos, parecería en principio llamada a encajar en la denominada IA débil, lo cual desde este momento, como luego se analizará, descarta en gran parte la aplicación del RIA. No en vano, se trata de efectuar una aproximación conceptual sin perjuicio de la matización de esta aseveración a lo largo de este capítulo.

Lo hasta aquí expuesto permite concluir que no puede existir un sistema de IA sin datos, y si estos son de carácter personal suscita otra cuestión de suma trascendencia como es valorar las implicaciones de un sistema de IA desde la perspectiva de la normativa de protección de datos de carácter personal, especialmente si se tiene en cuenta que "*la actividad parlamentaria, salvo excepciones justificadas, se rige por el principio de publicidad*" (Seseña Santos, 2023, 18).

Baste recordar en este punto el concepto de dato personal tal y como se define en el artículo 4, punto 1 del Reglamento (UE) 2016/679 del Parlamento Europeo y del Consejo, de 27 de abril de 2016, relativo a la protección de las personas físicas en lo que respecta al tratamiento de datos personales y a la libre circulación de estos datos (Reglamento general de protección de datos, en adelante RGPD) como "*toda información sobre una persona física identificada o identificable («el interesado»)*". Por eso a lo largo del presente trabajo resultará fundamental determinar la existencia o no de tratamiento de datos personales para garantizar que desde la perspectiva de ese derecho fundamental no se produzcan lesiones y sea lícito el tratamiento.

Para concluir esta delimitación conceptual conviene aclarar una noción clave: el algoritmo que, según el documento "Información algorítmica en el ámbito laboral. Guía práctica y herramienta sobre la obligación empresarial de información sobre el uso de algoritmos en el ámbito laboral" del Ministerio de Trabajo y Economía Social del Gobierno de España "*puede definirse como un conjunto ordenado y finito*

[11] Ibidem.

de operaciones o reglas que permite hallar la solución de un problema, que puede implementarse o no a través de programas informáticos"[12]. Más concreto es Balaguer Callejón cuando indica que "[*a*] *través del algoritmo se procesan datos para ordenar la realidad"*, de lo que se deduce que "*su existencia es muy anterior a la eclosión de la inteligencia artificial"*[13] (García Majado, 2024, 422), pues "[*l*]*a utilización de algoritmos para procesar información no constituye un fenómeno novedoso.* (...) *Lo novedoso de la Inteligencia artificial lo constituye: 1. El aumento exponencial en la capacidad técnica que permite procesar cada vez más información de manera más rápida y en tiempo real*" (Medel Maraboli y Williams Obreque, 2024, 2). Por tanto asumimos la definición integradora de Ortiz de Zárate Alcarazo que afirma que "[*l*]*a IA engloba a un conjunto diverso de aplicaciones tecnológicas que funcionan a través de algoritmos inteligentes, pero cada una de ellas puede tener una funcionalidad distinta*" (2023, 5).

No puede esconderse que la noción de algoritmo recuerda de algún modo a las conocidas "decisiones automatizadas" a las que la normativa de protección de datos dedica especial cautela (art. 22 del RGPD). El documento "Información algorítmica en el ámbito laboral. Guía práctica y herramienta sobre la obligación empresarial de información sobre el uso de algoritmos en el ámbito laboral" antes citado, define a los sistemas de decisión automatizada como *"un proceso automatizado mediante el uso de datos y algoritmos para optimizar la toma de una decisión"*[14] y en ese sentido, un sistema de estas características

12 Página 6 del documento "Información algorítmica en el ámbito laboral. Guía práctica y herramienta sobre la obligación empresarial de información sobre el uso de algoritmos en el ámbito laboral" del Ministerio de Trabajo y Economía Social del Gobierno de España (2022) https://www.mites.gob.es/ficheros/ministerio/inicio_destacados/Guia_Algoritmos_ES.pdf

13 García Majado indica a propósito del algoritmo que "*si tales operaciones están preprogramadas por un humano, los sistemas son automatizados, mientras que si funcionan sin necesidad de recibir ninguna instrucción previa por parte de un operador humano, es decir, si «aprenden solos», se trata de sistemas de machine learning o aprendizaje automático, que son propiamente autónomos. Aunque en ocasiones se reserva el nombre de inteligencia artificial stricto sensu para los últimos casos, en este trabajo con aquél nos referiremos a ambos debido a la altísima complejidad que, en muchas ocasiones, revisten los primeros*" (García Majado, 2024, 422).

14 Página 6 del documento "Información algorítmica en el ámbito laboral. Guía práctica y herramienta sobre la obligación empresarial de información sobre el uso de algoritmos en el ámbito laboral" del Ministerio de Trabajo y Economía

puede "*estar compuesto de uno o varios algoritmos*"[15]. Por todo ello, todo sistema de IA que pretenda implementarse y que pueda implicar el tratamiento de datos personales deberá tener presente el derecho de las personas interesadas a no ser objeto de decisiones basadas únicamente en el tratamiento automatizado, incluida la elaboración de perfiles que produzcan efectos jurídicos en ellas o les afecten significativamente de modo similar (art. 22 RGPD).

Por último, la definición del RIA se caracteriza por su adaptabilidad o amplitud para dar cobertura a objetivos diversos que se situarán en la base de ese sistema, lo que, llevado a la integración de la IA en las herramientas utilizadas por las Cámaras Legislativas en el ejercicio de la función presupuestaria, necesitará que se acompañe de una específica definición.

Llegados a este punto debe concluirse que efectivamente, un Parlamento no puede ser ajeno al auge y aplicación de la inteligencia artificial como tampoco lo es la sociedad que evoluciona al son de ella. La Unión Interparlamentaria indicó en abril de 2024 que

"[*m*]*uchos parlamentos utilizan habitualmente la inteligencia artificial (IA). Algunos ejemplos son los antivirus, las aplicaciones de protección contra el correo electrónico no solicitado y los programas de ciberseguridad. Estos sistemas utilizan IA para adoptar miles de decisiones —a menudo de forma constante— cada día.*

La IA generativa apareció a finales del año 2022 y, actualmente, es objeto de gran interés y debate. (…)[16]"

La adaptación a este nuevo escalón evolutivo que suponen los nuevos desarrollos de IA en la órbita parlamentaria requerirá de un análisis que pondere sus riesgos y, sobre todo, que tome en consideración la naturaleza singular de las Cámaras como poderes públicos. Pero antes de ponderar las características propias de las Cámaras en

---

Social del Gobierno de España (2022) https://www.mites.gob.es/ficheros/ministerio/inicio_destacados/Guia_Algoritmos_ES.pdf

15 Ibidem.

16 Página 2 del documento Unión Interparlamentaria (UIP) (2024): El uso de la IA generativa en los parlamentos. Descarga en https://www.ipu.org/resources/publications/issue-briefs/2024-04/using-generative-ai-in-parliaments

la aplicación de IA, esencialmente derivadas de su autonomía, debe examinarse el marco normativo.

2. *Marco normativo*

Como consideración preliminar, debemos hacer dos observaciones: la primera, que nos atenemos a la determinación del marco normativo sobre la IA que en general se sigue en esta obra, evitando las reiteraciones innecesarias; y la segunda, que en la fecha en que se está escribiendo el presente capítulo, abril de 2025, todavía no ha sido aprobada una regulación nacional en España sobre IA que determine y establezca su régimen legal.

En el ámbito supranacional, la norma de cabecera en materia de IA es la aprobada en el seno de la Unión Europea, el Reglamento (UE) 2024/1689 del Parlamento Europeo y del Consejo, de 13 de junio de 2024, por el que se establecen normas armonizadas en materia de inteligencia artificial y por el que se modifican los Reglamentos (CE) nº 300/2008 (UE) nº 167/2013 (UE) nº 168/2013 (UE) 2018/858 (UE) 2018/1139 y (UE) 2019/2144 y las Directivas 2014/90/UE (UE) 2016/797 y (UE) 2020/1828 (RIA). El RIA se ha erigido como una norma pionera, original y ambiciosa en el plano jurídico, pues ha sido la primera a nivel mundial que ha intentado abordar el régimen jurídico de la inteligencia artificial, y desde una perspectiva novedosa, tuitiva de los derechos de la ciudadanía europea.

A pesar de que la importancia del RIA es innegable, y sin perjuicio de su eficacia y aplicación directa en España, se trata de *"una norma de corto alcance, pues no regula con precisión su aplicación a sectores concretos"* (García Salas, 2025, 4).

En esa línea de protección de los derechos, el propio RIA da cuenta en el considerando 27 que el Grupo independiente de expertos de alto nivel sobre IA creado por la Comisión, desarrolló siete principios éticos no vinculantes para la IA pero destinados a garantizar su fiabilidad y un fundamento ético entre los que se encuentran: acción y supervisión humanas; solidez técnica y seguridad, gestión y protección de datos, transparencia, diversidad, no discriminación y equidad, bienestar social y ambiental, y rendición de cuentas.

Ello supone la integración en este marco normativo de la Carta Europea de Derechos Fundamentales y nuestra Constitución, y como no, el RGPD, lo que, en el ámbito español comprende la Ley Orgánica 3/2018, de 5 de diciembre, de Protección de Datos Personales y garantía de los derechos digitales (en adelante LOPDGDD), que resultan inequívocamente aplicables a todo tratamiento de datos personales en las administraciones públicas, incluidas las parlamentarias.

El considerando 69 del RIA indica que "*el derecho a la intimidad y a la Protección de Datos personales debe garantizarse a lo largo de todo el ciclo de vida del sistema de IA.*" Aunque luego volveremos con el significado de esa expresión "ciclo de vida de un sistema de IA", debe reflejarse que el considerando 69 continúa indicando que "*los principios de minimización de datos y de protección de datos desde el diseño y por defecto, establecidos en el Derecho de la Unión en materia de protección de datos, son aplicables cuando se tratan datos personales*", para lo que recordemos que conforme al artículo 5.1 del RGPD, deben ser tratados de manera "*lícita, leal y transparente en relación con el interesado*" (letra a), y "*ser adecuados, pertinentes y limitados a lo necesario en relación con los fines para los que son tratados*" (letra c).

En el plano interno español, ya hemos puesto de manifiesto el vacío regulatorio con el que nos encontramos, pero se trata de un vacío momentáneo si se tiene en cuenta el embrión de una futura normativa, el Anteproyecto de Ley de gobernanza de la Inteligencia Artificial[17], que busca garantizar un uso de la IA que sea ético, inclusivo y beneficioso para las personas.

Conviene detenernos en esta iniciativa normativa y examinar sus objetivos. El principal es adaptar la legislación española al RIA, bajo un enfoque regulador que impulse a su vez la innovación. Asimismo, el anteproyecto concreta el régimen sancionador aplicable, así como las autoridades de vigilancia del mercado competentes para el ejercicio de la potestad sancionadora, entre ellas y en lo que a nuestro

---

17 Vid. Texto del Anteproyecto de ley de buen uso y gobernanza de la Inteligencia Artificial promovido por el Ministerio para la Transformación Digital y Función Pública https://avance.digital.gob.es/_layouts/15/HttpHandlerParticipacionPublicaAnexos.ashx?k=19128

trabajo respecta: la Agencia Española de Supervisión de Inteligencia Artificial, la Agencia Española de Protección de Datos y las autoridades autonómicas en el ámbito de sus competencias, a quienes se atribuye la potestad sancionadora sobre algunas de las prácticas prohibidas, así como sobre algunos de los sistemas alto riesgo recogidos en el Anexo III.

Por otra parte, y sin perjuicio de que lo expondremos con más detenimiento en el siguiente epígrafe, es importante resaltar que todas las Cámaras Legislativas en la transformación digital que han venido experimentado para convertirse en administraciones electrónicas, utilizan ya diversos sistemas informáticos para la gestión de sus actividades parlamentarias y también administrativas. No en vano, tanto la Ley 39/2015, de 1 de octubre, del Procedimiento Administrativo Común de las Administraciones Públicas, como la Ley 40/2015, de 1 de octubre, del Régimen Jurídico del Sector Público, establecieron que la tramitación electrónica de los procedimientos debe constituir la acción habitual de todas las Administraciones, tanto en su relación con los ciudadanos como en la gestión interna y en los intercambios de información entre diferentes organismos. Además, entre sus objetivos también encontrábamos la creación de condiciones de confianza en el uso de los medios electrónicos así como el establecimiento de las medidas necesarias para la preservación de la integridad de los derechos fundamentales, especialmente aquellos relacionados con la privacidad y protección de datos personales, garantizando la seguridad de los sistemas electrónicos, datos, comunicaciones y servicios.

Todos estos objetivos en gran parte se vienen garantizando por el Esquema Nacional de Seguridad (en adelante ENS), regulado por el Real Decreto 311/2022, de 3 de mayo. El ENS establece los requisitos mínimos para garantizar la seguridad de la información en los sistemas electrónicos de las Administraciones Públicas. Tal y como señala el apartado 2 de su artículo 1:

"El ENS está constituido por los principios básicos y requisitos mínimos necesarios para una protección adecuada de la información tratada y los servicios prestados por las entidades de su ámbito de aplicación, con objeto de asegurar el acceso, la confidencialidad, la integridad, la trazabilidad, la autenticidad, la disponibilidad y la conservación de los datos, la información y los servicios utilizados por medios electrónicos que gestionen en el ejercicio de sus competencias".

El ENS es por tanto otra norma más que los Parlamentos no pueden desconocer a la hora de implementar la IA a sus diversas funciones, y por lo tanto, tampoco a la hora de integrar la IA en la función presupuestaria que es la que en este capítulo nos concierne.

Al hilo de lo anterior, debemos traer a colación, sin ánimo de ser exhaustivos, otras normas que en España regulan la ciberseguridad. Ya hemos mencionado el RGPD que en esta materia establece normas sobre la protección de datos personales, incluyendo medidas de ciberseguridad para garantizar la seguridad de los datos, y al ENS que, como hemos visto proporciona las medidas y directrices para la protección de la información en la administración electrónica. Pero en España, la ciberseguridad se regula también a través del Real Decreto-ley 12/2018, de 7 de septiembre, de Seguridad de las Redes y Sistemas de Información, que establece un marco estratégico para la seguridad de las redes y los sistemas de información, recogiendo las obligaciones en materia de ciberseguridad para las entidades que prestan servicios esenciales; y, por otro lado, a través de la Ley 36/2015, de 28 de septiembre, de Seguridad Nacional que regula los principios y organismos clave para la defensa de la seguridad nacional.

Y por último, a nivel europeo, nos encontramos con dos instrumentos relevantes a tener en cuenta en la integración de la IA a las diferentes funciones de los parlamentos y por ello también en la función presupuestaria que es la que ahora nos atañe:

- Por un lado está la Directiva UE 2022/2555 (NIS 2), legislación sobre ciberseguridad aplicable en toda la UE, cuyo objetivo es crear un nivel común de ciberseguridad en todos los Estados miembros de la Unión Europea tratando de armonizar las medidas y los enfoques en los Estados miembros de la UE para proteger toda la infraestructura digital. No en vano, advertimos que esta normativa la tomamos como referencia sin perjuicio de que de la misma están excluidos los parlamentos.
- Por otro lado, nos encontramos con el Reglamento (UE) 2024/2847, del Parlamento Europeo y del Consejo, de 23 de octubre de 2024[18], relativo a los requisitos horizontales de ci-

[18] Téngase en cuenta el artículo 71.2 del Reglamento que dispone que "El presente Reglamento será aplicable a partir del 11 de diciembre de 2027. No obstante,

berseguridad para los productos con elementos digitales y por el que se modifica el Reglamento (UE) nº 168/2013 y el Reglamento (UE) 2019/1020 y la Directiva (UE) 2020/1828, conocido como Reglamento de ciberresiliencia que busca fortalecer la seguridad de los productos digitales dentro del mercado europeo. Este Reglamento debe tenerse en cuenta también, pues viene a completar la principal normativa de ciberseguridad de la UE, ya que como indica su considerando 2:

"El presente Reglamento tiene por objeto fijar condiciones límite que permitan el desarrollo de productos con elementos digitales seguros, garantizando que los productos consistentes en equipos y programas informáticos se introduzcan en el mercado con menos vulnerabilidades y que los fabricantes se tomen en serio la seguridad a lo largo de todo el ciclo de vida de un producto. También aspira a crear condiciones que permitan a los usuarios tener en cuenta la ciberseguridad a la hora de elegir y utilizar productos con elementos digitales, por ejemplo, mejorando la transparencia con respecto al período de soporte de los productos con elementos digitales comercializados".

En otro orden de cosas, y previo al RIA, en mayo de 2024, el Comité sobre Inteligencia Artificial del Consejo de Europa aprobó el Convenio Marco sobre Inteligencia Artificial, Derechos Humanos, Democracia y Estado de Derecho, por tanto el primer tratado internacional en esta materia, y en diciembre de 2024, una herramienta para evaluar el impacto en los sistemas de IA en los derechos humanos, sobre la que más adelante volveremos.

Por todo lo expuesto hasta ahora, no podemos obviar que la irrupción de la IA en el ámbito de las funciones parlamentarias plantea importantes desafíos que deben examinarse a la luz de la normativa en materia de protección de datos personales y también en materia de ciberseguridad.

Pues bien, a la vista de este marco normativo, en gran parte aplicable a las Cámaras, cabe plantearse la modulación que pudiera realizarse por virtud de su autonomía parlamentaria, lo cual procedemos a examinar.

---

el artículo 14 será aplicable a partir del 11 de septiembre de 2026 y el capítulo IV (artículos 35 a 51) será aplicable a partir del 11 de junio de 2026."

3. *Los condicionantes de la inteligencia artificial aplicada a la función presupuestaria: autonomía tecnológica de las Cámaras y ciclo presupuestario*

Ante la proliferación de plataformas y herramientas tecnológicas para hacer efectiva la administración electrónica, García Mexía y Pereira González, abogaron por la "*autonomía tecnológica*" *de las Cámaras parlamentarias, como especie del género "autonomía parlamentaria" y más específicamente dentro de la autonomía administrativa del Parlamento* (2018, 250) que consistiría en "*la potestad parlamentaria para implementar y desarrollar de modo independiente frente a otros poderes del Estado, sobre todo por supuesto el Ejecutivo, las tecnologías digitales necesarias para su organización y funcionamiento*" (García Mexía y Pereira González, 2018, 252). La inteligencia artificial como "*tecnología digital disruptiva*" (Guillem Carrau, 2024, 88) sería, obviamente, una herramienta que se integraría en la noción expuesta.

No en vano, García Mexía y Pereira González consideraron también que "[*s*]*e debería pues aceptar un cierto grado de "dependencia tecnológica", como favor operativo*" (2018, 265) admitiendo que debe existir colaboración, pero respetando en su autonomía el núcleo de las funciones que constitucionalmente se atribuyen al parlamento.

Como se ha dicho, una de las facetas de la autonomía parlamentaria es la autonomía organizativa y de funcionamiento, por virtud de la cual todas las Cámaras han ido progresivamente adoptando las reglas para transformar sus administraciones parlamentarias a las exigencias de una administración electrónica. Y aunque la IA "*no constituye un fenómeno novedoso*" (Medel Marabolí y Williams Obreque, 2024, 6), sí se encuentra en un estadio de gran impulso y desarrollo que supone necesariamente un reexamen de los esquemas de organización de las Cámaras parlamentarias.

Un parlamento no puede ser ajeno al auge y aplicación de la IA como tampoco lo es la sociedad que evoluciona al son de ella. La adaptación a este nuevo escalón evolutivo en la órbita parlamentaria requerirá de un análisis que pondere sus riesgos y sobre todo, que tome en consideración la naturaleza singular de las Cámaras como poderes públicos.

Pues bien, el artículo 3 del RIA establece que las autoridades públicas podrán ser proveedores o responsables del despliegue de un sistema de inteligencia artificial. Y sobre la base de estas definiciones, el artículo 2 del RIA determina su ámbito de aplicación resultando que la normativa europea de inteligencia artificial se proyecta sobre "*cualquier operador que ofrezca servicios con tecnología de inteligencia artificial a las instituciones parlamentarias y a estas mismas si desarrollan programas o servicios sobre la base de sistemas de inteligencia artificial*" (Guillem Carrau, 2024, 84).

Lo que ocurre en este ámbito, es que la autonomía organizativa y de funcionamiento que corresponde al parlamento se encuentra indisociablemente unida a su autonomía administrativa, ya que el desarrollo de servicios o unidades de tecnologías de la información se perfila instrumentalmente como la base de la planificación de los procedimientos parlamentarios. Y es que en el escenario de una nueva regulación de la inteligencia artificial y de consolidación de su vertiente generativa, gana peso la idea de una implementación en la administración parlamentaria en torno a una planificación estratégica pues "*la inteligencia artificial va a ser fundamental en el desarrollo y planificación de procesos administrativos y legislativos y de actos administrativos, tanto intermedios como finales, y de la definición e identificación de las funciones y tareas a desarrollar en la función pública*" (Guillem Carrau, 2024, 89).

La peculiaridad de aplicar la IA a la función presupuestaria radica en la singularidad de esta función que se articula sobre la noción de ciclo presupuestario, que "*hace referencia a una serie de fases sistemáticamente interrelacionadas y temporalmente delimitadas que comprenden, no sólo la elaboración y aprobación del Presupuesto, sino también su ejecución y control posterior*" (Ribes Ribes, 2018, 67). El ciclo presupuestario comprende cuatro fases desde la perspectiva de la división de poderes: elaboración, aprobación, ejecución y control, correspondiendo la elaboración y ejecución al Gobierno, y la aprobación y control a las Cámaras. Esto se comprueba en el artículo 134 CE y en la mayor parte de los preceptos concomitantes de los Estatutos de Autonomía de las Comunidades Autónomas, y constituye el trasunto de la historia del parlamentarismo.

Y una ley de presupuestos no es cualquier ley, sino que es "*una ley singular, de contenido constitucionalmente determinado, exponente máximo de la democracia parlamentaria*" (STC 3/2003, de 16 de enero, FJ 4). Teniendo en cuenta lo anterior, la intervención parlamentaria sobre la aprobación de la ley y sobre el control de la ejecución aparece referida en los Reglamentos de cada una de las Cámaras Legislativas autonómicas, los cuales siguen un trámite parlamentario muy similar —aunque matizado por el carácter unicameral de los parlamentos autonómicos— al previsto para la aprobación de los presupuestos generales del Estado.

Con este marco general no es fácil simplificar las distintas facetas que supone la función presupuestaria de una Cámara, pero sí al menos se puede despejar qué partes del ciclo presupuestario conciernen a un parlamento y en consecuencia centrar nuestro análisis.

Asimismo, también debe tenerse en cuenta que en este campo operan una serie de principios presupuestarios, entendidos como "*un conjunto de reglas que disciplinan la institución presupuestaria y afectan a las distintas fases del ciclo presupuestario (…) tratando de asegurar sobre todo un adecuado proceso de asignación y ejecución de los recursos públicos*" (Corcuera Torres, 2012, 7). Principios como el de especialidad de los créditos, o el de nivelación por ejemplo, constituyen el margen de desenvolvimiento de las funciones de la Cámara o del Gobierno. Al cumplimiento de todos ellos debe propender un eventual sistema de IA como posteriormente se verá.

Antes de continuar, se debe tener en cuenta que las conclusiones a las que llegaremos serán de aplicación con las adaptaciones que procedan a todas las Cámaras, partiendo de la destacable homogeneidad de las reglas presupuestarias de las Comunidades Autónomas y el Estado (artículo 21 de la Ley Orgánica 8/1980, de 22 de septiembre, de Financiación de las Comunidades Autónomas) y la similitud de sus normativas específicas económico-presupuestarias.

En definitiva, la IA está siendo utilizada en distintos ámbitos de la sociedad y de las diversas Administraciones Públicas, y a nuestro juicio, la IA puede y debe tener un impacto significativo en cada una de esas fases. No en vano, una vez delimitado el margen de intervención de las Cámaras en la función presupuestaria, nos centraremos en los parlamentos y, procede examinar el cauce efectivo de implantación de un sistema de IA aplicado a dicha función.

4. La implantación de un sistema de inteligencia artificial a la función presupuestaria en el marco del ciclo de vida de una solución de inteligencia artificial: metodología.

La guía de la AEPD titulada "Adecuación al RGPD de tratamientos que incorporan Inteligencia Artificial. Una introducción" parte de la idea de que "[*u*]*na solución IA será un elemento de proceso de datos que se incluirá en una o más fases de un tratamiento*"[19], lo cual puede derivar en una pluralidad subjetiva de sujetos intervinientes. Y el citado documento también distingue cuatro etapas[20] que constituirán el "ciclo de vida de un sistema de IA" y que aplicadas a la implementación en la función presupuestaria serían secuencialmente las siguientes:

- Fase 1: concepción y análisis de un sistema de IA. La primera fase se relacionará directamente con el diagnóstico del contexto funcional específico —en este caso la función presupuestaria— y las necesidades a atender, es decir, la determinación de los objetivos del sistema. Igualmente, comprenderá el análisis de la normativa, la determinación de los datos que serán objeto de tratamiento, la evaluación de los derechos que pudieran verse afectados, la normativa técnica y el estado de desarrollo de las TIC en la respectiva Cámara, etc. Primera fase en la que resulta trascendental la intervención no sólo de los servicios jurídicos de las Cámaras, sino también de los profesionales de las tecnologías de la información y las Comunicaciones y como no puede ser de otro modo, del delegado o delegada de protección de datos.
- Fase 2: desarrollo del sistema de IA. Segunda fase que presupone la viabilidad de la solución o sistema de IA y que corresponderá en función de las decisiones organizativas de cada administración parlamentaria o bien, a las unidades o servicios de tecnologías de información y las comunicaciones, o bien, a

---

19 Página 12 del documento de la AEPD "Adecuación al RGPD de tratamientos que incorporan Inteligencia Artificial. Una introducción" (2020) https://www.aepd.es/prensa-y-comunicacion/notas-de-prensa/la-aepd-publica-una-guia-para-adaptar-al-rgpd-los-productos-y

20 Ibidem.

las entidades con las que externamente se pudiera contratar la prestación de desarrollo o implementación respectiva.

- Fase 3: explotación del sistema de IA. En una tercera etapa, las Cámaras tienen a su disposición y en funcionamiento el sistema de IA, igualmente sujeto a las reglas de utilización y garantías de ciberseguridad propias de cada parlamento.
- Y la fase 4: retirada. Una eventual última fase de la vida de un sistema IA viene representada por su retirada o reemplazo por una nueva solución. En este último caso, será necesario comenzar el proceso nuevamente para garantizar la licitud en el tratamiento de los datos.

Con lo que hasta aquí se ha analizado, pudiera parecer sencillo proceder al desarrollo de un sistema de IA en la función presupuestaria. Pero no puede olvidarse que en el procedimiento legislativo presupuestario así como en la función de control de la ejecución presupuestaria aparece en primer lugar un derecho fundamental afectado: el derecho de participación política contemplado en el artículo 23 CE. Por otra parte, la AEPD en el documento "10 malentendidos sobre el *machine learning* (aprendizaje automático)", indica que "[*l*]*os sistemas de ML podrían estar sujetos a más de veinte tipos de sesgos derivados del procesamiento de datos*"[21], lo que advierte de la necesidad de garantizar el derecho a la no discriminación (art. 14 CE). Y como se ha apuntado también, podrían existir sistemas de IA que se planteen la utilización de datos personales, entrando en liza el derecho fundamental a la protección de datos personales (art. 8 de la Carta de los Derechos Fundamentales de la Unión Europea).

No puede abordarse la concepción de un sistema de IA sin valorar sus implicaciones en el plano de los derechos fundamentales. Por ello, en el presente capítulo tan solo nos resulta posible abordar la primera fase de un embrionario sistema de IA aplicado a la función presupuestaria, siempre desde la perspectiva de los derechos, razón

---

21 Cita a su vez de Ninareh MehrabiFred Morstatter, Nripsuta Saxena, Kristina Lerman, y Aram Galstyan. A Survey on Bias and Fairness in Machine Learning.". (2019) https://arxiv.org/abs/1908.09635v2 en la Página 6 del documento de la AEPD "10 malentendidos sobre el *machine learning* (aprendizaje automático)" (2022) https://www.aepd.es/prensa-y-comunicacion/notas-de-prensa/la-agencia-y-el-supervisor-europeo-lanzan-un-documento-que

por la que apostamos por la metodología tuitiva que nos proporciona la normativa en materia de protección de datos, dado que el RIA no puede ser en este tipo de IA débil que propugnaremos, más que un referente u orientación en cuanto al régimen de los sistemas de IA de alto impacto. Basados en la filosofía de las evaluaciones de impacto relativas a la protección de datos (art. 35 RGPD), adoptaremos el enfoque analítico de la metodología "HUDERIA"[22] adoptado por el Comité de Inteligencia Artificial del Consejo de Europa en noviembre de 2024, pues proporciona una fórmula de evaluación de riesgos e impacto de los sistemas de IA desde la perspectiva de los derechos humanos, la democracia y el Estado de Derecho a través de cuatro elementos[23]: 1) el análisis de riesgo basado en el contexto (*Context-Based Risk Analysis, COBRA*), 2) el proceso de participación de las partes interesadas (*Stakeholder Engagement Process, SEP*); 3) la evaluación de riesgos e impactos (*Risk and Impact Assessment, RIA*); y 4) el plan de mitigación (*Mitigation Plan, MP*).

5. *La protección de datos como límite en un escenario de parlamento abierto.*

Finalmente, para cerrar estas consideraciones generales debe tenerse en cuenta que al abordar la IA como hito de cambio en la evolución de un parlamento, resulta inevitable traer a colación la idea de parlamento abierto. Y en efecto, "[*t*]*res son los elementos que sostienen la apertura de un parlamento al menos en su formulación más teórica: participación, transparencia y colaboración*" (López Hernández, 2024, 27), no sin olvidar que "*como advierte la doctrina científica, el parlamento abierto se vincula necesariamente a las TIC*" (López Hernández, 2024, 25), y más

22 Committee on Artificial Intelligence (CAI) (2024) *Methodology for the risk and impact assessment of artificial intelligence systems from the point of view of human rights, democracy and the rule of law (HUDERIA Methodology).* https://rm.coe.int/cai-2024-16rev2-methodology-for-the-risk-and-impact-assessment-of-arti/1680b2a09f

23 Página 6 del documento Committee on Artificial Intelligence (CAI) (2024) *Methodology for the risk and impact assessment of artificial intelligence systems from the point of view of human rights, democracy and the rule of law (HUDERIA Methodology).* https://rm.coe.int/cai-2024-16rev2-methodology-for-the-risk-and-impact-assessment-of-arti/1680b2a09f

concretamente a una etapa evolutiva de la aplicación de las TIC en el ámbito parlamentario (Rubio Núñez y Vela Navarro-Rubio, 2017, 29). En esa línea Tudela Aranda advierte que "*la irrupción de la IA no puede analizarse como hecho aislado. Se trata de un hito adicional en una cadena de transformación tecnológica con profundas afecciones sociales y políticas*" (2023, 306)

Indudablemente, la aplicación de un sistema de IA a la función presupuestaria, como cualquier otro instrumento o herramienta de modernización, parte de la premisa de una mayor transparencia que irradie todo el sistema que se implanta y que constituya la garantía de neutralidad y licitud del mismo, máxime cuando su funcionamiento necesariamente se nutre de datos que se transformarán en variables, soluciones, o base de las decisiones futuras.

En particular, la función presupuestaria, al igual que sucede con la función legislativa, maneja un importante volumen de datos en general. Y a semejanza de la visión del legislador europeo, la integración de la IA en el quehacer parlamentario tendrá como límites a los derechos fundamentales, y en especial, la protección de datos de carácter personal. La transparencia y evaluación determinarán la licitud y adecuación normativa del sistema de IA conforme a los parámetros que proporcionan los derechos fundamentales en juego y que a lo largo de este capítulo analizaremos.

III. DELIMITACIÓN DE LA FUNCIÓN PRESUPUESTARIA A LOS EFECTOS DE LA DETERMINACIÓN DE LA FINALIDAD PREVISTA POR UN SISTEMA DE INTELIGENCIA ARTIFICIAL APLICADO A LA MISMA

Para comenzar debemos estructurar este análisis entendiendo como facetas de la función presupuestaria de una Cámara:

1. La aprobación de la ley de presupuestos generales.

2. Y el control de la ejecución presupuestaria.

En el primer caso, se trata de un procedimiento legislativo especial, aunque como señala el Tribunal Constitucional:

"*estamos ante una ley singular, de contenido constitucionalmente determinado, exponente máximo de la democracia parlamentaria, en cuyo seno concurren las tres funciones que expresamente el art. 66.2 CE atribuye a las Cortes Generales: es una ley dictada en el ejercicio de su potestad legislativa, por la que se aprueban los presupuestos y, además, a través de ella, se controla la acción del Gobierno"* (STC 3/2003, de 16 de enero, FJ 4).

Parámetros aplicables *mutatis mutandis* a las Comunidades Autónomas. Por ello, desde este momento planteamos que podría resultar de aplicación todo lo dicho en otra parte de este libro al respecto de la aplicación de la IA a la función legislativa. Sin embargo, haremos matizaciones dada la singularidad de la ley de presupuestos.

Por otro lado, en el segundo caso, se trata de un procedimiento de naturaleza fiscalizadora y propositiva, que indudablemente participará de lo que también se trata en otra parte de esta obra sobre la función de control y sobre la función de impulso, a los cuales nos remitimos, pero que enriquecemos con las peculiaridades en materia presupuestaria.

Finalmente, aun considerando que no se trata *stricto sensu* de la función presupuestaria, entendemos necesario referir la aplicación de IA al trámite parlamentario por el que pudiera apreciarse la existencia de incidencia presupuestaria de las proposiciones o enmiendas y el eventual veto presupuestario del Ejecutivo, quedando identificada a nuestros efectos, una tercera faceta de la función presupuestaria.

Sobre la base de estas premisas procedemos a efectuar un diagnóstico de situación para detectar las necesidades que podrían atender uno o varios sistemas de inteligencia artificial. Sin embargo, la aplicación de IA a la función presupuestaria exige la determinación de sus objetivos así como la definición de la información de los expedientes parlamentarios que se integre en los mismos. Dicho de otro modo, en el marco organizativo general de una Cámara, es necesaria una primera labor de planificación para el esclarecimiento de los objetivos.

El artículo 3 RIA condiciona en clave teleológica la existencia de cualquier sistema de IA al indicar que:

"(...) para objetivos explícitos o implícitos, infiere de la información de entrada que recibe la manera de generar resultados de salida, como predicciones, contenidos, recomendaciones o decisiones, que pueden influir en entornos físicos o virtuales"

El artículo 3 RIA igualmente define la finalidad prevista como "*el uso para el que un proveedor concibe un sistema de IA, incluidos el contexto y las condiciones de uso concretos (...)"*. Por tanto, los objetivos de un sistema de IA, o si se prefiere, su finalidad se encuentra en la génesis del mismo, de modo que si esta no existe, tampoco tendría sentido el propio sistema. En ese sentido, también el artículo 3 RIA define "funcionamiento de un sistema de IA" como "*la capacidad de un sistema de IA para alcanzar su finalidad prevista*".

Pues bien, los sistemas de inteligencia artificial "*pueden ayudar a mejorar la efectividad y la eficiencia de los procedimientos parlamentarios tanto administrativos como legislativos; a reforzar la calidad y la consistencia del proceso legislativo; y a incrementar la transparencia y participación de la ciudadanía*" (Guillem Carrau, 2024, 91). Reiteramos en este punto, como se ha indicado con anterioridad, que participación y transparencia aparecen como vectores fundamentales de un parlamento abierto. Y considerando que para Guillem Carrau existen tres campos de actuación en los que se desenvolverá la inteligencia artificial: "*transparencia, la gestión de la información parlamentaria y extraparlamentaria y la comunicación con la ciudadanía*" (2024, 91), parece que la aplicación de inteligencia artificial en la función presupuestaria debe analizarse desde la perspectiva de la gestión de la información parlamentaria y extraparlamentaria, alumbrada, eso sí, por el principio de transparencia.

En consecuencia, a la vista de lo expuesto, procederemos a desagregar el análisis sobre la base de las tres facetas que hemos identificado en la función presupuestaria para obtener el contexto y las necesidades a atender por un sistema de IA en la función presupuestaria.

IV. CONTEXTO Y DETERMINACIÓN DE LAS NECESIDADES A ATENDER POR UN SISTEMA DE INTELIGENCIA ARTIFICIAL EN LA FUNCIÓN PRESUPUESTARIA

1. *Diagnóstico de situación y necesidades a atender por uno o varios sistemas de inteligencia artificial en la aprobación del proyecto de ley de presupuestos generales*

Desde nuestro punto de vista entendemos que considerando la naturaleza del procedimiento legislativo especial en materia de presupuestos, existen dos campos diferenciados de influencia para la inteligencia artificial: la función de calificación y el control de viabilidad presupuestaria de las enmiendas aprobadas. No en vano, entendemos que también podría abrirse un campo netamente instrumental, no exclusivo de la función presupuestaria como es el de las votaciones, lo cual analizaremos en términos de necesidad.

1.1 Aplicación de inteligencia artificial a la función de calificación en el procedimiento legislativo especial en materia presupuestaria

La función de calificación es la primera que corresponde a los órganos de gobierno de nuestras Cámaras Parlamentarias y consiste en "*controlar la regularidad legal de los escritos parlamentarios, siempre que ese examen, realizado en contraste con la regulación parlamentaria, no encubra un juicio sobre la oportunidad de la iniciativa en los casos en que este juicio esté atribuido a la Cámara parlamentaria*" (STC 191/2013, de 18 de noviembre, FJ 3). Este control, ordinariamente es de carácter formal, aunque según el FJ 5 de la STC 115/2019, de 16 de octubre:

> *"[e]so no impide que el reglamento parlamentario habilite a la mesa para extender su examen "más allá de la estricta verificación de sus requisitos formales, siempre que se refieran a iniciativas que vengan limitadas materialmente por la Constitución, el bloque de la constitucionalidad o el reglamento parlamentario pertinente; pero que si la legalidad aplicable no impone límite material alguno a la iniciativa, la verificación de su admisibilidad ha de ser siempre formal" (STC 191/2013, FJ 3)"*

Como ya se intuye, la aplicación de la IA a la actividad propia de un parlamento no presenta características diferenciales respecto de sus intentos en otros ámbitos del sector público[24]. Y de todos es sabido que la utilización de IA analítica ha acompañado a la labor de las Administraciones Públicas en general, pero se trata de valorar en este apartado si se puede emplear también la IA, analítica y generativa, en la labor de los órganos de gobierno de un Parlamento. Para ello, en

---

24 Vid. Palanca 5 "Impulsar la IA en el Sector Público" de la Estrategia de Inteligencia Artificial 2024 del Ministerio para la Transformación Digital y de la Función Pública https://portal.mineco.gob.es/es-es/digitalizacionIA/Documents/Estrategia_IA_2024.pdf

lo que respecta a la función de calificación en el procedimiento legislativo presupuestario es posible identificar tres etapas o momentos.

1) *Inteligencia artificial para racionalizar el trámite de calificación del proyecto de ley de presupuestos generales y sus antecedentes.* Una de las posibilidades que ofrece la aplicación de inteligencia artificial en el ámbito de la función presupuestaria se encuentra precisamente en la apertura de la fase constitutiva del procedimiento legislativo especial en materia de presupuestos, es decir, en el trámite de calificación. La calificación del proyecto de ley de presupuestos generales es un control de regularidad formal en torno a la iniciativa ejercitada y verificación de su origen gubernamental, junto a su recepción dentro del plazo establecido según la normativa autonómica o estatal en cada caso aplicable. Y a dicho control formal se debe sumar el examen sobre la incorporación de los antecedentes necesarios que deben acompañar a ese proyecto de ley que, en materia de presupuestos, son muy numerosos y presentan especial prolijidad, y que se han previsto para garantizar el acierto y la oportunidad así como el adecuado impacto normativo y regulatorio de dicho proyecto. Por otro lado, cabe señalar que no es habitual realizar un control material sobre el proyecto de ley que se recibe.

   Pues bien, una primera posibilidad aplicativa de la inteligencia artificial en esta fase encontraría gran éxito en el examen de los antecedentes y documentos que han de acompañar o sustentar el proyecto de ley de presupuestos generales que se presenta, máxime si se tiene cuenta que la mayoría de normativas sectoriales no presupuestarias cada vez más engrosan el extenso listado de informes de impacto y documentos que han de acompañar a un proyecto de ley de presupuestos, como por ejemplo, en materia de infancia o de afectación a entidades locales entre otros. No sería descabellado imaginar que con carácter general los órganos parlamentarios no pudieran examinar el volumen de documentación que se adjunta. Por eso, la integración de los controles formales en un sistema de inteligencia artificial podría partir de la instrucción acerca de la normativa presupuestaria y sectorial que establezca la necesidad de acompañamiento de un informe, y que podría servir de base para un control por parte del sistema de inteligencia artificial acerca de la documentación aportada en cada ejercicio junto al proyecto a modo de *check list.* A través de un procesamiento veloz de tanta documentación, se permitiría agilizar y racionalizar rápidamente el control del requisito formal que establecen los reglamentos parlamentarios y, en consecuencia, proporcionar el sustento de la decisión que la Mesa adopte al respecto de esa documentación en cuanto a la decisión sobre su admisión a trámite.

2) *La utilización de inteligencia artificial en el trámite de calificación de las enmiendas a la totalidad.* Un segundo escenario de calificación en el proyecto de ley de presupuestos generales lo constituye la calificación de las enmiendas a la totalidad en aquellos reglamentos en los que se admite tal posibilidad[25]. Así, por ejemplo, la inteligencia artificial analítica podría determinar la adecuación parlamentaria de la enmienda ejercitada, en el bien entendido de que la mayor parte de los reglamentos parlamentarios autonómicos no admiten la formulación de enmiendas a la totalidad de texto alternativo[26], en coherencia con el monopolio de la iniciativa presupuestaria del Gobierno. Por tanto, la aplicación de un sistema de inteligencia artificial podría examinar el documento que se presente por los grupos parlamentarios con la enmienda a la totalidad, en aras a determinar si de su formulación y estructura se ha deducido una enmienda de devolución o una enmienda de texto alternativo. Parece útil en este punto instruir al sistema en las decisiones que al respecto se han adoptado previamente por la Mesa sobre las referidas enmiendas, lo que permitirá incorporar antecedentes que entrenen al sistema en el aprendizaje automático.

3) *La utilización de inteligencia artificial en el trámite de calificación de las enmiendas al articulado: referencia a los sistemas informáticos*

---

25 No admiten la formulación de enmiendas a la totalidad en el proyecto de ley de presupuestos los Reglamentos parlamentarios de las Cortes de Aragón y de la Asamblea Regional de Murcia. Vid. López Hernández, Francisco Javier (2022): "Los Presupuestos Generales y los límites a la función legislativa en España", *Revista Anuario Parlamento Y Constitución*, 23, p. 114.

26 "*Salvo el caso del País Vasco —y con las observaciones efectuadas sobre el caso de Extremadura—, todas las regulaciones configuran como límite la no previsión —y por ende exclusión— de las enmiendas a la totalidad de texto alternativo, lo cual resulta comprensible debido a la distribución competencial del poder presupuestario constitucional y estatuariamente establecida*" (López Hernández, 2022, 116).

de elaboración de enmiendas al articulado. El tercer ejercicio de calificación que podría ocurrir en el procedimiento legislativo en materia presupuestaria sería la calificación de las enmiendas parciales o enmiendas al articulado. La aplicación de un sistema de inteligencia artificial para la calificación de tales enmiendas desplegaría muchas potencialidades que van más allá de una verificación o control de regularidad formal y que, por supuesto, podrían multiplicar las posibilidades de la inteligencia artificial analítica así como de la inteligencia artificial generativa. En este sentido, un sistema de inteligencia artificial podría determinar la concurrencia de los requisitos formales y materiales de las enmiendas parciales que fueran presentadas, y así podría verificar la autoría de la iniciativa, la presentación en plazo, la identificación del objeto que pretende enmendarse, en definitiva, parámetros de viabilidad formal.

Pero el sistema de inteligencia artificial también podría incorporar el denominado control material que tanta importancia cobra en la ley de presupuestos. En efecto como ha señalado el Tribunal Constitucional, la ley de presupuestos tiene un contenido determinado[27] y admitiendo junto con el núcleo esencial de la misma, un contenido eventual[28], es preciso examinar ca-

---

27 Este es el denominado "contenido esencial". La STC 122/2018, de 31 de octubre, indica en el FJ 3 "*El punto de partida ha sido siempre que las leyes de presupuestos están reservadas a un contenido que les es propio, contenido que además está reservado a ellas. Dicho contenido esencial está integrado por la previsión de ingresos y la habilitación de gastos, así como por las normas que directamente desarrollan o aclaran las partidas presupuestarias en que el gasto público se concreta, esto es, el presupuesto en sí. Este contenido es esencial, porque conforma la identidad misma del presupuesto, por lo que no es disponible para el legislador*".

28 "*Adicionalmente, cabe la posibilidad de que las leyes de presupuestos alberguen otras disposiciones no estrictamente presupuestarias, que hemos denominado «contenido eventual» o no imprescindible, si bien de forma limitada (…) En la doctrina posterior se ha insistido en la necesidad de concurrencia de los dos requisitos «necesarios para que la regulación por Ley de Presupuestos de una materia que no forma parte de su contenido necesario sea constitucionalmente legítima: de una parte, es preciso que la materia guarde relación directa con los ingresos y gastos que integran el Presupuesto y que su inclusión esté justificada por ser un complemento de los criterios de política económica de la que ese Presupuesto es el instrumento; y de otra, que 'sea un complemento necesario para la mayor inteligencia y para la mejor ejecución del Presupuesto y, en general, de la política económica del Gobier-*

so por caso si la enmienda podría burlar el carácter propio de la ley de presupuestos.

Fácilmente puede instruirse al sistema de inteligencia artificial para que mediante los antecedentes o precedentes que obren en la Cámara se pueda ayudar a identificar casos similares que faciliten —cuando no anticipen— el criterio a adoptar en la labor de examen corresponde a las Mesas de la Comisiones en materia de presupuestos, asistidas por los letrados y letradas de cada una de ellas.

Aunque igualmente debe tenerse en cuenta la numerosa jurisprudencia del Tribunal Constitucional que enriquece la función de calificación orientando los criterios constitucionales y parlamentarios en torno a la misma en casos similares, lo cual exigiría su integración también en el mismo sistema de inteligencia artificial para disponer de la información necesaria que le permita formular rápidamente un juicio acerca de la procedencia o improcedencia de la calificación de la enmienda al articulado en materia presupuestaria.

Mención especial debe hacerse sobre los sistemas informáticos que en la mayoría de los Parlamentos de España encauzan el ejercicio de las enmiendas al articulado sobre los estados financieros de los presupuestos generales a los que se refieren particularmente. De hecho, en las distintas Cámaras se aprecia que el campo presupuestario es siempre propicio a la posible utilización de tecnologías de la información en el procedimiento legislativo presupuestario[29]: algunos Parlamentos han llevado a cabo desarrollos propios de sistemas o aplicaciones informáticas como es el caso del Parlamento de Navarra, del Parlamento de Canarias, de la Asamblea de Extremadura, de la Asamblea Regional de Murcia, del Parlamento de Cataluña, de la Asamblea de Madrid, de la Junta General del Principado de

---

no' (STC 174/1998, de 23 de julio, FJ 6)" (STC 122/2018, de 31 de octubre, indica en el FJ 3).

29 En art. 145.5 del Reglamento del Parlamento de Canarias, se reconoce incluso la posibilidad que la Mesa del Parlamento pueda acordar la presentación obligatoria en una aplicación informática de enmiendas al articulado en el proyecto de ley de presupuestos.

Asturias, Cortes de Castilla y León, Cortes de Aragón, Cortes de Castilla-La Mancha y Cortes Valencianas. Como variantes, en el caso del Parlamento de Andalucía también se utiliza una aplicación informática pero no es un desarrollo propio, y en el caso del Parlamento de Galicia, se ha desarrollado una aplicación propia no sólo para las enmiendas del proyecto de ley de presupuestos, sino para todos los procedimientos legislativos para generación de textos comparados. Y finalmente, en el caso del Parlamento Vasco, en el que se emplea la solución informática del Ejecutivo por la vía de la colaboración o convenio.

En algún caso se trata de aplicaciones con décadas de aplicación, que han sido la respuesta a las dificultades que desde el plano económico presenta una enmienda cuando lo único que pretende es alterar el importe o destino de fondos presupuestarios previstos, por tanto, modificando generalmente los estados de gastos de los presupuestos. Ello no es óbice para reconocer que también pueden existir alteraciones en el estado de ingresos en algunos Parlamentos[30].

En cualquier caso, como característica común no existen normas de creación de la aplicación informática ni de utilización, sino que las propias reglas del procedimiento parlamentario han venido imponiendo su utilización obligatoria lo que se traduce en un sometimiento a reglas técnicas para el ejercicio del derecho de enmienda.

Con todo, estos sistemas informáticos no responden a la idea de un sistema de inteligencia artificial sino que son soluciones informáticas que con un cierto lenguaje establecen las posibilidades y los límites desde el punto de vista informático, lo cual no es sino el trasunto de la configuración legal del derecho fundamental de participación política para la formulación de enmiendas parciales en el proyecto de ley de presupuestos generales.

---

30 Para un análisis de las posibilidades de enmiendas al articulado en el proyecto de ley de presupuestos vid. López Hernández, Francisco Javier (2022): "Los Presupuestos Generales y los límites a la función legislativa en España", *Revista Anuario Parlamento Y Constitución*, 23, p. 121-131.

1.2 Aplicación de inteligencia artificial al control de viabilidad presupuestaria de las enmiendas aprobadas

Una de las dificultades con las que se encuentra el proyecto de ley de presupuestos generales durante su tramitación es la relativa a la comprobación de la viabilidad de las enmiendas aprobadas, cuestión que se circunscribe exclusivamente a las enmiendas de tipo económico. Una de las exigencias del principio de nivelación es que "*los gastos presupuestados deben estar financiados en su totalidad por los ingresos públicos ordinarios previstos, sin que puedan elaborarse o aprobarse presupuestos con déficit inicial*" (Corcuera Torres, 2012, 8). En consecuencia, es posible que las enmiendas que válidamente hayan podido crearse en un sistema informático, al ser aprobadas en su conjunto, resulten inviables por vaciar, por ejemplo, un programa o partida presupuestaria.

En la práctica, este obstáculo se sortea con una estrecha colaboración de los servicios de las Cámaras con los centros directivos en materia de Hacienda y Presupuestos de los Ejecutivos, que van haciendo el seguimiento de aquellas enmiendas que se incorporen desde la reunión de la Ponencia, hasta la aprobación en el debate final plenario. Sin embargo, por ejemplo en el caso del Parlamento canario, se permite comprobar el estado de las partidas presupuestarias durante las distintas fases de aprobación del procedimiento legislativo presupuestario, pero siempre de forma instrumental puesto que aparece como un control configurado para la válida elaboración de enmiendas *in voce* durante la tramitación.

Por ello, una de las necesidades que pueden identificarse en este campo viene determinada por el aprendizaje en el que se instruye al sistema de IA para que por sí mismo detecte los desajustes conforme al principio de nivelación sin necesidad de que se efectúe una vigilancia por los servicios de la Cámara en cada partida presupuestaria. Ello contribuiría notablemente a la autonomía de las Cámaras en la tramitación y reduciría la dependencia de los potentes centros directivos de los Ejecutivos.

1.3 Aplicación de inteligencia artificial a la generación de bloques de votaciones

Por último, un análisis de los distintos parlamentos revela que en Canarias y Asturias, vinculado a los sistemas informáticos para la presentación de enmiendas del proyecto de ley de presupuestos, se ha desarrollado informáticamente la posibilidad de agrupar el sentido del voto sobre enmiendas o partes del proyecto de ley, principalmente por el elevadísimo número de enmiendas que se presentan en estos casos. De hecho, esta práctica que por lo demás venía realizándose en el Parlamento de Canarias, fue expresamente integrada en la regulación del Reglamento de esa Cámara tras su reforma del año 2023, adquiriendo carta de naturaleza en su artículo 92.

En todo caso, se ha buscado racionalizar de forma eficiente la fase de votaciones que sucede a los debates parlamentarios en los que va de suyo una duración proporcionada al número de enmiendas que se presentan. En la actualidad, si bien las aplicaciones informáticas organizan rápidamente los bloques de votaciones, no entendemos que se aprecie una necesidad adicional que demande la implementación de un sistema de IA, razón por la que descartamos desde este punto su utilización para tal fin.

2. *Diagnóstico de situación y necesidades a atender por uno o varios sistemas de inteligencia artificial en el control de la ejecución presupuestaria por los Parlamentos*

2.1 La inteligencia artificial como herramienta para examinar la Cuenta General o su informe de fiscalización

La función presupuestaria no se agota en la aprobación de los presupuestos generales y como es sabido, en la última fase del ciclo presupuestario se produce nuevamente la intervención de la Cámara para valorar la ejecución del presupuesto en relación con la autorización conferida a través de la ley anual de presupuestos. Buena parte de los Estatutos de Autonomía[31] encomienda a los órganos de control externo la fiscalización de la cuenta general, en algún caso por delegación de la Cámara, pero siempre sin perjuicio de las funciones de aprobación o rechazo de la ejecución presupuestaria por la Cámara. Pero lo cierto es que eso no impide al Parlamento mantener un papel determinante en torno a la cuenta general,

[31] Caso de Andalucía, Principado de Asturias, Aragón, Castilla-La Mancha, Canarias, Comunidad Foral de Navarra, Extremadura e Islas Baleares.

pues una cosa es la fiscalización de esa cuenta general, y otra bien distinta el pronunciamiento parlamentario acerca de la aprobación o desaprobación de la cuenta general que, aunque no tenga un efecto tan determinante en la política del gobierno, sí opera una suerte de valoración acerca de la ejecución presupuestaria que ha llevado a cabo.

Las posibilidades de la inteligencia artificial en torno a esta función de control presupuestario son distintas de las que hemos analizado para la aprobación del presupuesto porque parece que deban centrarse específicamente la síntesis del gran volumen de información que se recibe en un informe de fiscalización de una cuenta general. Aunque *a priori* no puede descartarse una aplicación práctica de IA generativa a esta fase, lo cierto es que las posibilidades que ofrece un sistema de IA en la función de control presupuestario, parecen más encaminadas a una vertiente analítica, por cuanto la mayor dificultad a la que atendería el sistema de IA es la complejidad de la fiscalización efectuada. A tal fin, es preciso detectar a través de la IA que la cuenta general ofrece resultados de los que fácilmente se pueda inferir: cuáles han sido las desviaciones presupuestarias o, por ejemplo, en qué programa presupuestario pueden haber existido irregularidades en punto a su ejecución.

No hay que olvidar que el pronunciamiento de la Cámara consistirá en la aprobación de la cuenta general o cuentas generales sin perjuicio de lo que se pueda acordar en relación con el informe de fiscalización recibido. Sin embargo, resulta fundamental desde el punto de vista de la labor de las comisiones parlamentarias encargadas de controlar la ejecución presupuestaria que se disponga de una información sintética de cara a poder emitir un juicio acerca del informe de fiscalización recibido de parte del órgano de control externo.

2.2 La utilización de inteligencia artificial en el examen de la congruencia de las propuestas de resolución sobre la Cuenta General y su informe

En una fase posterior a la fiscalización por un órgano de control externo, intervienen las Cámaras recibiendo los informes sobre las respectivas cuentas generales del Estado o de las Comunidades Autónomas. Los grupos parlamentarios participan en esta fase final del procedimiento de fiscalización para que en el trámite parlamentario en Comisión, propongan propuestas de resolución en las que la Cámara emita una declaración de voluntad tanto sobre la cuenta general o cuentas generales, como sobre el informe de fiscalización recibido y sus conclusiones o recomendaciones. Ello reviste especial importancia porque constituye el fundamento sobre el que se aprueba o rechaza la cuenta general rendida.

En este sentido, un sistema de inteligencia artificial entendemos que podría detectar la congruencia —como parámetros de admisibilidad— de las propuestas de resolución específicamente formuladas en relación con el contenido del informe de fiscalización, pues no es descabellado imaginar que al socaire de un acto tan importante como el control de la ejecución presupuestaria pudiera formularse una propuesta de resolución incongruente y que por tanto no debiera admitirse al no haberse formulado vinculada a la iniciativa de la que trae causa.

Así, de una forma análoga para la planteada para el trámite de calificación de las enmiendas al articulado, entendemos que un sistema de IA podría proporcionar la base de la decisión de la propuesta de admisión o inadmisión que las Mesas han de adoptar sobre las propuestas de resolución formuladas, lo cual se antoja como una suerte de simplificación de este control de regularidad formal y material.

3. Diagnóstico de situación y necesidades a atender por uno o varios sistemas de inteligencia artificial en el control del veto presupuestario y en la detección de la incidencia presupuestaria de las iniciativas

3.1 La inteligencia artificial como herramienta de detección de la incidencia presupuestaria

La facultad de disconformidad del Ejecutivo siempre aparece vinculada a un presupuesto en vigor y, desde el punto de vista de la tramitación de los procedimientos legislativos en una Cámara, puede resultar determinante como óbice que impide la continuación.

Desde el punto de vista de la labor que realizan las Mesas de las Cámaras o de las comisiones, en ocasiones resulta difícil determinar rápidamente aquellas de las medidas que se integren en las proposiciones de ley o en las enmiendas que pudieran tener un impacto en el presupuesto en vigor por aumento de los créditos o disminución de los ingresos. Una eventual aplicación de un sistema de IA para facilitar la detección de esta circunstancia, no solo podría facilitar la labor de calificación sino que también podría agilizar los trámites de cara al estudio individualizado de numerosas enmiendas junto a los numerosos artículos en los que se estructure una proposición de ley.

Por otra parte, es cierto que, a diferencia de las otras necesidades detectadas con anterioridad, el sistema de IA necesariamente ha de contar con una buena base de antecedentes e incluso de las partidas presupuestarias con la descripción de sus programas de pertenencia, pues en caso contrario, difícilmente será detectada la incidencia presupuestaria. La clave es agilizar el trámite de verificación de las iniciativas para optimizar el tiempo que en la Cámara se necesita al respecto, trasladando un margen más concreto de intervención a los Ejecutivos.

3.2 El control reglado del veto presupuestario a través de inteligencia artificial

Advertida la incidencia presupuestaria por el Ejecutivo, se le reconoce a su favor por la práctica totalidad de los Reglamentos, salvo en el caso de La Rioja (López Hernández, 2022, 143), la posibilidad de oponer veto presupuestario. La evolución jurisprudencial del Tribunal Constitucional[32] ha revelado cómo sucesivamente se ha procedido a un robustecimiento de la facultad de control por parte de las Mesas de las Cámaras sobre el ejercicio de la facultad de veto presupuestario que por otra parte aparece estrictamente vinculada a la garantía de los derechos fundamentales de participación política de los parlamentarios y las parlamentarias.

---

32 Vid. La evolución jurisprudencial de la figura del veto presupuestario en López Hernández, Francisco Javier (2022): "Los Presupuestos Generales y los límites a la función legislativa en España", *Revista Anuario Parlamento Y Constitución*, 23, p. 133-142.

Este control constituye un campo abonado para la implantación o por lo menos prueba de un sistema de inteligencia artificial que pudiera normalizar el control reglado que efectúan las mesas de las cámaras acerca de la disconformidad, en su caso, del Ejecutivo. Una adecuada coordinación entre las plataformas de comunicación entre gobiernos y los parlamentos permitirá articular fácilmente un control sobre el cumplimiento de la facultad de expresar la disconformidad en plazo con los efectos anudados para la no expresión de dicha disconformidad en el plazo señalado para ello. Dicho de otro modo, el sistema puede verificar que un veto presupuestario sea extemporáneo en atención al cómputo de los plazos en los que se emite.

Ahora bien más allá del control formal, lo verdaderamente valioso de la implementación de un sistema de IA en este ámbito, radica en el aprendizaje con el que se puede enriquecer el sistema y que le permita verificar los parámetros del contenido de la disconformidad del Ejecutivo. Ello para detectar que la oposición gubernamental se vincula a la afectación por aumento de créditos o disminución de los ingresos de un presupuesto en vigor, no solo verificando la partida presupuestaria afectada, sino la expresión de una motivación propia por parte del Ejecutivo que ponga en evidencia un desajuste en su política presupuestaria o un peligro a su auténtica ejecución. Así pues, un sistema de IA podría suponer una indudable herramienta para manejar grandes cantidades de información e informes que se emiten desde los centros directivos y que fácilmente determinase la adecuada motivación del Ejecutivo en su veto presupuestario con el sacrificio al ejercicio de los parlamentarios de su *ius in officium* concluyéndose la tramitación de su proposición de ley o enmienda como las dos facetas del derecho de iniciativa legislativa[33].

---

[33] "*El derecho de enmienda aparece, al igual que la proposición de ley de origen parlamentario, dentro de las prerrogativas reconocidas a los miembros y Grupos Parlamentarios. (…) Quizá por ello los clásicos del Derecho Parlamentario (vid. Larcher) denominaban el derecho de enmienda como "un derecho de iniciativa disminuido*" (Merino Merchán y De la Peña Rodríguez, 1991, 138) y en la misma línea, el Tribunal Constitucional ha indicado que "*no existe ni en la Constitución ni en los Reglamentos de ambas Cámaras norma alguna que establezca una delimitación material entre enmienda y proposición de Ley*" (STC 99/1987, de 11 de junio de FJ 1).

V. DEFINICIÓN DE LOS DATOS OBJETO DE TRATAMIENTO EN UN SISTEMA DE INTELIGENCIA ARTIFICIAL APLICADA A LA FUNCIÓN PRESUPUESTARIA Y ANÁLISIS DESDE LA PERSPECTIVA DE LA PROTECCIÓN DE DATOS PERSONALES

1. *El análisis de los datos a tratar desde la perspectiva del Registro de Actividades de Tratamiento y el principio de privacidad en el diseño y por defecto*

Siguiendo la Metodología HUDERIA, para concluir la primera fase de análisis del contexto es necesario que definamos claramente los datos que manejarían uno o varios sistemas de IA aplicados a la función presupuestaria. Esta operación resulta fundamental porque exigirá en cada sistema de IA un apartado específico de valoración para examinar las variaciones que experimenten los tratamientos integrados en el registro de actividades de tratamiento que cada responsable en materia de protección de datos está obligado a llevar (artículo 30 del RGPD), en aras a determinar si ese nuevo sistema de IA implica que las funciones parlamentarias pasen a tratar o traten de modo diferente los datos personales a partir de la implementación de un sistema de IA.

En este sentido, las Cámaras parlamentarias aparecen como un mismo sujeto con dos almas pues combinan su naturaleza de responsable del tratamiento (artículo 4 apartado 7) del RGPD) con la de responsables del despliegue de un sistema de IA (artículo 3 apartado 4) del RIA), razón por la que entendemos que una conclusión apriorística sobre la posible inexistencia de datos personales a tratar en el sistema de IA, no debe conducir al descarte del análisis desde la privacidad en el diseño. En efecto, la privacidad en el diseño es un principio que surge "*enfocado al ámbito de las tecnologías de la información y de las comunicaciones, con la finalidad de combatir los efectos nocivos de la tecnología sobre la privacidad mediante la integración de la garantía de la privacidad en la propia arquitectura de la tecnología que se pretenda desarrollar y utilizar*" (Araújo Díaz de Terán, 2023, 181).

De ello se desprende que en una fase de propuesta de un sistema de IA se debe determinar claramente por las Cámaras responsables del despliegue qué datos son necesarios para el sistema. A tal fin debemos partir de cinco definiciones que contiene el artículo 3 RIA, apartados 29, 30, 31, 32, y 33:

– *"datos de entrenamiento": los datos usados para entrenar un sistema de IA mediante el ajuste de sus parámetros entrenables;*
– *"datos de validación": los datos usados para proporcionar una evaluación del sistema de IA entrenado y adaptar sus parámetros no entrenables y su proceso de aprendizaje para, entre otras cosas, evitar el subajuste o el sobreajuste;*
– *"conjunto de datos de validación": un conjunto de datos independiente o una parte del conjunto de datos de entrenamiento, obtenida mediante una división fija o variable;*
– *"datos de prueba": los datos usados para proporcionar una evaluación independiente del sistema de IA, con el fin de confirmar el funcionamiento previsto de dicho sistema antes de su introducción en el mercado o su puesta en servicio;*
– *"datos de entrada": los datos proporcionados a un sistema de IA u obtenidos directamente por él a partir de los cuales produce un resultado de salida;*

De estas definiciones resulta que en el presente epígrafe se deben definir, a la vista de las necesidades del contexto de la función presupuestaria, cuáles serán los datos de entrenamiento que precisará un futuro sistema de IA aplicado a esta función, todo lo cual propenderá, en su caso, a la concreción como objetivo final de los datos de entrada de ese sistema.

E insistimos, que dicha concreción o determinación de los datos de entrenamiento debe inspirarse en la protección de datos desde el diseño que "*se vincula (…) a la protección de datos por defecto, siendo ambas clara manifestación del principio de "responsabilidad proactiva" establecido en el artículo 5.2 del RGPD*" (Araújo Díaz de Terán, 2023, 182). En ese sentido se entiende la advertencia que formula la guía "Adecuación al RGPD de tratamientos que incorporan Inteligencia Artificial. Una introducción"

"[l]a decisión de adoptar, en el marco de un tratamiento, una solución técnica basada en IA o en cualquier otra tecnología, es tomada por el responsable, que es quien "determina los medios y fines del tratamiento" y es, por tanto, tiene a su cargo la toma de decisión de seleccionar una solución tecnológica u

otra. (...) El que toma la decisión de realizar el tratamiento es responsable, y no puede escudarse en la carencia de información o el desconocimiento técnico para evadir su responsabilidad a la hora de auditar y decidir la adecuación del sistema. Lo que en ningún caso resulta aceptable es trasladar la responsabilidad al propio sistema IA."[34]

Ello se entiende sin perjuicio de la existencia de un proveedor de un sistema de IA distinto del responsable del despliegue, que al igual que ocurre con el encargado del tratamiento no exime de sus obligaciones al responsable.

Por tanto, teniendo en cuenta lo expuesto, procederemos a definir cuáles serán los datos de entrenamiento para uno o varios sistemas de IA atendiendo a las necesidades identificadas en el epígrafe anterior.

2. *Datos de entrenamiento para uno o varios sistemas de inteligencia artificial en la aprobación del proyecto de ley de presupuestos generales.*

Teniendo en cuenta lo expuesto en el epígrafe anterior conviene que efectuemos una distinción:

- Datos de entrenamiento para un sistema de IA para la función de calificación en el procedimiento legislativo especial en materia presupuestaria:
  1. Sentencias del Tribunal Constitucional sobre calificación, tanto favorables o no favorables a la pretensión de cada recurrente en su caso.
  2. Acuerdos de las Mesas de las Cámaras o de las Mesas de las Comisiones adoptados con anterioridad relacionados con la materia presupuestaria.
  3. Normativa general y sectorial que determine los antecedentes que han de acompañar el proyecto de ley de presupuestos generales.

---

[34] Página 19 del documento de la AEPD "Adecuación al RGPD de tratamientos que incorporan Inteligencia Artificial. Una introducción" (2020) https://www.aepd.es/prensa-y-comunicacion/notas-de-prensa/la-aepd-publica-una-guia-para-adaptar-al-rgpd-los-productos-y

4. Reglamentos parlamentarios y normativa emanada de las Cámaras referida a los requisitos de presentación de las enmiendas.
5. Enmiendas a la totalidad y al articulado presentadas con anterioridad, relacionadas con el juicio de admisibilidad adoptado anteriormente.
6. Reclamaciones o reconsideraciones frente a los acuerdos de calificación y acuerdos de las Mesas adoptados al respecto.

– Datos de entrenamiento para un sistema de inteligencia artificial para el control de viabilidad presupuestaria de las enmiendas aprobadas:
  1. Información económica-financiera del proyecto de ley de presupuestos.
  2. Información resultante del programa de gestión informática de las enmiendas a los estados financieros.
  3. Enmiendas presentadas.
  4. Resultado de las votaciones: informe de la ponencia, dictamen de la Comisión y debate plenario.

Como se puede apreciar, no se prevé expresamente el tratamiento en ningún caso de datos de carácter personal. Esta afirmación es rotunda en cuanto al control de la viabilidad presupuestaria de las enmiendas aprobadas, pero encuentra un cariz dudoso en su aplicación a la calificación si se atiende en la posible existencia de datos personales en sentencias del Tribunal Constitucional o en acuerdos de las Mesas parlamentarias. Al respecto, debe recordarse que la STC 114/2006, de 5 de abril, indicó que:

> *"cualquier cuestión relativa a la eventual omisión de la identificación de las partes intervinientes en un proceso constitucional tanto en la resolución jurisdiccional que se dicte como en la publicidad que de la misma se haga por parte de este Tribunal, al amparo de la obligación formal de publicación en el Boletín Oficial o de la obligación material de darle la máxima difusión, es de naturaleza jurisdiccional y corresponde resolverla de manera exclusiva y excluyente a este Tribunal con la sola sujeción a lo previsto en la Constitución y en la Ley Orgánica del Tribunal Constitucional."* (FJ 6).

Y sobre la base de ella, la AEPD concluyó en su informe 451/2006 "*según la doctrina del Tribunal Constitucional, la publicación íntegra de sus sentencias con nombres y apellidos de los afectados, no resulta contraria a la Ley Orgánica 15/1999*"[35] (hoy entiéndase RGPD y normativa relacionada en derecho español).

Pues bien, lo mismo cabría decir de la publicación de determinados datos personales de diputados o diputadas en diarios oficiales de sus Cámaras en la calificación, por ejemplo, de enmiendas que hubiesen planteado. No en vano, la disposición adicional séptima de la LOPDPGDP ha proporcionado un criterio que analógicamente puede ser tenido en cuenta para la publicación de actos parlamentarios que contengan datos personales de miembros de la Cámaras y, de igual modo, es la línea en la que han fijado una orientación provisional las autoridades españolas de protección de datos[36].

No obstante, la publicación de datos personales no es la cuestión que aquí se plantea, sino más bien su incorporación a un sistema de IA por formar parte de los datos de entrenamiento principales que fueran tenidos en cuenta. Desde una visión previa a un diseño de un sistema de IA no se consideran en absoluto relevantes los datos personales de las partes de los procesos constitucionales o de los actos parlamentarios, lo cual debe valorarse en el momento oportuno, a efectos de anonimización.

3. *Datos de entrenamiento para uno o varios sistemas de inteligencia artificial en el control de la ejecución presupuestaria por los Parlamentos*

De igual forma, visto lo analizado en el punto IV de este capítulo dividiremos el análisis de los datos de entrenamiento referidos a un

---

35 Informe de la AEPD 451/2006 sobre publicación de datos de carácter personal en Sentencia del Tribunal Constitucional https://www.aepd.es/documento/2006-0451.pdf

36 Vid. Orientación para la aplicación provisional de la disposición adicional séptima de la LOPDGDD, asumida por la Agencia Española de Protección de Datos, la Autoridad Catalana de Protección de Datos, la Agencia Vasca de Protección de Datos y el Consejo de Transparencia y Protección de Datos de Andalucía. https://www.aepd.es/documento/orientaciones-da7.pdf

sistema de IA aplicado a la función presupuestaria de control de la siguiente forma:

- Datos de entrenamiento para un sistema de IA para examinar la Cuenta General o su informe de fiscalización:
  1. Cuenta General.
  2. Informe de fiscalización de la Cuenta General, generalmente emitido por un órgano de control externo.
  3. Anexos de la ejecución presupuestaria rendidos por la Administración Estatal o Autonómica.
  4. Ley de presupuestos generales a la que se refiere la Cuenta General.
  5. Modificaciones de créditos aprobadas.
- Datos de entrenamiento para un sistema de IA en el examen de la congruencia de las propuestas de resolución sobre la Cuenta General y su informe.
  1. La Cuenta General.
  2. El informe de fiscalización sobre la Cuenta General.
  3. Propuestas de resolución presentadas con anterioridad por los grupos parlamentarios referidas a la Cuenta General y su informe.
  4. Resoluciones aprobadas y propuestas rechazadas por las Comisiones o los Plenos, referidas a la Cuenta General y su informe.
  5. Acuerdos de las Mesas de calificación de las propuestas de resolución.

Como se puede apreciar, en estos supuestos no se tratan en ningún caso, datos de carácter personal, excepción hecha de aquellos que pudieran figurar en los antecedentes sobre acuerdos de Mesas sobre el examen de propuestas de resolución, para lo que reiteramos lo manifestado anteriormente acerca de su no necesidad de integración en un sistema de IA.

4. *Datos de entrenamiento para uno o varios sistemas de inteligencia artificial en el control del veto presupuestario y en la detección de la incidencia presupuestaria de las iniciativas*

Finalmente, en torno al veto presupuesto y la incidencia presupuestaria de iniciativas legislativas, ya se trate de enmiendas o de proposiciones de ley, debemos distinguir:

- Datos de entrenamiento para un sistema IA como herramienta de detección de la incidencia presupuestaria:
  1. Acuerdos de las Mesas de las Cámaras o de las Mesas de las Comisiones adoptados con anterioridad.
  2. Proposiciones de ley y enmiendas presentadas con anterioridad, sobre las que se haya apreciado o no incidencia presupuestaria.
  3. Vetos presupuestarios planteados por el Ejecutivo con anterioridad.
  4. Acuerdos de las Mesas de las Cámaras o de las Mesas de las Comisiones adoptados con anterioridad, aceptando o rechazando el veto.
  5. Ley de presupuestos generales con sus anexos a nivel de partida presupuestaria.
- Datos a tratar en un sistema de inteligencia artificial para el control reglado del veto presupuestario:
  1. Sentencias del Tribunal Constitucional sobre control del veto presupuestario, tanto favorables o no favorables a la pretensión de cada recurrente en su caso.
  2. Vetos presupuestarios planteados por el Ejecutivo con anterioridad.
  3. Acuerdos de las Mesas de las Cámaras o de las Mesas de las Comisiones adoptados con anterioridad, aceptando o rechazando el veto.
  4. Ley de presupuestos generales con sus anexos a nivel de partida presupuestaria.
  5. Reclamaciones o reconsideraciones frente a los acuerdos que aceptan la disconformidad gubernamental y acuerdos de las Mesas adoptados al respecto.

A modo de conclusión, reiteramos lo argumentado con anterioridad acerca de la existencia accidental de datos de carácter personal innecesarios en los datos de entrenamiento, y se confirma la tendencia de que la IA aplicada a estos sistemas principalmente, para su operabilidad, necesitará contar con los antecedentes parlamentarios sobre iniciativas similares, pero también con la jurisprudencia constitucional que sirva de base para entrenar el sistema.

VI. EVALUACIÓN DE RIESGOS E IMPACTOS DE UN SISTEMA DE INTELIGENCIA ARTIFICIAL APLICADA A LA FUNCIÓN PRESUPUESTARIA DESDE LA PERSPECTIVA DE LOS DERECHOS FUNDAMENTALES, DESDE LA PROTECCIÓN DE DATOS Y LA CIBERSEGURIDAD

1. *Planteamiento: el papel del responsable del sistema de IA, el del responsable del tratamiento y el del delegado o delegada de protección de datos*

Está claro que un sistema de IA puede generar "*cierta inquietud por los riesgos que puede generar su desarrollo*" (Herrera de las Heras, 2024, 135). El considerando 28 del RIA es muy rotundo al respecto:

"Al margen de los múltiples usos beneficiosos de la IA, esta también puede utilizarse indebidamente y proporcionar nuevas y poderosas herramientas para llevar a cabo prácticas de manipulación, explotación y control social. Dichas prácticas son sumamente perjudiciales e incorrectas y deben estar prohibidas, pues van en contra de los valores de la Unión de respeto de la dignidad humana, la libertad, la igualdad, la democracia y el Estado de Derecho y de los derechos fundamentales consagrados en la Carta, como el derecho a la no discriminación, a la protección de datos y a la intimidad y los derechos del niño."

Y al margen del riesgo de utilización ilícita de sistemas de IA existe otro riesgo en la propia matriz de un sistema de IA que son los sesgos. El documento de la AEPD denominado "10 malentendidos sobre el *machine learning* (aprendizaje automático)" apunta que "[*l*]*os sistemas de ML están sujetos a diferentes tipos de sesgos y algunos de estos provienen de sesgos humanos"*[37], pero también es cierto que pueden existir sesgos algorítmicos, que "[*d*]*e acuerdo con Singer (2019),* (...) *se encuentran en el terreno del debate de lo ético, el cual históricamente se conformó como un campo de pensamiento en ocasiones ajeno a los tecnólogos e ingenieros"* (Ramírez Autrán, 2023, 8) y que según el documento de la AEPD "Requisitos para Auditorías de Tratamientos que incluyan IA": "*se produce en aquellos casos en los que un determinado componente IA produce distintos resultados con relación a los sujetos en función de la pertenencia de este a un colectivo concreto (explícito o ad-hoc) evidenciando un prejuicio subyacente a dicho colectivo"*[38].

Asumiendo que "*ninguna tecnología puede ser considerada neutral"* (Pollicino y Dunn, 2024, 8), el artículo 27 RIA solo contempla para los sistemas de IA de alto riesgo una evaluación de impacto relativa a los derechos fundamentales como obligación de los responsables del despliegue que entre otros elementos identifique los riesgos de perjuicios específicos, las medidas de supervisión y las medidas en caso de materialización de esos riesgos. Razona el considerando 96 del RIA que:

"A fin de garantizar eficazmente la protección de los derechos fundamentales, los responsables del despliegue de sistemas de IA de alto riesgo que sean organismos de Derecho público, o las entidades privadas que presten servicios públicos y los responsables del despliegue de determinados sistemas de IA de alto riesgo enumerados en un anexo del presente Reglamento, como las entidades bancarias o de seguros, deben llevar a cabo una evaluación de impacto relativa a los derechos fundamentales antes de su puesta en funcionamiento."

Ahora bien, el artículo 27.4 RIA señala que:

"Si ya se cumple cualquiera de las obligaciones establecidas en el presente artículo mediante la evaluación de impacto relativa a la protección de datos realizada con arreglo al artículo 35 del Reglamento (UE) 2016/679 o del artículo 27 de la Directiva (UE) 2016/680, la evaluación de impacto rela-

---

37 Página 6 del documento de la AEPD "10 malentendidos sobre el *machine learning* (aprendizaje automático)" (2022) https://www.aepd.es/prensa-y-comunicacion/notas-de-prensa/la-agencia-y-el-supervisor-europeo-lanzan-un-documento-que

38 Página 39 del documento de la AEPD "Requisitos para Auditorías de Tratamientos que incluyan IA" (2021) https://www.aepd.es/prensa-y-comunicacion/notas-de-prensa/aepd-publica-guia-requisitos-auditorias-tratamiento-ia

tiva a los derechos fundamentales a que se refiere el apartado 1 del presente artículo complementará dicha evaluación de impacto relativa a la protección de datos."

De modo que la evaluación de impacto en materia de protección de datos puede resultar el elemento principal al que se suplemente una evaluación en materia de IA cuando se encuentren imbricados datos personales. Por ello, entendemos que es necesario reproducir para estos casos el modelo de la evaluación de impacto pero en forma de auditoría para sistemas de IA que se han identificado como débiles, siguiendo la orientación marcada por la AEPD: "[*e*]*s necesario realizar la auditoría para determinar la adecuación a las exigencias del RGPD y comprobar la validez del tratamiento basado en soluciones de IA*"[39].

En cualquier caso, de acuerdo con la metodología HUDERIA que hemos asumido en este capítulo, procede realizar el análisis de los factores de riesgos y el mapeo de los posibles impactos sobre los derechos humanos, democracia y Estado de Derecho y su priorización (fase 1) y la evaluación de riesgos e impactos del sistema de IA (fase 3).

2. *Evaluación del sistema de inteligencia artificial*

Para la evaluación del sistema de IA y sus riesgos, tendremos en cuenta las orientaciones estructurales de la metodología HUDERIA. Habiendo recopilado el marco normativo y procedimental de la función presupuestaria deben identificarse en primer lugar los factores de riesgo de sistemas de IA aplicados a la misma, siempre advirtiendo desde el comienzo que como indica el informe de la Agencia Europea de Derechos Fundamentales de 2021 titulado "Construir correctamente el futuro. La inteligencia artificial y los derechos fundamentales": "*usar sistemas de IA implica a una gran variedad de derechos fundamentales, independientemente del campo de aplicación*"[40].

---

39 Página 45 del documento de la AEPD "Adecuación al RGPD de tratamientos que incorporan Inteligencia Artificial. Una introducción" (2020) https://www.aepd.es/prensa-y-comunicacion/notas-de-prensa/la-aepd-publica-una-guia-para-adaptar-al-rgpd-los-productos-y

40 Página 5 del documento de la Agencia Europea de Derechos Fundamentales de 2021 titulado "Construir correctamente el futuro. La inteligencia artificial

Aunque la metodología HUDERIA identifica factores de riesgo del contexto, del diseño y desarrollo, y finalmente del despliegue[41], en este capítulo nos centraremos en aquellos factores que conciernen al contexto y al diseño.

El Considerando 67 del RIA señala que "[*l*]*os conjuntos de datos para el entrenamiento, la validación y la prueba, incluidas las etiquetas, deben ser pertinentes, lo suficientemente representativos y, en la mayor medida posible, estar libres de errores y ser completos en vista de la finalidad prevista del sistema*". Teniendo en cuenta los datos de entrenamiento que se han definido necesarios para implementar uno o varios sistemas de IA aplicables a la función presupuestaria, pueden detectarse los siguientes riesgos:

1. *Sesgos de automatización.* En los sistemas de IA que proponemos para la función presupuestaria, en un elevado porcentaje dependen de la información jurisprudencial y antecedentes que se les incorporen. Una incorporación de datos insuficientes provoca el riesgo de padecerse en los datos de salida del sistema de IA de un sesgo de automatización que pueda inclinar la balanza decisoria de una Mesa parlamentaria cuando ejercite el control reglado que supone la calificación. Baste pensar por ejemplo, en la falta de incorporación al sistema de IA de parte de la doctrina que el Tribunal Constitucional ha venido cincelando sobre contenido inadecuado de la ley de presupuestos y el resultado erróneo al que puede conducir. Una decisión de inadmisión de las enmiendas presentadas por un diputado o diputada o grupo parlamentario con la base de una propuesta de acuerdo emanada de un sistema de IA sin datos completos, puede estar viciada de un sesgo algorítmico que podría suponer la conculcación del derecho fundamental a la participación política reconocido en el artículo 23 de la CE. El artículo

y los derechos fundamentales" https://fra.europa.eu/sites/default/files/fra_uploads/fra-2021-artificial-intelligence-summary_es.pdf

41 Página 9 del documento Committee on Artificial Intelligence (CAI) (2024) *Methodology for the risk and impact assessment of artificial intelligence systems from the point of view of human rights, democracy and the rule of law (HUDERIA Methodology).* https://rm.coe.int/cai-2024-16rev2-methodology-for-the-risk-and-impact-assessment-of-arti/1680b2a09f

14.4 b) del RIA introduce para los sistemas de IA de alto riesgo la noción de sesgos de automatización que adaptamos a estos efectos como la desviación o error basada en la confianza en exceso de los resultados de un sistema de IA que servirán de base para una decisión, en nuestro caso, a adoptar por las Mesas del Parlamento o de las Comisiones.

2. *Discriminación algorítmica por falta de anonimización.* Sesgos discriminatorios por inclusión de datos de carácter personal por falta de anonimización en aquellos casos en los que se contengan. Como se ha apuntado anteriormente, es posible que algunos datos de entrada o de entrenamiento según la fase en la que se encuentre un sistema de IA, puedan llegar a contener datos de carácter personal. En el caso de la función presupuestaria, pueden existir antecedentes vinculados a un determinado miembro de una Cámara con decisiones o sentencias distintas de las de otro miembro de la Cámara, por ejemplo, con filiación política distinta. La falta de anonimización podría llevar al sistema de IA a considerar erróneamente que los parámetros decisorios se vinculan a determinadas opciones políticas o que han de ser los mismos en relación con el reclamante en cuestión, tratándose de un proceso constitucional. Ello podría suponer un sesgo en el sistema de IA determinante de inadmisión de una iniciativa parlamentaria con base en los datos de resultado, determinante de una discriminación, al tiempo que puede llegar a cercenar el derecho de participación política en el trámite de calificación.

3. *Falta de supervisión humana.* Una de las características que parecen inherentes a los sistemas de IA aplicados a la función presupuestaria que proponemos, es su dinamismo. La base de su funcionamiento es la incorporación permanente de cualquier elemento innovador que sea determinante para un adecuado planteamiento del resultado de la solución de IA. Va de suyo que el sistema no podrá garantizar la fiabilidad de sus resultados si no cuenta con una supervisión humana que garantice la incorporación, una vez que se despliegue el sistema, de datos de entrada que procedan. Asimismo, como en la práctica totalidad de los casos los datos de resultado del sistema de IA constituyen el fundamento de la labor parlamentaria presu-

puestaria en sus diversas facetas, parece incuestionable que debe existir una monitorización del funcionamiento desde su vertiente material por los letrados y las letradas en garantía de la detección de datos de resultado incongruentes o un aprendizaje automático deficiente.

4. *Falta de explicabilidad.* La explicabilidad de la IA "*es uno de los cuatro principios éticos propuestos por la UE para garantizar una IA que sea digna de confianza*" (Ortiz de Zárate Alcarazo, 2022, 333), lo que en el terreno concreto significa que "[*u*]*n algoritmo es explicable cuando se puede interpretar y entender sin gran dificultad cómo ha obtenido sus predicciones o resultados*" (Almonacid Lamelas, 2024). Aplicado a la función presupuestaria es aun más importante la demanda de explicabilidad pues los sistemas de IA se emplean como "*tecnologías de poder*" (Filgueiras, 2021), y serán determinantes de competencias clave del poder legislativo. En ese sentido debe conectarse esta exigencia con la transparencia y la rendición de cuentas, vectores vinculados al enfoque de gobernanza de parlamento abierto que hemos planteado, y ello porque "[*l*]*a capacidad de ser explicable garantiza que sea posible comprender la cadena de causalidades que tiene lugar dentro de la IA hasta llegar a sus resultados o decisiones finales*" (Ortiz de Zárate Alcarazo, 2022, 335).
5. *Riesgos relacionados con la ciberseguridad.* Al respecto, baste indicar que es posible que el desarrollo del sistema de IA lo efectúe la propia Cámara o, en otro caso, lo encargue mediante contrato a un tercero. En ambos casos, debe tenerse en cuenta que aunque la transparencia casi sea un elemento consustancial a lo parlamentario, ello no puede suponer vulnerabilidad de los sistemas de forma que puedan quedar expuestos a las amenazas de ciberseguridad. Por ello, entendemos que en función del contexto, debe valorarse la situación en la que se encuentra la política de seguridad y valorar si procede adaptarla a la implementación del sistema. Nos remitimos a un apartado específico para ello a continuación.

En definitiva, en clave de derechos fundamentales, este análisis de los riesgos revela una escasa afectación a los derechos fundamentales de protección de datos, porque el derecho fundamental que principalmente se puede ver afectado mediante un sistema de IA referido a este ámbito será exclusivamente el derecho de participación política que se encuentra liza.

Con posterioridad a la fijación de los factores de riesgo, le sucede el proceso de "mapeo", que según la metodología HUDERIA *"permite identificar a las personas o grupos potencialmente afectados y realizar una primera evaluación de las variables clave del riesgo: gravedad (escala, alcance y reversibilidad) y probabilidad"*[42]. En ese sentido nos remitimos a las herramientas que proporciona la metodología HUDERIA sin perjuicio de la aplicación analógica del artículo 27 RIA sobre evaluaciones de impacto relativa a los derechos fundamentales para los sistemas de alto riesgo.

3. Evaluación de impacto en materia de protección de datos

Herrera de las Heras advierte que "[*l*] *a evaluación de impacto no solo se ha implementado para cuestiones ambientales, sino que ha sido también esencial en el ámbito de la protección de datos personales.*" (Herrera de las Heras, 2024, 146). La evaluación de impacto relativa a la protección de datos aparece reflejada en el artículo 35 RGPD en clave de obligación "*en el contexto general para el responsable de gestionar adecuadamente los riesgos derivados del tratamiento de datos*" (Auzmendi del Solar y Mayor Gómez, 2023, 143).

De acuerdo con el artículo 35.2 RGPD el delegado o delegada de protección de datos ha de asesorar al responsable en la realización de la evaluación de impacto, pero también "*debe controlar la realización de la EIPD, tal como reza el artículo 39.1 c) RGPD, lo cual supone una implicación directa en el proyecto*" (Auzmendi del Solar y Mayor Gómez, 2023, 149).

No hemos proporcionado argumentos suficientes que sitúen en la necesidad de realizar una evaluación de impacto acuerdo con el artículo 35.3 RGPD ante la implantación de uno o varios sistemas de IA aplicados a la función presupuestaria. No en vano, consideramos

42 Página 9 del documento Committee on Artificial Intelligence (CAI) (2024) *Methodology for the risk and impact assessment of artificial intelligence systems from the point of view of human rights, democracy and the rule of law (HUDERIA Methodology).* https://rm.coe.int/cai-2024-16rev2-methodology-for-the-risk-and-impact-assessment-of-arti/1680b2a09f

deseable que el delegado o delegada de protección de datos tenga intervención en la fase de diseño del sistema de IA, en el ejercicio de las funciones de asesoramiento que le corresponden.

Por ello, consideramos adecuado que se efectúe una evaluación de impacto en materia de protección de datos, teniendo en cuenta que aunque el art. 35.1 RGPD reserve este instrumento cuando el uso de las nuevas tecnologías entrañe un alto riesgo, parece que la innovación que supone en la dinámica de procedimientos implica una evaluación global de los tratamientos. Y a título de ejemplo, parece conveniente que se verifiquen los protocolos establecidos para la integración de la documentación en un sistema de IA en aras a determinar si se siguen los principios de la privacidad en el diseño en la selección de los datos de entrenamiento o de entrada, en su caso.

4. La evaluación de la necesidad de actualizar la política de seguridad

Todo lo dicho hasta ahora pone de manifiesto que la incorporación de sistemas de IA en la función presupuestaria de los Parlamentos plantea nuevos desafíos en materia de seguridad, tanto desde una perspectiva técnica como normativa. Estos desafíos exigen una reflexión profunda sobre la suficiencia de los marcos de seguridad vigentes y sobre la necesidad de su actualización a la luz de los riesgos emergentes asociados al uso de tecnologías avanzadas en entornos institucionales.

En el contexto de la Unión Europea y en el ordenamiento jurídico español, la protección de los datos, la integridad de los sistemas y la transparencia de la tramitación de las leyes presupuestarias se erigen en principios fundamentales que deben ser preservados frente a las potenciales amenazas derivadas del uso de la IA.

En primer lugar, la automatización de tareas mediante IA introduce nuevos vectores de riesgo en los sistemas parlamentarios. Estos riesgos que ya han sido analizados *ut supra*, exigen un escrutinio riguroso de la arquitectura de seguridad vigente en cada uno de los parlamentos. En consecuencia, resultaría imprescindible revisar los protocolos de autenticación, trazabilidad y auditoría de los sistemas informáticos empleados en la función presupuestaria, con el fin de garantizar su resiliencia ante amenazas internas y externas.

En segundo término, el marco normativo europeo y español hasta ahora comentado impone obligaciones específicas en relación con la gestión de riesgos tecnológicos, la seguridad de los datos y la supervisión humana de los sistemas automatizados. Por ello la integración de la IA en la función presupuestaria de los parlamentos exigiría una evaluación sustantiva de los principios de proporcionalidad, necesidad y rendición de cuentas. Este examen ha de extenderse a las políticas internas de seguridad informática del Parlamento, considerando su adecuación a los estándares europeos y su capacidad para dar respuesta a las exigencias de transparencia y control democrático.

Finalmente, la evolución constante de las capacidades de la IA, así como la creciente complejidad de las amenazas cibernéticas, requiere el establecimiento de mecanismos dinámicos de actualización normativa y procedimental. Las políticas de seguridad no pueden concebirse como documentos estáticos, sino como instrumentos vivos que deben ser objeto de revisiones periódicas, especialmente en contextos de alta sensibilidad institucional como el parlamentario. Asimismo, sería aconsejable que en aquellos parlamentos donde todavía no existe, se crearan comités técnicos mixtos —formados por personas expertas en derecho, ciberseguridad y tecnologías emergentes— encargadas de emitir recomendaciones sobre la adecuación y mejora continua de dichas políticas.

La transformación digital de la función presupuestaria parlamentaria mediante herramientas de IA exige una evaluación continua y rigurosa de las políticas de seguridad que han de establecerse conforme a lo dispuesto en el artículo 12 del Real Decreto 322/2022, de 3 de mayo, por el que se regula el Esquema Nacional de Seguridad. A tal fin, consideramos fundamental volver a examinar la seguridad de la organización, en este caso la Cámara, con el diseño de sistemas de IA aplicados a la función presupuestaria, para lo que la Guía de Seguridad (CCN-STIC-805) del Centro Criptológico Nacional es un elemento de referencia. Esta actualización no debe limitarse a aspectos técnicos, sino que ha de inscribirse en una estrategia institucional más amplia, alineada con los principios del ordenamiento jurídico de la Unión Europea y del sistema constitucional español. Solo mediante una política de seguridad proactiva, adaptativa y jurídicamente sólida será posible garantizar un uso seguro, legítimo y democrático de la IA en el ejercicio de las funciones parlamentarias y muy especialmente en la función presupuestaria.

VII. BIBLIOGRAFÍA

Agencia Europea de Derechos Fundamentales (2021) *Construir correctamente el futuro. La inteligencia artificial y los derechos fundamentales https://fra.europa.eu/sites/default/files/fra_uploads/fra-2021-artificial-intelligence-summary_es.pdf*

Agencia Española de Protección de Datos (2019) Orientación para la aplicación provisional de la disposición adicional séptima de la LOPDGDD https://www.aepd.es/documento/orientaciones-da7.pdf

Agencia Española de Protección de Datos (2020) *Adecuación al RGPD de tratamientos que incorporan Inteligencia Artificial. Una introducción* https://www.aepd.es/prensa-y-comunicacion/notas-de-prensa/la-aepd-publica-una-guia-para-adaptar-al-rgpd-los-productos-y

Agencia Española de Protección de Datos (2021) *Requisitos para Auditorías de Tratamientos que incluyan IA* https://www.aepd.es/prensa-y-comunicacion/notas-de-prensa/aepd-publica-guia-requisitos-auditorias-tratamiento-ia

Agencia Española de Protección de Datos (2022) *10 malentendidos sobre el machine learning (aprendizaje automático)* https://www.aepd.es/prensa-y-comunicacion/notas-de-prensa/la-agencia-y-el-supervisor-europeo-lanzan-un-documento-que

ALMONACID LAMELAS, V. (27-08-2024): Impacto transformador de la inteligencia artificial en la Administración Pública. *El Derecho.com,* https://elderecho.com/impacto-transformador-de-inteligencia-artificial-en-administracion-publica

ALONSO-ROBISCO, A. y CARBÓ, J. M. (2022): *Inteligencia artificial y finanzas: una alianza estratégica,* Documentos Ocasionales nº 2222. Banco de España, Madrid.

ARAÚJO DÍAZ DE TERÁN, M. (2023): "La privacidad desde el diseño en el ámbito parlamentario" en DE ALBA BASTARRECHEA, E. (coord.) *La protección de datos en el ámbito parlamentario. Guía práctica para legisladores y funcionarios,* Asociación de Delegados y Delegadas de Protección de Datos de Parlamentos, Bilbao.

AUZMENDI DEL SOLAR, M., y MAYOR GÓMEZ, R.(2023): "Evaluación de impacto en protección de datos en los Parlamentos", en De Alba Bastarrechea, Esther (coord.) *La protección de datos en el ámbito parlamentario. Guía práctica para legisladores y funcionarios,* Asociación de Delegados y Delegadas de Protección de Datos de Parlamentos, Bilbao.

Axencia para a Modernización Tecnolóxica de Galicia (2023) *Guía práctica para la gestión de la Inteligencia Artificial en las Administraciones Públicas* https://amtega.xunta.gal/es/guia-practica-para-la-gestion-de-la-IA-en-las-AAPP

BALAGUER CALLEJÓN, F. (2023): "La constitución del algoritmo. El difícil encaje de la constitución analógica en el mundo digital", en BALAGUER CALLEJÓN, F. y COTINO HUESO, L. (coords.) *Derecho Público de la Inteligencia Artificial,* Fundación Manuel Giménez Abad de Estudios Parlamentarios y del Estado Autonómico, Zaragoza.

CASAR CORREDERA, J. R. (2023): "Inteligencia artificial generativa", *Anales de la Real Academia de Doctores de España,* 8, 3, 457-489.

Committee on Artificial Intelligence (CAI) (2024) *Methodology for the risk and impact assessment of artificial intelligence systems from the point of view of human rights, democracy and the rule of law (HUDERIA Methodology).* https://rm.coe.int/cai-2024-16rev2-methodology-for-the-risk-and-impact-assessment-of-arti/1680b2a09f

CORCUERA TORRES, A. (2012): "Los principios presupuestarios", Universitat Oberta de Catalunya en https://openaccess.uoc.edu/bitstream/10609/62546/3/Actividad%20financiera%20y%20gastos%20p%C3%BAblicos_M%C3%B3dulo%203_Los%20principios%20presupuestarios.pdf

DORMIDO BENCOMO, S y DE LA CRUZ GARCÍA, J. M. (1989): "Inteligencia artificial pasado, presente y futuro", *Aldaba: revista del Centro Asociado a la Uned de Melilla,* 14, 9-22.

ECHEVERRÍA, J. y UNCETA, A. (2014): "Tecnologías de la información y la comunicación y nuevas formas de participación ciudadana" en PAU I VALL, F. (coord.) *El Parlamento ante la crisis. XX Jornadas de la Asociación Española de Letrados de Parlamentos,* Madrid, Tecnos, 91-102.

ESTID ALVARADO ROJAS, M. (2015): "Una mirada a la inteligencia artificial", *Revista Ingeniería, Matemáticas y Ciencias de la Información,* 2, 3, 27-31.

FILGUEIRAS, F. (2021): "Inteligencia Artificial en la administración pública: ambigüedad y elección de sistemas de IA y desafíos de gobernanza digital", *Revista del CLAD Reforma y Democracia,* 79,

GARCÍA MAJADO, P. (2024): "Inteligencia artificial, predicciones y funciones normativas", *UNED. Teoría y Realidad Constitucional,* 54, 421-447.

GARCÍA MEXÍA, P. y PEREIRA GONZÁLEZ, M. (2018): "Parlamento y Ejecutivo en la era digital ¿hacia la autonomía tecnológica de las Cámaras?" *Revista De Las Cortes Generales,* (105), 247-270.

GARCÍA SALAS, F. J. (2025): "Normativa aplicable a la IA en contratación pública", *Revista Contratación Administrativa Práctica,* LA LEY, 133-138.

GUILLEM CARRAU, J. (2024): "Inteligencia artificial y parlamentos modernos", *Corts. Anuari de Dret Parlamentari,* 38, 77-114.

HERRERA DE LAS HERAS, R. (2024): "La evaluación de impacto de los sistemas de alto riesgo de inteligencia artificial que puedan afectar a personas mayores", *Revista Internacional de Doctrina y Jurisprudencia,* 32, 135-153.

Informe de la AEPD 451/2006 sobre publicación de datos de carácter personal en Sentencia del Tribunal Constitucional https://www.aepd.es/documento/2006-0451.pdf

LÓPEZ HERNÁNDEZ, F. J. (2022): "Los Presupuestos Generales y los límites a la función legislativa en España", *Revista Anuario Parlamento Y Constitución,* 23, 96-152.

LÓPEZ HERNÁNDEZ, F. J. (2024): "Indicadores de parlamento abierto en las asambleas regionales de los estados de la Unión Europea" *Legebiltzarreko Aldizkaria - LEGAL - Revista del Parlamento Vasco,* 5, 22-61.

LÓPEZ DE MÁNTARAS, R. y BRUNET CROSA, P. (2023): "¿Qué es la inteligencia artificial?", *Papeles de relaciones ecosociales y cambio global,* 164 (Riesgos, ventajas y repercusiones de la Inteligencia Artificial, Ejemplar dedicado a: Inteligencia Artificial), 13-21.

MEDEL MARABOLÍ, C. J. y WILLIAMS OBREQUE, G. A. (2024): "Uso de la Inteligencia Artificial en Parlamentos. Experiencia comparada", *Biblioteca del Congreso Nacional de Chile / BCN. Asesoría Técnica Parlamentaria.*

MEDINA GUERRERO, M. (2022): "El derecho a conocer los algoritmos utilizados en la toma de decisiones. Aproximación desde la perspectiva del derecho fundamental a la protección de datos personales", *UNED. Teoría y Realidad Constitucional,* 49, 141-171.

MERINO MERCHÁN, J. F, y DE LA PEÑA RODRÍGUEZ, L. (1991): "Las facultades de calificación de las enmiendas por las Mesas de las Cámaras", *Revista de las Cortes Generales,* 23, 133-152).

Ministerio para la Transformación Digital y de la Función Pública (2024) *Estrategia de Inteligencia Artificial 2024* https://portal.mineco.gob.es/es-es/digitalizacionIA/Documents/Estrategia_IA_2024.pdf

Ministerio de Trabajo y Economía Social del Gobierno de España (2022) *Información algorítmica en el ámbito laboral. Guía práctica y herramienta sobre la obligación empresarial de información sobre el uso de algoritmos en el ámbito laboral* https://www.mites.gob.es/ficheros/ministerio/inicio_destacados/Guia_Algoritmos_ES.pdf

MÚJICA-SEQUERA, R. M. (2024): "Clasificación de las Herramientas de la Inteligencia Artificial en la Educación" *Revista Internacional Tecnológica-Educativa Docentes 2.0,* 17, 1, 31-40.

ORTIZ DE ZÁRATE ALCARAZO, L. (2022): "Explicabilidad (de la inteligencia artificial)", *Eunomía. Revista en Cultura de la Legalidad,* 22, 328-344.

ORTIZ DE ZÁRATE ALCARAZO, L. (2023): "Sesgos de género en la inteligencia artificial", *Revista de Occidente,* 502, 5-20.

POLLICINO, O. y DUNN, P. (2024): *Intelligenza artificiale e democrazia. Opportunità e rischi di disinformazione e discriminazione.* Milano, Bocconi University Press.

QUIÑONEZ-CERCADO M. P., BELLANEIRA JALCA ALVARADO, T., LEÓN RIVERA, K. y JHAMILETH GARZÓN MOREIRA, T. (2025): "Revolución algorítmica ¿cómo la IA generativa está transformando la investigación de mercados?", *Ciencia y Desarrollo. Universidad Alas Peruanas,* 28, 1, 621-629.

RAMÍREZ AUTRAN, R. (2023): "Sesgos y discriminaciones sociales de los algoritmos en Inteligencia Artificial: una revisión documental", *Entre-textos,* 15, 39, 1-17.

REDBOND, C. (12 de octubre de 2023) IA generativa vs. IA predictiva, *SS&C Blue Prism* https://www.blueprism.com/resources/blog/generative-ai-vs-predictive-ai/

RIBES RIBES, A. (2018): "Lección 3. El ciclo presupuestario I: Elaboración y aprobación de los Presupuestos Generales del Estado", en MARTÍNEZ GINER, L. A. (coord.), *Manual de Derecho Presupuestario y de los Gastos Públicos,* Valencia, Tirant lo Blanch, 3ª ed.

RUBIO NÚÑEZ, R. y VELA NAVARRO-RUBIO, R. (2017): *El parlamento abierto en el mundo, evolución y buenas prácticas. 125 instrumentos de apertura parlamentaria.* Zaragoza, Fundación Manuel Giménez Abad de Estudios Parlamentarios y Estado Autonómico.

SCHMARZO, B. (14 de julio de 2024) Synergy of Generative, Analytical, Causal, and Autonomous AI, *Data Science Central* https://www.datasciencecentral.com/synergy-of-generative-analytical-causal-and-autonomous-ai/

SESEÑA SANTOS, L. (2023) "El Parlamento como responsable del tratamiento", en DE ALBA BASTARRECHEA, E. (coord.) *La protección de datos en el ámbito parlamentario. Guía práctica para legisladores y funcionarios,* Asociación de Delegados y Delegadas de Protección de Datos de Parlamentos, Bilbao.

TEJEDOR-ESTUPIÑÁN, J. M. (2024) "Inteligencia artificial para la investigación económica", *Revista Finanzas y Política Económica,* 16, 1, 9-16.

TRONCOSO LORA, A. (2022): "Inteligencia artificial: pasado, presente y futuro", *Encuentros Multidisciplinares,* 70, 1-12.

TUDELA ARANDA, J. (2023): "Gobierno, Parlamento, democracia e inteligencia artificial" *UNED. Teoría y Realidad Constitucional,* 52, 303-333.

Unión Interparlamentaria (UIP) y Asociación de Secretarios Generales de Parlamentos (ASGP) (2023): *Guía sobre la transformación digital en los parlamentos.*

Unión Interparlamentaria (UIP) (2024): *El uso de la IA generativa en los parlamentos.*

La Inteligencia Artificial en la función de impulso parlamentario

MERCÈ ARDERIU I USART
Letrada del Parlamento de Catalunya

SUMARIO: I. INTRODUCCIÓN. LA IA EN LOS PARLAMENTOS. II. LA CONSECUCIÓN DE UN SISTEMA DE IA FIABLE EN LOS PARLAMENTOS. 1. Control humano para garantizar los derechos fundamentales. 2. Robustez técnica y seguridad del sistema de IA. 3. Calidad e integridad de los datos. 4. Transparencia. 5. Diversidad, no-discriminación y equidad. 6. Respeto de la democracia, de bienestar social y medioambiental. 7. Responsabilidad. 8. Reducción al mínimo de los riesgos y documentación de las incidencias negativas. 9. Previsión de una vía de recurso. III. RIESGOS Y ACTIVIDADES PROHIBIDAS. 1. Prácticas prohibidas. 2. La gestión de los riesgos y los sesgos en la aplicación de la IA. IV. EL DERECHO FUNDAMENTAL A LA PROTECCIÓN DE DATOS PERSONALES Y A LA INTIMIDAD. V. EL USO DE LA IA EN LA FUNCIÓN DE IMPULSO DE LA ACCIÓN POLÍTICA Y DE GOBIERNO. VI. BIBLIOGRAFÍA.

RESUMEN: La IA puede ser una herramienta fundamental para la mejora del funcionamiento del sistema democrático y político en general y de la actividad parlamentaria en particular. En concreto en la función de impulso de la acción política y de gobierno, con la consecución de una mejor técnica y calidad normativas si el sistema de IA reúne las debidas garantías en cuanto al respeto de los derechos fundamentales y la debida robustez técnica y de seguridad para reducir los riesgos, en el bien entendido que la institución parlamentaria debe velar por el cumplimiento de dichas exigencias. En el momento actual la visión cortoplacista de la clase política condicionada por los procesos electorales puede encontrar el contrapunto en la IA que podrá permitir a los servicios incrementar cualitativa y cuantitativamente el volumen de trabajo por lo que se hace necesario empezar a incorporar los medios en la administración parlamentaria para integrar dicho sistema.

ABSTRACT: AI can be a fundamental tool for improving the functioning of the democratic and political system in general and parliamentary activity in particular. Specifically in the function of driving political and government action, with the achievement of better technical and regulatory quality if the AI system meets the necessary guarantees in respect of fundamental rights and the necessary technical and security robustness to reduce risks, in the understanding that the parliamentary institution must ensure that these requirements are met. In the current moment, the short-term vision of the political class conditioned by the electoral processes can find the counterpoint in the AI that will allow the services to increase the volume of work qualitatively and quantitatively so it is necessary to start incorporating the means in the parliamentary administration to integrate this system.

PALABRAS CLAVE: Inteligencia Artificial, sistemas de Inteligencia Artificial, Parlamento, funciones de impulso parlamentario, interpelaciones, resoluciones, preguntas y debates.

KEY WORDS: Artificial Intelligence, AI system, Parliament, functions of promoting political action and government, interpellation, resolution and debate or discussion.

I. INTRODUCCIÓN. LA IA EN LOS PARLAMENTOS

En la era digital actual la IA supone una herramienta fundamental para transformar diversos ámbitos de la sociedad, incluyendo la actividad parlamentaria. Esta tecnología permite optimizar procesos, mejorar la eficiencia en la toma de decisiones y la transparencia en la supervisión de la acción de gobierno.

Existen distintos tipos de IA. Desde un punto de vista jurídico la IA que reviste un mayor interés es la inteligencia artificial generativa que es, a grandes rasgos, la que permite crear nuevos textos, imágenes u otros datos a partir del uso de un gran volumen de datos, también llamados "grandes modelos de lenguaje". Los modelos de IA generativa analizan los esquemas y las estructuras de las informaciones y generan a partir de ellos nuevos datos con características similares, es decir, aceleran el proceso de creación de contenido y suponen, por tanto, una nueva forma de creación de textos y documentos. Ello no obstante dicho proceso generativo puede crear contenido que sea potencialmente falso o malicioso por lo que debe ser objeto de un estrecho control y revisión por parte de quien maneja dicho recurso. Es decir, existen unos riesgos que deben ser gestionados y también unas prácticas prohibidas. Por una parte, la IA no es aún fiable al 100%, los resultados pueden sufrir sesgos por ejemplo por razón de sexo, género u origen étnico, entre otros, por lo que su uso debe, por el momento, ser supervisado.

En un horizonte próximo, la inteligencia artificial se incorporará de forma generalizada en las instituciones parlamentarias y ello significará una importante decisión estratégica. Como señala un compañero letrado "*su impacto en las funciones parlamentarias va a manifestarse en tres probables campos de actuación: mejora de la eficiencia y efectividad de los procesos administrativos y legislativos, refuerzo de la calidad y la consistencia de la legislación e incremento de la transparencia para la ciudadanía*"[1].

La Unión Europea ya tiene regulada dicha materia en el Reglamento UE 2024/1689 del Parlamento Europeo y del Consejo de 13 de junio de 2024 por el que se establecen normas armonizadas en materia de inteligencia artificial y por el que se modifican los Reglamentos (CE) nº 300/2008, (UE) nº 167/2013, (UE) nº 168/2013, (UE) 2018/858, (UE) 2018/1139 y (UE) 2019/2144 y las Directivas 2014/90/UE, (UE) 2016/797 y (UE) 2020/1828 (en adelante Reglamento de IA).

Una cuestión particularmente compleja fue el establecimiento de la definición de Inteligencia Artificial. Se consideró en su momento que el concepto de sistema de IA debía armonizarse con las organizacionales internacionales que trabajan en la materia, a fin de que hubiera un acuerdo respecto al contenido de dicho concepto y que fuera lo más amplio posible para garantizar la seguridad jurídica. Además, debía basarse en las principales características de los sistemas de IA que se distinguen de los sistemas de software o de otras programaciones en que tienen una gran capacidad de inferencia. Esta capacidad de inferencia significa que el sistema de IA a partir de una determinada información de entrada o de unos datos puede obtener resultados como predicciones, contenidos, recomendaciones o decisiones. Es decir, que la capacidad de inferencia va más allá de un puntual resultado, comporta un proceso de aprendizaje por parte del sistema que permite, a partir de los datos, alcanzar determinados objetivos, estrategias o resultados basados en la lógica o el conocimiento. El sistema de IA puede funcionar incluso con cierta autonomía respecto de los humanos, es decir, tiene capacidad para actuar sin intervención humana, lo cual, lógicamente, puede entrañar importantes riesgos para el ser humano. Es por ello que la regulación de la IA es muy necesaria y aún más que esta sea lo más homogénea posible. Como señala el propio Reglamento de Inteligencia Artificial "*se necesita un marco jurídico de la*

---

1 Carrau, Javier: p. 80

Unión que establezca unas normas armonizadas en materia de IA para impulsar el desarrollo, la utilización y la adopción en el mercado interior de la IA y que, al mismo tiempo, ofrezca un nivel elevado de protección de los intereses públicos como la salud y la seguridad y la protección de los derechos fundamentales, incluidos la democracia, el Estado de Derecho y la protección del medio ambiente" (Considerando 8). Para ello es necesario que "*se establezcan normas que regulen la introducción en el mercado, la puesta en servicio y la utilización de determinados sistemas de IA, lo que garantizará el buen funcionamiento del mercado interior*" (ídem). En concreto, el Reglamento de IA define la IA como "*un sistema basado en una máquina que está diseñado para funcionar con distintos niveles de autonomía y que puede mostrar capacidad de adaptación tras el despliegue, y que, para objetivos explícitos o implícitos, infiere de la información de entrada que recibe la manera de generar resultados de salida, como predicciones, contenidos, recomendaciones o decisiones, que pueden influir en entornos físicos o virtuales*" (Art. 3, ap. 1).

El uso de la IA en el ámbito parlamentario y, en concreto, en la función de impulso parlamentario, supone un salto cualitativo hacia un modelo más ágil, transparente y participativo y con mejor técnica y calidad normativas. La IA puede consolidarse como una herramienta poderosa para optimizar diversos procesos relacionados con el impulso parlamentario y, también, en la función de control de la acción de gobierno, estrechamente relacionada con la anterior, ya que puede mejorar la eficacia, la agilidad y la transparencia. Los mecanismos clave en este contexto incluyen las interpelaciones, las mociones, las resoluciones y las resoluciones subsiguientes a otras iniciativas parlamentarias. Esto no obstante, el uso de dicha técnica no está exenta de determinados impactos y riesgos que deben analizarse y valorar debidamente y de los cuales se hará un resumido análisis en el presente capítulo.

II. LA CONSECUCIÓN DE UN SISTEMA DE IA FIABLE EN LOS PARLAMENTOS

En las "Líneas directrices para una IA en los Parlamentos"[2] se encuentra el modelo a seguir para el establecimiento de un sistema de

2 Unión interparlamentaria, diciembre 2024.

IA seguro, ético y fiable. Una IA fiable conlleva tres elementos que deben concurrir en todo momento: licitud, ética y seguridad. En primer lugar, la licitud, asegurando el respeto a la legislación aplicable; en segundo lugar, el uso de la IA debe ser ética y, en tercer lugar, debe ser robusta y segura en el ámbito técnico y social. El objeto de estas líneas es proponer orientaciones relativas a las aplicaciones de la IA en general, adaptándolas al caso concreto de la actividad parlamentaria. Resulta evidente que un sistema de IA para realizar un diagnostico médico no conlleva los mismos riesgos y vulnerabilidades que un sistema de IA para la elaboración de preguntas parlamentarias. Ello significa que, de forma previa a la puesta en marcha de un sistema de IA digno de confianza y fundamentado en los derechos fundamentales consagrados tanto en la Constitución española como en la Carta de Derechos Fundamentales de la UE y el Convenio Europeo de Derechos Humanos del Consejo de Europa, deberá valorarse su impacto en los mismos para descartar cualquier posible infracción o discriminación.

En cuanto a la licitud, el sistema de IA que se implemente en el Parlamento deberá adaptarse a un conjunto de normas vinculantes a nivel nacional, europeo e internacional que se aplican desde el inicio en el marco de la puesta a punto del sistema, del desarrollo y la utilización de los sistemas de IA. Las fuentes del derecho pertinentes comprenden el derecho primario de la Unión, el derecho derivado como el Reglamento de Protección de datos, las directivas antidiscriminación, la Directiva "Máquinas", la Directiva sobre la responsabilidad de los productos y relacionadas, así como los tratados en materia de derechos humanos de Naciones Unidas, del Consejo de Europa y numerosas legislaciones de los Estados miembros de la UE. Por otra parte, además de las reglas aplicables de forma transversal existen otras aplicables a un ámbito en particular como el Reglamento relativo a los dispositivos médicos en el sector sanitario.

En segundo lugar, deberán seguirse las directrices para conseguir una IA ética y fuerte. El conjunto de los derechos y obligaciones aplicables a los procesos y actividades que forman parte de la puesta a punto, del desarrollo y de la utilización de la IA tienen un carácter obligatorio y deben cumplirse estrictamente. Dicho requisito no siempre resulta aplicable por cuanto algunas evoluciones tecnológicas no guardan relación con ninguna cuestión ética, pero en el caso de los sistemas de IA a menudo plantean dilemas éticos o, incluso, metafísicos por cuanto el propio sistema de IA puede llegar a superar y controlar al ser humano. Para merecer confianza los sistemas de IA deben ser por ello éticos y mantenerse dentro de los márgenes fijados por las normas éticas.

Y, en tercer lugar, la IA debe ser segura, garantizada y fiable y deben preverse garantías para evitar incidencias involuntarias con resultados negativos. La robustez debe ser técnica y social teniendo en cuenta el contexto y el ámbito en el cual debe funcionar el sistema. Las exigencias deben aplicarse a todos los participantes en el proceso. El término “desarrollador” designa a las personas que efectúan la investigación sobre los sistemas de IA y que conciben y ponen a punto los sistemas. El término “prestatario” designaría en este caso al Parlamento que utiliza el sistema de IA en su actividad. Los “usuarios” finales son las personas que interactúan directamente o indirectamente con el sistema de IA.

Estas distintas categorías de personas deben controlar que se respetan las exigencias y requisitos del sistema de IA desde la parte del proceso en que interviene cada uno. Todos los requisitos o exigencias se interrelacionan y revisten una importancia esencial. Deben ser aplicados y evaluados a lo largo del ciclo de vida del sistema de IA.

La lista de las exigencias es la siguiente:

1. Control humano para garantizar los derechos fundamentales

Los sistemas de IA deben garantizar la autonomía en la toma de decisiones humanas, conforme al principio del respeto de dicha autonomía humana en base al que los sistemas de IA deberían ser a la vez los vectores de una sociedad democrática, próspera y equitativa que debe estar al servicio del usuario y proteger los derechos fundamentales.

Los usuarios deben poder tomar decisiones autónomas en relación a los sistemas de IA. Ello significa tener los conocimientos y herramientas para comprender estos sistemas y poder interactuar con ellos de forma satisfactoria. Los sistemas de IA deben ayudar a las personas usuarias a tomar mejores decisiones y a escoger opciones más satisfactorias en relación a sus objetivos. Debe tenerse en cuenta que los sistemas de IA pueden ser desarrollados para modelar e influir en la conducta humana mediante procedimientos difíciles de detectar para el género humano, incluso influyendo en el subconsciente humano, lo que puede conllevar conductas humanas desprovistas de autonomía e independencia. En este sentido es de una importancia crucial el derecho de los usuarios a no ser objeto de una decisión fundamentada exclusivamente en un tratamiento automatizado cuando éste puede provocar efectos jurídicos o de similar importancia. Esta prohibición ya está prevista en el art. 22 del RGPD según el que *"cualquier interesado tiene derecho a no ser objeto de una decisión basada únicamente en el tratamiento automatizado, incluida la elaboración de perfiles, que produzca efectos jurídicos que lo afecten o que lo afecten significativamente de forma similar"*. El control humano evita que un sistema de IA ponga en peligro la autonomía personal o que provoque otros efectos adversos. En consecuencia, debe incorporarse el control humano en las normas y procedimientos de gobernanza de estos sistemas, en concreto mecanismos de control a diferentes niveles para aplicar las medidas de seguridad en función del ámbito de aplicación del sistema y del riesgo potencial.

En relación a los derechos fundamentales, debe indicarse que los sistemas de IA se distinguen por la dualidad en sus efectos, es decir, pueden favorecerlos o bien suponer un obstáculo o restricción para su ejercicio pleno. En algunos casos, los sistemas de IA permitirán, por ejemplo, al usuario hacer un seguimiento de sus datos personales y controlar su protección o bien descubrir que ha sido vulnerado su derecho fundamental a la protección de datos. Teniendo en cuenta que dichos riesgos existen deberá realizarse, previamente a la puesta en marcha del sistema, un informe de impacto relativo a los derechos fundamentales. El análisis de impacto debe consistir en una evaluación destinada a determinar los riesgos existentes para los derechos fundamentales e intentar, en su caso, minimizarlos o eliminarlos, o, en el caso de no ser posible justificar su existencia como necesaria en una sociedad democrática para respetar los derechos y libertades de otros. En consecuencia, deberá aplicarse la doctrina jurisprudencial del Tribunal Europeo de Derechos Humanos [TEDH] para considerar la legitimidad o no de ciertas restricciones de los derechos fundamentales: previsión por ley, necesidad de la medida restrictiva en una sociedad democrática y objetivo legítimo.

Los sistemas de IA que se utilicen en el ámbito parlamentario deben garantizar el respeto a la vida privada y la protección de los datos personales a lo largo del ciclo de vida del sistema. Ello comprende los datos o información inicialmente suministrada, así como la información o datos generados como resultado por el sistema. La aplicación de un sistema de IA puede permitir no sólo conocer las preferencias de una persona sino también su orientación sexual, edad, sexo, convicciones religiosas u opiniones políticas. Es por ello que una de las condiciones esenciales para la implantación de un sistema de IA es establecer medidas técnicas y de seguridad para que las personas afectadas tengan confianza en el sistema en el momento en que se recojan sus datos. Los interesados deben tener la garantía de que sus datos personales no serán utilitzados para finalidades discriminatorias, de forma ilícita o injusta. El respeto a la vida privada es un derecho fundamental particularmente sensible a las incidencias de los sistemas de IA. La prevención de toda vulneración al derecho a la vida privada requiere del Parlamento una gobernanza apropiada de los datos que debe tener como objetivo la calidad y la integridad de los datos, su adecuación en relación a los sistemas de IA que se desarrollen en el ámbito parlamentario, sus protocolos de acceso y la capacidad de tratar los datos de tal forma que proteja la vida privada. En este sentido puede destacarse la legislación existente relativa a la vida privada y la protección de datos personales como el RGPD y el futuro reglamento sobre vida privada y comunicación electrónica[3].

2. *Robustez técnica y seguridad del sistema de IA*

Una característica esencial para conseguir una IA digna de confianza es la robustez técnica, que está estrechamente vinculada al principio de la prevención de todo ataque. Engloba la resiliencia a los ataques y la seguridad, los planes de rescate, la precisión y la fiabilidad.

---

[3] Propuesta de Reglamento del Parlamento Europeo y del Consejo sobre el respeto de la vida privada y la protección de los datos personales en el sector de las comunicaciones electrónicas y por el que se deroga la Directiva 2002/58/CE (Reglamento sobre la privacidad y las comunicaciones electrónicas)

La fortaleza técnica debe obtenerse partiendo de una política de prevención de riesgos impidiendo, en la medida de lo posible, los ataques involuntarios. El sistema de IA debe estar protegido frente a las vulnerabilidades que podrían permitir que el sistema fuera pirateado, los datos falseados o bien el modelo o la infraestructura subyacente, es decir, cuando un sistema de IA es objeto de un ataque el comportamiento de los datos puede ser modificado lo que conduce al sistema a tormar decisiones distintas e incluso a paralizarse. Por ello es sumamente importante la seguridad técnica del sistema de IA.

Adicionalmente, en toda organización que trata datos personales deben implantarse protocolos de datos que regulen el acceso a dichos datos. Estos procedimientos deben indicar quién puede tener acceso a los datos y en qué circunstancia. Sólo el personal debidamente cualificado que tenga las competencias necesarias y justifique la necesidad de acceder a los datos personales debería estar autorizado.

La precisión también es una característica técnica que es sumamente importante porque supone para el sistema de IA realizar un juicio de valor correcto entre distintas posibilidades clasificando correctamente las informaciones o bien realizar previsiones, recomendaciones o decisiones correctas. Otra característica técnica del sistema debe ser la fiabilidad y reproductibilidad. Un sistema es fiable cuando funciona con una amplia gama de datos de entrada y en un gran abanico de situaciones diversas. La reproductibilidad es una indicación de la medida en la que un sistema de IA, en el marco de los ensayos repetidos en las mismas condiciones, reproduce un comportamiento similar. Los ficheros de reproducción son, por tanto, ficheros que reproducirán cada etapa del proceso de puesta a punto del sistema de IA, desde la fase de la investigación y de la recogida de datos hasta la fase de obtención de resultados finales y, con ello, facilitan la tarea del ensayo y de reproducción de los comportamientos.

3. Calidad e integridad de los datos

La calidad del conjunto de datos utilizados es esencial para el buen funcionamiento de los sistemas de IA. La recogida de datos puede estar afectada por sesgos de orden social, imprecisiones, faltas o errores. Es necesario tener en cuenta dicho elemento antes de utilizar un conjunto de datos para implantar un sistema de IA. Por otra parte, también la integridad de los datos debe estar asegurada. Si los datos utilizados en un sistema de IA son falsos pueden conducir a resultados no deseados. En consecuencia, la calidad e integridad de los datos deben estar aseguradas. Ello significa que los procesos de recogida e introducción de datos en el sistema deben estar probadas y aseguradas en cada etapa del proceso aplicando dichas medidas en cada etapa del proceso.

4. Transparencia

Comprende la trazabilidad, la explicabilidad y la comunicación. La trazabilidad está directamente relacionada con el principio de la explicabilidad y engloba la transparencia de los elementos pertinentes de un sistema de IA: los datos, el sistema y los modelos económicos. La trazabilidad consiste en que los conjuntos de datos y los procesos que permiten al sistema de IA obtener una decisión, englobando los procesos de recogida y de etiquetaje o clasificación de datos, así como los algoritmos utilizados, deben estar documentados según las normas más estrictas a fin de permitir la trazabilidad, así como una mejora de la transparencia. Ello permite conocer si una decisión o resultado del sistema es erróneo o presenta un sesgo discriminatorio y, por tanto, permite evitar para el porvenir unos resultados deficientes y mejorar el sistema de IA. Para algunos autores, la transparencia significa visibilidad "entendida como la capacidad de que los elementos involucrados en las decisiones tomadas por los algoritmos sean visibles, conocibles, comprensibles, explicables y verificables para las partes afectadas por los sistemas que emplean dichos algoritmos"[4]

La explicabilidad engloba la capacidad de explicar a la vez los procesos técnicos de un sistema de IA y las decisiones humanas que se le aplican. La explicabilidad técnica supone que las decisiones tomadas por un sistema de IA puedan ser comprendidas y revisadas por personas. Desde el momento en que un sistema de IA tiene una incidencia importante sobre la vida de las personas, debería ser posible exigir una explicación apropiada al proceso de decisión del sistema

---

4 Vestri, p. 257.

de IA. Estos razonamientos deben adaptarse a la diversidad de usuarios del sistema y a su nivel de conocimientos y experiencia, es decir, que "los ciudadanos deben poder comprender el funcionamiento de los algoritmos sin necesidad de habilidades tecnológicas avanzadas"[5]. Estas instrucciones, que serían como un manual del usuario, también deberán proporcionarse en el supuesto de los Parlamentos que utilicen, aunque sea parcialmente, en su actividad parlamentaria, modelos basados en sistemas de IA en la medida en que este sistema influencia y modela el proceso de toma de decisiones ya sean de la actividad propiamente parlamentaria o de la organización de la institución parlamentaria. La explicabilidad en este caso favorece la transparencia del sistema y el conocimiento para el público en general de su funcionamiento.

La comunicación o cognoscibilidad debe ponerse en relación con la publicidad del sistema. Los sistemas de IA no deben ocultar su naturaleza, sino que deben darse a conocer desde el inicio para no inducir a engaño a los usuarios del sistema, que pueden dudar si es en realidad una persona o bien un sistema de IA. Ello significa que desde la puesta en marcha del sistema de IA el usuario debe conocer si detrás del sistema se halla una persona o no y, por tanto, el sistema de IA debe siempre identificarse como tal. Algunos abogan por la opción de ofrecer al usuario la posibilidad de oponerse a tratar con este sistema y permitir que el usuario pueda tratar, en este supuesto, con una persona para un mayor respeto de los derechos fundamentales, aunque esto no deja de ser una posibilidad, pero no una garantía de respeto de dichos derechos. También debe informarse plenamente de las características del sistema en su conjunto a los usuarios del mismo.

5. Diversidad, no discriminación y equidad

En este apartado confluyen distintos requisitos. En primer lugar, el sistema de IA no debe estar influido por sesgos discriminatorios. Con este requisito se hace referencia a la obligación de evitar sesgos o desviaciones injustas que puedan conducir a una discriminación

---

[5] Vestri, p. 258

y, por ello, el sistema debe, al contrario, facilitar la accesibilidad y la participación de las partes involucradas. Para conseguir una IA digna de confianza, es necesario favorecer la inclusión y la diversidad a lo largo de todo el ciclo de vida del sistema de IA. Como ya señaló la Comisión Europea en su Libro Blanco sobre la Inteligencia Artificial:

> *"el uso de la IA puede afectar a los valores sobre los que se fundamenta la UE y provocar la conculcación de derechos fundamentales, como la libertad de expresión, la libertad de reunión, la dignidad humana, la discriminación por razón de sexo, raza u origen étnico, religión o credo, discapacidad, edad u orientación sexual, y, en determinados ámbitos, la protección de los datos personales y de la vida privada"*[6].

Además de la participación de todas las partes afectadas debe velarse también para la igualdad de acceso de forma inclusiva y con igualdad de tratamiento. Ello significa que deben eliminarse de los datos o informaciones a tratar los sesgos discriminatorios. El conjunto de datos utilizados por los sistemas de IA, tanto para su entrenamiento como para su elaboración, pueden estar afectados por sesgos discriminatorios, omisiones o modelos de gobernanza defectuosos. La persistencia de estos sesgos podría constituir una fuente de discriminación y de prejuicios involuntarios en relación a ciertos grupos de personas, lo que podría agravar potencialmente su marginalidad y discriminación. En la medida de lo posible, los sesgos detectables y discriminatorios deberían ser suprimidos en la fase de recogida de los datos. Además, la forma en que los sistemas de IA son puestos a punto también pueden estar afectados por sesgos discriminatorios. Se puede contrarrestar dicha tendencia estableciendo procedimientos de control para analizar de forma clara y transparente la finalidad, las obligaciones, los requisitos y las decisiones del sistema.

En este sentido cobra especial importancia la accesibilidad. En el ámbito parlamentario deberán existir distintos sistemas de IA. En algunos casos estos sistemas deberán tener en cuenta principios de concepción universal en el sentido que estarán disponibles para toda clase de públicos. En otros casos los sistemas de IA irán dirigidos al funcionamiento de la actividad propiamente parlamentaria y, en estos casos, los afectados serán propiamente personal parlamentario

---

6 Comisión Europea, 2020, p. 13.

o, en otros supuestos, los diputados o diputadas. Ello significa que ante diferentes sistemas de IA deberán tenerse en cuenta distintas variables y el sistema deber responder al abanico de usuarios que corresponda en cada caso. Este principio permite un acceso igualitario y la participación activa de distintos tipos de usuarios en los sistemas de IA.

Y, en tercer lugar, cobra especial importancia la participación de las partes afectadas para poner en marcha los sistemas de IA, es decir, para que sean dignos de confianza, deberá consultarse a los usuarios afectados por dicho sistema sobre los que el sistema será susceptible de tener efectos directos o indirectos a lo largo del ciclo de vida. Debería establecerse un sistema en el que las personas interesadas pudieran participar de forma regular para ser informadas de modificaciones en el sistema, poder comentar o resolver dudas y, en consecuencia, establecer mecanismos para que el personal de la administración parlamentaria pueda participar en el proceso y funcionamiento del sistema de IA.

6. *Respeto de la democracia, del bienestar social y medioambiental*

Esta exigencia para la implantación de sistema de IA en los Parlamentos incluye la durabilidad y el respeto al medio ambiente, el impacto social y la democracia. Conviene asegurarse que el sistema hará lo que se espera de él sin atentar contra los derechos funadamentales, los derechos de los demás seres vivos o el medio ambiente en general. Ello comporta la necesidad de reducir lo más posible los efectos no deseados y las disfunciones. Desde el momento en que la puesta en marcha del sistema de IA presenta riesgos particularmente elevados para los derechos fundamentales es esencial poner en marcha y probar de forma proactiva y no reactiva las medidas de seguridad correspondientes. Conviene tener en cuenta la sociedad en sentido amplio, incluyendo los demás seres vivos y el medio ambiente como partes usuarias a lo largo del ciclo de vida de la IA. La durabilidad y la responsabilidad ecológica de los sistemas de IA deberían ser respaldadas. En consecuencia, deberán escogerse recursos teniendo en cuenta las opciones menos perjudiciales para el medio ambiente.

Por otra parte, debe valorarse la incidencia o impacto en la puesta a punto del sistema, de su despliegue y de utilización sobre los individuos, la sociedad, y en el caso del Parlamento, sobre la propia institución, la actividad parlamentaria y, en último caso, sobre el estado de derecho y la democracia en particular. Precisamente, la utilización de los sistemas de IA debe ser objeto de una atención especial en aquellas situaciones en las que está en juego la democracia y el estado de derecho, como es en el caso de los Parlamentos, sede principal de la representación política.

7. *Responsabilidad*

La responsabilidad está indisolublemente unida al principio de no discriminación y respecto de la igualdad. La puesta en funcionamiento de un sistema de IA debe ir precedida de los mecanismos y procedimientos que permitan garantizar la autonomía y la responsabilidad del sistema. Además, deberá ser posible auditar el sistema tanto por expertos externos como internos, a poder ser independientes, para una mayor garantía.

8. *Reducción al mínimo de los riesgos y documentación de las incidencias negativas*

Debe garantizarse la capacidad de documentar cualquier proceso y si este ha acarreado un efecto negativo que pueda reaccionarse ante el resultado y resolverse; es decir, los potenciales efectos negativos de un sistema de IA deben poder ser referenciados, analizados, documentados y reducidos al mínimo posible. Además, por su vulnerabilidad, conviene asegurar un nivel de protección apropiado a los alertadores, a los sindicatos, a determinados grupos de interés y a las ONG.

Es por ello recomandable recurrir en casos determinados a la elaboración de informes de impacto especialmente en aquellos casos en que el riesgo para los derechos fundamentales es mayor. Estos informes deberán elaborarse de forma previa a la instalación del sistema y también durante la puesta en marcha del mismo.

9. *Previsión de una vía de recurso*

Para el supuesto de una incidencia negativa debe preverse un procedimiento para asegurar la posibilidad de una reclamación, una queja o un recurso. El hecho de prever esta garantía otorga confianza al usuario en el sistema. En estos supuestos deben preverse los mecanismos para grupos vulnerables como podrían ser los menores de edad. Adicionalmente, resulta recomendable la designación de un experto o de un comité o comisión específica interna o externa al Parlamento, especialmente para aquellos ámbitos mayormente susceptibles de un conflicto potencial. Este experto o comisión debería velar por el asesoramiento y resolución de los casos concretos.

En consecuencia, para poner en marcha todas las exigencias anteriores pueden utilitzarse métodos técnicos y no técnicos, que engloban todas las fases del ciclo de vida de un sistema de IA. Conviene proceder de forma continua a una evaluación de los métodos empleados para poner en marcha las exigencias, así como la comunicación y la justificación de las modificaciones realizadas en los procesos de puesta en marcha. Debe tenerse en cuenta que los sistemas de IA no son estáticos sino dinámicos y evolucionan de forma continua en un ambiente cambiante.

III. RIESGOS Y ACTIVIDADES PROHIBIDAS

El uso de la IA puede ocasionar graves riesgos para los derechos fundamentales por lo que el objeto establecido por el Artículo 1, apartado primero, del propio Reglamento de Inteligencia Artificial indica lo siguiente:

> *"El objetivo del presente Reglamento es mejorar el funcionamiento del mercado interior y promover la adopción de una inteligencia artificial centrada en el ser humano y fiable, garantizando al mismo tiempo un elevado nivel de protección de la salud, la seguridad y los derechos fundamentales consagrados en la Carta, incluidos la democracia, el Estado de Derecho y la protección del medio ambiente, frente a los efectos perjudiciales de los sistemas de IA".*

En consecuencia, el propio Reglamento regula prohibiciones de determinadas prácticas de IA, requisitos específicos para los sistemas de IA de alto riesgo y obligaciones para los operadores de dichos sistemas y normas armonizadas de transparencia aplicables a determinados sistemas, así como para la introducción en el mercado.

Por la existencia de riesgos graves para los derechos fundamentales el Reglamento IA recoge además, de forma indirecta, las Directrices éticas para una IA fiable elaboradas, en 2019, por el Grupo Independiente de expertos de alto nivel sobre IA creado por la Comisión[7]. Este Grupo desarrolló siete principios éticos no vinculantes que tienen por objeto contribuir a garantizar la fiabilidad y el fundamento ético de la IA. Estos principios son los siguientes: acción y supervisión humanas; solidez técnica y seguridad; gestión de la privacidad y de los datos; transparencia; diversidad, no discriminación y equidad; bienestar social y ambiental y rendición de cuentas. Como indica el Considerando 27 del Reglamento de IA *"esas directrices contribuyen al diseño de una IA coherente, fiable y centrada en el ser humano, en consonancia con la Carta y con los valores en los que se fundamenta la Unión"*.

Estos conceptos están definidos en las directrices:

Por "acción y supervisión humanas" se entiende que los sistemas de IA se desarrollan y utilizan como herramienta al servicio de las personas, que respetan la dignidad humana y la autonomía personal, y que funcionan de manera que pueda ser controlada y vigilada adecuadamente por seres humanos.

Por "solidez técnica y seguridad" se entiende que los sistemas de IA se desarrollan y utilizan de manera que sean sólidos en caso de problemas y resilientes frente a los intentos de alterar el uso o el funcionamiento del sistema de IA para permitir su uso ilícito por terceros y reducir al mínimo los daños no deseados.

Por "gestión de la privacidad y de los datos" se entiende que los sistemas de IA se desarrollan y utilizan de conformidad con normas en materia de protección de la intimidad y de los datos, al tiempo que tratan datos que cumplen normas estrictas en términos de calidad e integridad.

Por "transparencia" se entiende que los sistemas de IA se desarrollan y utilizan de un modo que permita una trazabilidad y explicabilidad adecuadas, y que, al mismo tiempo haga que las personas sean conscientes de que se comunican o interactúan con un sistema de IA

7 Comisión europea, p. 16.

e informe debidamente a los responsables del despliegue acerca de las capacidades y limitaciones de dicho sistema de IA y a las personas afectadas acerca de sus derechos.

1. Prácticas prohibidas

Las prácticas prohibidas se encuentran detalladas ampliamente en el artículo 5 del Reglamento de Inteligencia Artificial. Como práctica de IA prohibida debe entenderse no únicamente la introducción en el mercado del producto sino también la puesta en servicio o su utilización, es decir, que el responsable del ejercicio de una práctica prohibida puede ser tanto el fabricante, como el importador, el proveedor o el consumidor final.

En concreto se prohíben algunos de los sistemas de IA siguientes:

a) El que se sirva de *"técnicas subliminales que transciendan la conciencia de una persona o de técnicas deliberadamente manipuladoras o engañosas con el objetivo o el efecto de alterar de manera sustancial el comportamiento de una persona o un colectivo de personas mermando de manera apreciable su capacidad para tomar una decisión informada y haciendo que tomen una decisión que de otro modo no habrían tomado, de un modo que provoque, o sea razonablemente probable que provoque, perjuicios considerables a esa persona, a otra persona o a un colectivo de personas"* (Art. 5.1.a) Reglamento de Inteligencia Artificial).

b) El que explote *"alguna de las vulnerabilidades de una persona física o un determinado colectivo de personas derivadas de su edad o discapacidad, o de una situación social o económica específica, con la finalidad o el efecto de alterar de manera sustancial el comportamiento de dicha persona o de una persona que pertenezca a dicho colectivo de un modo que provoque, o sea razonablemente probable que provoque, perjuicios considerables a esa persona o a otra"* (art. 5.1.b) Reglamento de Inteligencia Artificial).

c) El que evalúe o clasifique personas físicas o colectivos de personas durante cierto tiempo atendiendo a su comportamiento social o a características personales o de su personalidad conocidas, inferidas o predichas, de tal forma que la puntuación recibida provoque *"un trato perjudicial o desfavorable hacia deter-*

minadas personas físicas o colectivos de personas en contextos sociales que no guarden relación con los contextos donde se generaron o recabaron los datos originalmente" o *"un trato perjudicial o desfavorable hacia determinadas personas físicas o colectivos de personas que sea injustificado o desproporcionado con respecto a su comportamiento social o la gravedad de este"* (art. 5.1.c) Reglamento de Inteligencia Artificial).

d) Realizar evaluaciones de riesgos de personas físicas con el fin de valorar o predecir el riesgo de que una persona física cometa un delito basándose únicamente en la elaboración del perfil de una persona física o en la evaluación de los rasgos y características de su personalidad (art. 5.1.d) Reglamento de Inteligencia Artificial).

e) Crear o ampliar bases de datos de reconocimiento facial mediante la extracción no selectiva de imágenes faciales de internet o de circuitos cerrados de televisión (art. 5.1.e).

f) Inferir las emociones de una persona física en los lugares de trabajo y en los centros educativos, excepto cuando el sistema de IA esté destinado a ser instalado o introducido en el mercado por motivos médicos o de seguridad (art. 5.1f)).

g) Clasificar a las personas físicas sobre la base de sus datos biométricos para deducir o inferir su raza, opiniones políticas, afiliación sindical, convicciones religiosas o filosóficas, vida sexual u orientación sexual (art. 5.1.g)).

Algunas de estas prácticas prohibidas pueden llegar a ser lícitas obteniendo una autorización previa, administrativa o judicial, según los casos.

2. La gestión de los riesgos y los sesgos en la aplicación de los sistemas de IA

La integración de la IA en los parlamentos es un proceso que debe evaluar los riesgos en su utilización y los sesgos o discriminaciones de distintos tipos que pueden producirse. Algunos sistemas de IA están prohibidos por el riesgo que comportan para los derechos fundamentales, así como también existen unas normas que clasifican determinados sistemas como de alto riesgo y que deben cumplir determinadas obligaciones para poder aplicarse. Estos sistemas de alto riesgo están definidos en el art. 6.1° y en el Anexo III del Reglamento de Inteligencia Artificial.

En el ámbito de la IA utilizada para las funciones de impulso parlamentario el riesgo se considera que no es alto para los derechos y libertades fundamentales puesto que esta actividad parlamentaria no afecta generalmente a derechos fundamentales. Esto no obstante, cualquier implantación de la IA generativa en el Parlamento deberá analizarse bajo la perspectiva o enfoque basado en el riesgo y en caso de afectación grave de dichos derechos deberá prohibirse su utilización y, en el resto de supuestos, establecer las medidas para mitigar dicho riesgo. Esta es una obligación marcada por el objeto del propio Reglamento sobre inteligencia artificial al indicar que la adopción de la inteligencia artificial (IA) debe estar centrada en el ser humano y ser fiable "*garantizando al mismo tiempo un elevado nivel de protección de la salud, la seguridad y los derechos fundamentales consagrados en la Carta, incluidos la democracia, el Estado de Derecho y la protección del medio ambiente, frente a los efectos perjudiciales de los sistemas de IA*".

Si en algún momento se detecta que un sistema de IA es de alto riesgo o puede serlo deberá realizarse una evaluación de impacto relativa a los derechos fundamentales de conformidad con el art. 27, apartado 1 del Reglamento de IA que consistirá en lo siguiente:

a) Una descripción de los procesos del responsable del despliegue en los que se utilizará el sistema de IA de alto riesgo en consonancia con su finalidad prevista.

b) Una descripción del período de tiempo durante el cual se prevé utilizar cada sistema de IA de alto riesgo y la frecuencia con la que está previsto utilizarlo.

c) Las categorías de personas físicas y colectivos que puedan verse afectados por su utilización en el contexto específico.

d) Los riesgos de perjuicio específicos que puedan afectar a las categorías de personas físicas y colectivos determinados con arreglo a la letra c), teniendo en cuenta la información facilitada por el proveedor.

e) Una descripción de la aplicación de medidas de supervisión humana de acuerdo con las instrucciones de usos.

f) Las medidas que deben adoptarse en caso de que dichos riesgos se materialicen, incluidos los acuerdos de gobernanza interna y los mecanismos de reclamación.

Como se describe en el propio Reglamento de IA "*el sistema de gestión de riesgos debe consistir en un proceso iterativo continuo que sea planificado y ejecutado durante todo el ciclo de vida del sistema de IA de alto riesgo y debe tener por objeto detectar y mitigar los riesgos pertinentes de los sistemas de IA para la salud, la seguridad y los derechos fundamentales*"

IV. EL DERECHO FUNDAMENTAL A LA PROTECCIÓN DE DATOS PERSONALES Y A LA INTIMIDAD

El Art. 7 de la Carta de Derechos Fundamentales de la Unión Europea [en adelante CDFUE] que lleva por título "Respeto de la vida privada y familiar" indica que "*Toda persona tiene derecho al respeto de su vida privada y familiar, de su domicilio y de sus comunicaciones*" y el Art. 8 que lleva por título "Protección de datos de carácter personal" indica que "1. *Toda persona tiene derecho a la protección de los datos de carácter personal que le conciernan. 2. Estos datos se tratarán de modo leal, para fines concretos y sobre la base del consentimiento de la persona afectada o en virtud de otro fundamento legítimo previsto pore la ley. Toda persona tiene derecho a acceder a los datos recogidos que le conciernan y a obtener su rectificación. 3. El respeto de estas normas estará sujeto al control de una autoridad independiente*".

El derecho fundamental a la protección de los datos personales está garantizado por el Reglamento (UE) 2016/679[8] y la Directiva (UE) 2016/680 del Parlamento Europeo y del Consejo[9]. Además,

---

8 Reglamento UE 2016/679 del Parlamento Europeo y del Consejo, de 27 de abril de 2016, relativo a la protección de las personas físicas en lo que respecta al tratamiento de datos personales y a la libre circulación de estos datos y por el que se deroga la Directiva 95/46/CE (Reglamento general de protección de datos) (DO L 119 de 4.5.2016, p. 1).

9 Directiva UE 2016/680 del Parlamento Europeo y del Consejo, de 27 de abril de 2016, relativa a la protección de las personas físicas en lo que respecta al tratamiento de datos personales por parte de las autoridades competentes para fines de prevención, investigación, detección o enjuiciamiento de infracciones penales o de ejecución de sanciones penales, y a la libre circulación de dichos

la Directiva 2002/58/CE del Parlamento Europeo y del Consejo[10] protege la vida privada y la confidencialidad de las comunicaciones, también estableciendo condiciones para cualquier almacenamiento de datos personales y no personales en los equipos terminales, y el acceso desde estos. Como se manifiesta en el propio reglamento de IA "*la puesta en servicio y la utilización de sistemas de IA establecidas en virtud del presente Reglamento deben facilitar la aplicación efectiva y permitir el ejercicio de los derechos y otras vías de recurso de los interesados garantizados por el Derecho de la Unión en materia de protección de datos personales, así como de otros derechos fundamentales*"[11]. Asimismo, debe hacerse referencia a la propuesta de Reglamento del Parlamento y del Consejo sobre el respeto de la vida privada y la protección de los datos personales en el sector de las comunicaciones electrónicas y por el que se deroga la Directiva 2002/58/CE [Reglamento sobre la privacidad y las comunicaciones electrónicas] puesto que el contenido de las comunicaciones electrónicas puede desvelar información muy delicada sobre las personas físicas que participan en ellas, tales como experiencias personales y emociones, problemas de salud, preferencias sexuales y opiniones políticas, cuya divulgación podría causar daños personales y sociales, pérdidas económicas o situaciones embarazosas[12]. Esta propuesta de Reglamento se considera una *lex specialis* en relación con el RGPD en lo relativo a los datos de comunicaciones electrónicas que se consideran datos personales.

El propio Reglamento de IA clasifica como de alto riesgo determinados sistemas de IA destinados a los procesos democráticos considerando que "*pueden tener efectos potencialmente importantes para la democracia, el Estado de Derecho, las libertades individuales y el derecho a la tutela*

---

datos y por la que se deroga la Decisión Marco 2008/977/JAI del Consejo (DO L 119 de 4.5.2016, p. 89).

10 Directiva 2002/58/CE del Parlamento Europeo y del Consejo, de 12 de julio de 2002, relativa al tratamiento de los datos personales y a la protección de la intimidad en el sector de las comunicaciones electrónicas (Directiva sobre la privacidad y las comunicaciones electrónicas) (DO L 201 de 31.7.2002, p. 37).

11 Considerando 10 in fine del Reglamento de IA

12 Considerando 2 Propuesta de Reglamento sobre el respeto de la vida privada y la protección de los datos personales en el sector de las comunicaciones electrónicas.

judicial efectiva y a un juez imparcial"[13]. En consecuencia, el sistema de gestión de riesgos debe ser planificado y aplicado durante todo el ciclo de vida del sistema de IA de alto riesgo y "*este proceso debe garantizar que el proveedor determine los riesgos y efectos negativos y aplique medidas de mitigación de los riesgos conocidos y razonablemente previsibles de los sistemas de IA para la salud, la seguridad y los derechos fundamentales*"[14].

Asimismo, es por ello que el Reglamento de Inteligencia Artificial establece que el derecho a la intimidad y a la protección de datos personales debe garantizarse a lo largo de todo el ciclo de vida del sistema de IA. En consecuencia, los principios de minimización de datos y de protección de datos desde el diseño y por defecto, establecidos por el Derecho de la Unión en materia de protección de datos, resultan plenamente aplicables cuando se tratan datos personales. Ello significa que se aplicarán las medidas de seguridad adecuadas para garantizar dichos derechos puesto que el RGPD resulta plenamente aplicable cuando se tratan datos personales. Entre las medidas de seguridad pueden utilizarse no sólo la anonimización o el cifrado *"sino también el uso de una tecnología que permita llevar los algoritmos a los datos y el entrenamiento de los sistemas de IA sin que sea necesaria la transmisión entre las partes ni la copia de los datos brutos o estructurados"*[15].

Como medida de seguridad la anonimización es una importante herramienta para asegurar el derecho a la protección de datos personales y de los derechos fundamentales en general. Ello no obstante, en determinados supuestos dicha técnica es ineficaz o bien con tratamientos posteriores o añadiendo otras bases de datos se puede llegar a la identificación por lo que no ofrece una garantía absoluta de protección[16]. También algunos tipos de datos son difícilmente anonimizables como la voz que al alterarse puede perder algunos caracteres especiales.

Paralelamente, deberá preverse en los sistemas de IA que se utilicen la protección de los derechos de terceros. Ello significa que el proveedor del sistema de IA, ya sea interno o externo, deberá velar

---

13 Considerando 61 ab initio del Reglamento de IA

14 Considerando 65 del Reglamento de IA

15 Considerando 69 del Reglamento de IA.

16 Rebollo, p. 60

para tratar también categorías especiales de datos personales y garantizar la detección y corrección de los sesgos asociados a los sistemas de IA de alto riesgo, con las garantías adecuadas para los derechos y libertades fundamentales de las personas físicas que puedan resultar afectadas ya sea a nivel interno, como por ejemplo un funcionario de la administración parlamentaria, o bien a nivel externo, como sería una persona que visita el Parlamento ya sea de forma presencial o telemática.

Debe señalarse que el Reglamento de IA pone un especial énfasis en la protección ante sistemas de identificación biométrica remota en diferido, ante los cuáles se muestra manifiestamente reacio. El Reglamento de IA considera que dicho sistema es especialmente intrusivo por lo que debe estar sujeto a un nivel de garantías elevado y sólo podrá utilizarse dicho sistema en casos determinados y de forma proporcionada y legítima, en la medida de lo estrictamente necesario y, por ende, de forma selectiva por lo que respecta a las personas afectadas. En consecuencia, establece que dicho sistema debe, por lo general, estar prohibido y sólo excepcionalmente permitirse.

Como regla general, y a fin de garantizar eficazmente no únicamente la protección de los datos personales sino también el resto de derechos fundamentales, resulta obligatorio para el despliegue de sistemas de IA de alto riesgo que el Parlamento realice una evaluación de impacto relativa a los derechos fundamentales antes de su puesta en funcionamiento.

V. EL USO DE LA IA EN LAS FUNCIONES DE IMPULSO DE LA ACCIÓN POLÍTICA Y DE GOBIERNO

La implantación de la IA afecta al Parlamento de forma directa sobre todo en los procesos de adopción de decisiones. La legitimidad de los mismos se basa en el rigor técnico y en el respeto a las reglas democráticas. En la actualidad la presión que sufren los políticos por obtener resultados inmediatos no encaja con la necesidad del rigor técnico y la calidad que exige el procedimiento legislativo. Es por ello que los procesos de adopción de decisiones presentan numerosas deficiencias que la IA puede ayuda a resolver.

Como señala el letrado José Tudela[17] en su artículo, con el que comparto opinión, entre los problemas que plantea el sistema político democrático pueden ser destacados los siguientes:

a) La irrelevancia del largo plazo e incluso del medio plazo. El político se ve enfrentado a la necesidad de buscar la rentabilidad a corto plazo.
b) El escaso tiempo de los procesos políticos que los convierte en incompetentes para abordar cuestiones estructurales o a largo plazo. El plazo de cuatro años de las legislaturas difícilmente se llegan a cumplir. De estos cuatro años, uno ya se acostumbra a perder por el inicio y el final de la legislatura, con la consecuencia de que no llegan a abordarse de forma profunda los problemas sociales o de otro tipo que afectan a la ciudadanía, o los estructurales de la propia institución.
c) En tercer lugar, puede apuntarse a la ausencia de verdaderos mecanismos de responsabilidad política que acaban permitiendo la ausencia de calidad y de rigor técnico en la toma de decisiones.

Como señala el letrado de les Corts Valencianes Javier Guillem las nuevas tecnologías basadas en herramientas de inteligencia artificial pueden compensar el desequilibrio tradicional que mantiene la oposición con el ejecutivo[18]. En este mismo sentido puede decirse que *"un buen uso de la IA en este punto tecnificaría la actividad parlamentaria y elevaría la discusión científica, asistiríamos a debates basados en datos y no en juicios de valor subjetivos"*[19].

1. Análisis de la acción de Gobierno

Los sistemas de IA pueden ser utilizados para realizar análisis predictivos sobre las acciones del Gobierno. A partir de históricos de datos la IA puede identificar posibles riesgos o problemas que pueden aparecer en un futuro como consecuencia de determinadas políticas públicas. Este análisis permite a los parlamentarios poder plantear

---

17 Tudela, p. 315

18 Guillem, p. 99

19 Marañon, p. 169.

ante determinadas políticas públicas cuáles son los escenarios de futuro que pueden visualizarse y, en consecuencia, dicha información permite a los diputados o a los grupos parlamentarios ser proactivos y no únicamente reactivos en la función de control y de impulso parlamentario. De esta forma, en lugar de esperar a que los problemas o los efectos negativos se produzcan de forma inevitable, se puede actuar de forma preventiva para evitarlos o intervenir antes que devengan graves. En resumen, no es necesario verificar y analizar con datos ciertos y contrastados la viabilidad de determinadas políticas, sino que el análisis predictivo permite anticipar el conocimiento de los efectos y con ello su posible valoración.

2. *Aplicación de la IA en la función de impulso parlamentario*

En el ámbito parlamentario la IA puede consolidarse como una herramienta poderosa para optimizar diversos procesos, especialmente los relacionados con el impulso parlamentario y el control de la acción de gobierno. La Comisión europea ya promovía en 2020, en el Libro Blanco sobre la inteligencia artificial, que *"las administraciones públicas comenzaran a adoptar los servicios de IA en sus actividades"*[20] Los mecanismos clave en este contexto incluyen las mociones consecutivas a las interpelaciones, las resoluciones y las resoluciones subsiguientes a otras iniciativas parlamentarias.

Las interpelaciones y las consecutivas mociones constituyen uno de los mejores instrumentos de control del Gobierno ya que permiten a los parlamentarios cuestionar a los miembros del Gobierno sobre los temas de actualidad o sobre la ejecución de sus políticas y, además, para impulsar determinadas políticas. En este sentido la IA puede ser utilizada para analizar gran cantidad de datos relacionados con los discursos parlamentarios, informes del gobierno u otras formas de información pública, identificando, de esta manera, las áreas clave que requieren una interpelación o una acción parlamentaria inmediata. Consecuentemente, la interpelación puede comportar una moción subsiguiente en la cual la cámara legislativa manifiesta su posición y que debe ser congruente con la interpelación sustan-

---

20 Comisón europea, 2020, p. 10.

ciada. En este sentido, tanto las mociones como las resoluciones son utilizadas para detectar necesidades, tendencias o prioridades. En ellas el Parlamento manifiesta su opinión o posicionamiento sobre temas específicos. Mediante el análisis predictivo y el aprendizaje automático la IA puede identificar las cuestiones más relevantes del momento para los ciudadanos y para los diferentes Grupos Parlamentarios, a partir del estudio de las tendencias sociales, económicas y políticas. Es por ello que los diputados pueden proponer mociones y resoluciones que respondan mejor a las necesidades de la sociedad en base a datos actualizados de las cuestiones de mayor actualidad. Adicionalmente la IA puede facilitar también la redacción del texto parlamentario de forma más coherente y argumentada mejorando la calidad y técnica normativas.

A través del análisis semántico y la extracción de información, la IA puede ayudar a los parlamentarios a formular preguntas más precisas y bien fundamentadas, basadas en evidencias documentales y en el seguimiento automático de los compromisos del Gobierno. Asimismo, y *a sensu contrario,* el análisis de las preguntas parlamentarias a través de herramientas avanzadas de procesamiento del lenguaje natural puede permitir descubrir relaciones semánticas ocultas entre términos que conllevan información sensible y que pueden eventualmente influir en las decisiones políticas o manipular el pensamiento del público[21].

En cuanto a los debates parlamentarios se han puesto ya en práctica en algunos Parlamentos sistemas, como el llamado "Speech2Write" que en base a un reconocimiento de la voz de los diputados convierte el discurso en un informe escrito, es decir, que no se limita a una transcripción literal, sino que construye un texto elaborado realizando correcciones gramaticales. Ello implica que el sistema no sólo reconoce la voz, sino que además es capaz de editar un documento en base a modelos que contienen vocabulario parlamentario y convertir el discurso del orador en un informe puesto que también realiza correcciones gramaticales.

Las resoluciones subsiguientes a otras tramitaciones parlamentarias requieren un seguimiento continuo para asegurar que las ac-

---

21 Guillem, p. 100

ciones del gobierno se ajusten a los acuerdos previos. La IA puede automatizar este proceso de seguimiento, detectar cambios legislativos, informes de cumplimiento o de incumplimiento por parte del Gobierno y alertar a los diputados de posibles desviaciones respecto a los compromisos adquiridos.

Y, por último, la IA también puede ser una ayuda para gestionar el calendario de las correspondientes tramitaciones parlamentarias, identificando los temas pendientes de resolución o aquellos que necesitan una revisión más inmediata, mejorando así la supervisión continuada de la acción gubernamental. La incorporación de la IA en el proceso parlamentario promueve una mayor transparencia y permite mejorar la rendición de cuentas ya que los instrumentos de análisis de datos pueden hacer públicos los resultados y los informes relacionados con las iniciativas parlamentarias de forma automatizada. Ello favorece que la ciudadanía esté mejor informada sobre la actividad parlamentaria y su influencia en la gestión pública, haciendo posible una supervisión social más activa sobre la eficacia de las resoluciones, las mociones y las funciones de impulso y control de la acción de gobierno.

Adicionalmente, el uso de la IA en las funciones de impulso parlamentario transforma de manera profunda las dinámicas de trabajo del Parlamento, mejorando la eficacia, la agilidad y la transparencia de la actividad parlamentaria. Su aplicación puede ser fundamental para hacer frente a los retos actuales de gobernanza y para garantizar un funcionamiento más democrático y eficaz de la actividad parlamentaria. Ahora bien, también presenta inconvenientes como puede ser el elevado número de tramitaciones parlamentarias que pueden ponerse en marcha por lo que será necesario establecer una regulación interna del sistema de IA en el Parlamento para establecer un marco claro y transparente de su uso y de sus límites en consonancia con el Reglamento de IA.

En conclusión, el uso de la IA en las funciones de impulso parlamentario permite realizar un análisis más exhaustivo y objetivo del impacto de las interpelaciones, las mociones y las resoluciones en la sociedad. Mediante técnicas de análisis de datos y modelos predictivos, los parlamentarios pueden evaluar en tiempo real cómo las iniciativas parlamentarias influyen en la opinión pública, los sectores económicos u otros ámbitos sociales. Este tipo de análisis proporciona una información muy valiosa para la toma de decisiones, así como para la mejora de las futuras propuestas, generando que el Parlamento se comporte de forma más proactiva a los cambios de contexto.

VI. BIBLIOGRAFÍA

CERRILLO I MARTÍNEZ, A., DI LASCIO, F., MARTÍN DELGADO, I., y VELASCO RICO, C. I. (directores). *Inteligencia artificial y administraciones públicas: una triple visión en clave comparada.* Iustel, 2024.

Comisión Europea (2020). *Libro blanco sobre la inteligencia artificial, un enfoque europeo orientado a la excelencia y la confianza.* Bruselas, COM, 65 final.

FITSILIS, F., VON LUCKE, J., and DE VRIEZE, F. *Guidelines for AI in Parliaments,* July 2024.

GUILLEM CARRAU, J. (2024)." Inteligencia artificial y parlamentos modernos", *Corts, Anuari de Dret parlamentari,* 38, 77-114.

MALO PECES, N. (2021). "Una primera aproximación al uso de la Inteligencia artificial como apoyo en el proceso legislativo". Recuperado de: https://dx.doi.org/10.12795/IETSCIENTIA.2021.i02.08 *pp. 117-136

MARAÑÓN GÓMEZ, R. (2024). "El Parlamento e inteligencia artificial. El Parlamento virtual" en la obra en *El Parlamento contemporáneo: el presente y sus retos.* pp. 157-172.

REBOLLO DELGADO, L. (2024). *Inteligencia artificial y Derechos Fundamentales.* Dykinson, S.L. Col.IA, Robots y bioderecho.

TUDELA ARANDA, J. (2023). "Gobierno, Parlamento, Democracia e inteligencia artificial". UNED. *Teoría y Realidad Constitucional,* 52, 303-333.

Informes

Unión interparlamentaria y el Instituto Internacional por la democracia y la asistencia electoral (Internacional IDEA), 2024. LIgnes directrices pour l'IA dans les Parlaments.

Unión interparlamentaria y el Instituto Internacional por la democracia y la asistencia electoral (Internacional IDEA), 2025. Scénarios d'utilisation de l'IA dans les Parlements (Use cases for AI in Parliaments).

Groupe d'experts independendants de haut nivau sur l'intelligence artificielle constituée par la Comission européenne, 2019. Lignes directrices en matière d'ethique pour une IA digne de confiance.

Inteligencia Artificial en la labor de los servicios jurídicos y en los servicios de documentación y estudio

ROBERTO MAYOR GÓMEZ
Letrado de las Cortes de Castilla La Mancha
Delegado de Protección de Datos de las Cortes de Castilla La Mancha

ESTHER DE ALBA BASTARRECHEA
Letrada de la Asamblea de Madrid
Delegada de Protección de Datos de la Asamblea de Madrid

SUMARIO: I. INTELIGENCIA ARTIFICIAL EN LA LABOR DE LOS SERVICIOS JURÍDICOS: 1. Introducción. 2. Estudio previo de las necesidades de IA en los servicios jurídicos de los parlamentos. 3. Beneficios, desafíos y riesgos de la aplicación de la IA en los servicios jurídicos de los parlamentos. 4. Conclusiones. II. INTELIGENCIA ARTIFICIAL EN LOS SERVICIOS DE DOCUMENTACIÓN Y ESTUDIO PARLAMENTARIOS: RETOS, APLICACIONES Y PERSPECTIVAS. 1 Introducción. 2. Fundamentos tecnológicos de la IA. 3. Aplicaciones actuales de la IA en los servicios parlamentarios. 4. Iniciativas de IA adoptadas por los parlamentos en España. 5. Comparativa internacional: modelos de referencia. 6. Desafíos y riesgos de la aplicación de la IA en los servicios de documentación y estudio parlamentarios. 7. Recomendaciones para un uso ético y eficaz de la IA en los servicios de documentación y estudio parlamentarios. 8. Perspectivas de evolución y líneas de acción futuras. III. BIBLIOGRAFÍA.

RESUMEN: Este capítulo comienza abordando el impacto que la inteligencia artificial está generando en el área de las profesiones jurídicas para a continuación analizar su posible implantación en los servicios jurídicos de los Parlamentos, contemplando las principales tareas que puede desempeñar esta tecnología, focalizando en el aspecto esencial del estudio y diagnóstico previo de sus necesidades. También se examinan los beneficios, desafíos y riesgos que pueden derivarse de su uso y aplicación.

A continuación, se realiza un estudio de la inteligencia artificial en los servicios de documentación y estudio parlamentarios examinando las aplicaciones actuales de inteligencia artificial en los Parlamentos. Se efectúa también un análisis de las iniciativas realizadas por los Parlamentos en España, y se realiza una comparación de otros modelos de referencia a nivel internacional. Se contemplan los riesgos y desafíos que esta tecnología puede generar en los servicios de documentación y estudio con recomendaciones para un uso ético y eficaz, para finalizar con las líneas evolutivas que pueden producirse en un futuro y en donde será esencial garantizar los principios fundamentales de los parlamentos democráticos.

ABSTRACT: This chapter begins by addressing the impact that artificial intelligence is generating in the legal profession and then analyzes its potential implementation in the legal services of Parliaments, considering the main tasks that this technology can perform, focusing on the essential aspect of the prior study and diagnosis of their needs. It also examines the benefits, challenges, and risks that may arise from its use and application.
This is followed by a study of artificial intelligence in parliamentary documentation and study services, examining current applications of artificial intelligence in Parliaments. It also analyzes the initiatives carried out by Parliaments in Spain and compares them with other international reference models. The chapter considers the risks and challenges that this technology may generate in documentation and study services, with recommendations for its ethical and effective use. It concludes with the evolutionary paths that may occur in the future, where it will be essential to guarantee the fundamental principles of democratic parliaments.

PALABRAS CLAVE: Parlamento, inteligencia artificial, implantación, servicios jurídicos, documentación, estudio, investigación.

KEY WORDS: Parliament, artificial intelligence, implementation, legal services, documentation, study, research.

I. INTELIGENCIA ARTIFICIAL EN LA LABOR DE LOS SERVICIOS JURÍDICOS

1. Introducción

La irrupción de los sistemas y programas de Inteligencia Artificial (IA)[1] como motor del cambio digital que se está experimentando en todos los ámbitos de la sociedad está también impactando y transfor-

---

1 Hay que tener en cuenta que el concepto de IA implica en realidad una gran variedad de tecnologías, incluyendo la denomina inteligencia artificial generativa, que es una tecnología que tras ser entrenada con un gran número de datos puede responder a las consultas que se le plantean en lenguaje natural a través de texto, imágenes, vídeos o audios, y que permite realizar múltiples acciones complementarias y obtener diferentes resultados.

mando las profesiones jurídicas[2], tanto en el sector privado (asesorías jurídicas, despachos de abogados...) como en el sector público (administraciones públicas), situación ante la que las diversas áreas de la actividad jurídica de los Parlamentos, y en particular sus servicios jurídicos, no debieran quedarse atrás y permanecer ajenos a esta evolución tecnológica.

En el momento actual se ha podido constatar que el uso habitual de sistemas o programas de inteligencia artificial a nivel institucional específicos para los servicios jurídicos de los Parlamentos, al menos a nivel autonómico, es prácticamente inexistente aunque ello no quiere decir que no se esté comenzando a utilizar o probar herramientas de bases de datos jurídicas que incluyen IA, como posteriormente analizaremos, ni que en un breve periodo de tiempo comience a generalizarse su utilización[3].

Con carácter general, los principales usos o tareas de la IA por parte de los profesionales en las áreas de la actividad jurídica son fundamentalmente el análisis y revisión de documentos (sentencias judiciales, normas jurídicas...), la asistencia en la redacción o creación de documentos (informes, demandas...) o las búsquedas legales, tareas que como veremos en este capítulo se pueden extrapolar a los servicios jurídicos de los Parlamentos.

En todo caso, la implantación y el uso de esta tecnología de IA en los servicios jurídicos no estaría exenta de ciertos riesgos que deben ser analizados cuidadosamente en nuestras Cámaras Legislativas,

---

2 Según un informe de la Asociación Europea de Tecnología Jurídica (ELTA), alrededor del 80% de los profesionales legales utilizan IA generativa semanalmente, y casi la mitad lo hacen a diario. Además, en la encuesta realizada por esta Asociación nueve de cada diez profesionales legales afirman que la IA les ayuda eficazmente en el desempeño de su trabajo.
Este informe está accesible en el siguiente enlace:
https://elta.org/generative-ai-global-report-2024/ [fecha de consulta: 11 de abril de 2025].

3 Como ha señalado la Unión Interparlamentaria, organización mundial de parlamentos nacionales, el uso de la IA generativa irá apareciendo cada vez más no solo en los propios sistemas de un parlamento, sino también en los programas informáticos de terceros que se utilizan en estas instituciones.
https://www.ipu.org/resources/publications/issue-briefs/2024-04/using-generative-ai-in-parliaments [fecha de consulta 26-5-25].

siendo las principales cuestiones a tener en cuenta la privacidad y la seguridad de los datos, aspectos que se abordan en otros capítulos de este libro, o la responsabilidad que puede generarse por un uso negligente[4].

Por todo ello, para la correcta implantación y uso de sistemas de IA en los servicios jurídicos de las Cámaras Legislativas será necesario garantizar la comprensión del funcionamiento, riesgos y utilidades de esta tipología de herramientas tecnológicas, asegurar la calidad de los datos introducidos y utilizados en aquella, así como fomentar la formación en esta área tecnológica de los empleados/as de dicho departamento.

Ante los previsibles cambios en el método de trabajo tradicional, e incluso en el contexto organizacional, que puede generar la introducción de la inteligencia artificial en los servicios jurídicos de los parlamentos o asambleas legislativas, resultará crucial realizar una labor pedagógica para evitar la natural resistencia al cambio y la desconfianza que pueda suponer el uso de esta tecnología en el seno de la Cámara Legislativa, para lo que resulta útil la visión que nos traslada BARRIO ANDRÉS para quien "el impacto de la transformación digital en las profesiones jurídicas no tiene que ser visto como una batalla entre máquinas y personas. Al contrario, la tecnología jurídica debe considerarse como un facilitador que ayuda a los profesiona-

---

4 La Sala Primera del Tribunal Constitucional, por unanimidad de sus seis magistrados, en septiembre de 2024, adoptó un Acuerdo por el que se imponía al abogado firmante de una demanda de amparo la sanción de "apercibimiento", por haberse acreditado que faltó por escrito el respeto debido a los magistrados de la Sala y a la propia institución, al haber presentado en varios apartados de dicha demanda la cita supuestamente literal de pasajes de 19 sentencias del Tribunal Constitucional, al efecto entrecomilladas, cuando resulta que ninguna de ellas era real.

El abogado alegó haberse desconfigurado una base de datos con jurisprudencia que había preparado para ese asunto pero el Tribunal Constitucional, además de considerar no acreditada esta circunstancia declaró que fuera cual fuese la causa de la inclusión de citas irreales (uso de la inteligencia artificial, entrecomillado de argumentos propios, etcétera), el letrado es siempre responsable de revisar exhaustivamente todo el contenido de este y de cualquier escrito que presenten en un proceso constitucional (en este caso de amparo), corrigiendo en su caso lo mal hecho, antes de su envío al procurador para su presentación en el registro general del citado Tribunal Constitucional.

les, no como un sustituto de ellos, que asesoran a las organizaciones y particulares"[5].

2. *Estudio previo de las necesidades de IA en los Servicios Jurídicos de los Parlamentos*

Como punto de partida para ver qué tipología de tecnología de IA puede ser adecuado implementar en los servicios jurídicos de los Parlamentos, resulta esencial efectuar una planificación estratégica que implicará, en todo caso, realizar un análisis previo de las tareas asignadas a este departamento y conocer cuáles son las necesidades que aquella herramienta puede ayudar para solucionar o mejorar su funcionamiento. Para este diagnóstico inicial resultará esencial la participación e implicación de todos los funcionarios/as que conformen los servicios jurídicos de cada Cámara.

Hay que partir de la base que, si bien la estructura organizativa y competencias en los servicios jurídicos de los distintos parlamentos o asambleas legislativas pueden ser variables, con carácter general, las principales funciones o cometidos de los servicios jurídicos en las Cámaras legislativas se pueden sintetizar en la siguiente enumeración:

- la representación y defensa de la Cámara legislativa respectiva y de los órganos e instituciones vinculados o dependientes de aquéllas ante el Tribunal Constitucional o ante cualquier órgano jurisdiccional
- el asesoramiento jurídico y técnico a los órganos de la Cámara Legislativa mediante la elaboración de notas, propuestas de acuerdos o resoluciones, dictámenes e informes jurídicos que en las materias propias de su competencia les fueren encomendados a requerimiento de la Mesa, del presidente o presidenta, Comisiones o del letrado o letrada mayor/secretario o secretaria general
- tareas de apoyo y asesoramiento jurídico a las distintas unidades de cada Cámara legislativa

5 https://theconversation.com/la-tecnologia-juridica-no-acabara-con-los-abogados-solo-facilitara-su-trabajo-129269 [fecha de consulta: 15 de mayo de 2025].

- la asistencia jurídica y emisión de informes jurídicos en las diversas fases de los procedimientos de contratación administrativa en que así se requiera
- supervisión final en la conformidad legal de los proyectos de pliegos, contratos y convenios administrativos
- informar los escritos de reconsideración frente a los acuerdos de la Mesa

Por tanto, a tenor del listado anteriormente expuesto se comprueba que las funciones que desempeñan los servicios jurídicos en los Parlamentos son de naturaleza dual, consultiva y contenciosa, aunque con preponderancia de aquella, y que tienen como nota característica singular el objeto y el ámbito normativo que resulta de aplicación, fundamentalmente el derecho parlamentario y constitucional.

La particularidad de la normativa que resulta, con carácter general, objeto de análisis, estudio y aplicación por los servicios jurídicos es un hecho diferencial, por ejemplo, respecto de las asesorías jurídicas de las administraciones públicas, lo que haría recomendable que este factor se tuviera en cuenta para cuando se adquieran e implementen herramientas de IA especializadas o adaptadas a estas necesidades propias de los Parlamentos.

Para los servicios jurídicos de un Parlamento resulta esencial tener programas o herramientas de IA que tengan incorporados datos de alta calidad y fiables que permitan al algoritmo obtener patrones que puedan ser utilizados para automatizar tareas o mejorar la eficiencia, por lo que habría que incluir como fuente de datos de la solución tecnológica al menos aquellos que:

1.- potencien el ámbito de derecho constitucional y parlamentario frente a otras ramas del derecho más residuales en el ejercicio de sus funciones.

2.- integren todo el sistema de gestión documental de cada Cámara Legislativa.

3.- incluyan todos los informes jurídicos de su Parlamento u otras consultas de naturaleza jurídica que se hayan hecho en esta área de conocimiento, e incluso de otros parlamentos o asambleas legislativas, muchos de ellos accesibles y publicados en sus portales de transparencia.

Por ello, si bien puede resultar aceptable el uso de herramientas generalistas de IA en los servicios jurídicos de las Cámaras Legislativas, no cabe duda de que apostar por soluciones especializadas de IA ajustadas y adaptadas a la idiosincrasia propia de los Parlamentos sería más útil, óptimo y eficiente a todos los niveles incluso probablemente el económico.

En el momento actual de las respuestas obtenidas a la consulta efectuada a través de la Red Parlamenta[6] respecto de si en los servicios jurídicos de los Parlamentos se está utilizando algún programa o sistema de Inteligencia Artificial, se comprueba que, si bien numerosos Parlamentos han apostado recientemente por adquirir algún tipo de herramienta de IA incorporada a bases legales, en muchos casos la misma solución tecnológica, es de naturaleza generalista y el uso que se está efectuando es incipiente, por lo que no se puede obtener un diagnóstico concluyente todavía.

De todo lo anteriormente expuesto se concluiría que, antes de la adquisición de una herramienta de IA para los servicios jurídicos de un Parlamento, debiera existir un estrategia organizacional con un estudio previo y exhaustivo que ayude a identificar claramente cuáles son sus necesidades particulares para poder adaptar la solución tecnológica más idónea y garantizar que los datos, que son la materia prima de la IA y la garantía de su correcto funcionamiento, sean cuidadosamente supervisados y de alta calidad para obtener así un resultado óptimo. Así, es necesario garantizar en los Parlamentos el uso de herramientas tecnológicas de IA donde las fuentes de entrenamiento sean conocidas, fiables, seguras y estén actualizadas conforme a los cambios legales (transparencia y explicabilidad), además de cumplir con la normativa en materia de protección de datos personales.

Para ello, resultará conveniente contar con un equipo multidisciplinar en el seno del Parlamento que permita evaluar con éxito

---

6 La Red Parlamenta es la red de cooperación de los servicios documentales y bibliotecarios de los parlamentos autonómicos, fue creada oficialmente en el seno de la COPREPA (2011) y funciona desde 2009 como plataforma de intercambio de recursos y conocimiento de ámbito parlamentario. En ella se encuentran presentes las diecisiete cámaras autonómicas, su creación y mantenimiento es fruto del trabajo colaborativo de los profesionales de estos parlamentos. https://www.redparlamenta.com/ [fecha de consulta: 5 de mayo de 2025].

el sistema de IA que se pretende implementar, ya que como indica LÓPEZ DONAIRE "En este proceso de análisis y compra de legaltech contar con un buen equipo formado por letrados, informáticos y personal de apoyo supone una garantía de éxito para evaluar si los productos que se ofrecen en el mercado responden a lo que se demanda en la Asesoría Jurídica y si cumplen con las exigencias de seguridad marcados por la normativa de protección de datos y por el Reglamento de Inteligencia Artificial"[7].

Asimismo, a mi modo de ver, tendría que explorarse la opción de ver fórmulas colaborativas entre todos los Parlamentos para diseñar, adquirir o adaptar herramientas o módulos de IA que tengan una estructura común que contemplen las necesidades propias de nuestra organización parlamentaria, incluyendo sus servicios jurídicos[8].

3. *Beneficios, desafíos y riesgos de la aplicación de la IA en los servicios jurídicos de los parlamentos*

La inteligencia artificial es una tecnología que, como veremos, puede ayudar a los servicios jurídicos de los Parlamentos a disminuir los tiempos de respuesta en el desempeño de las distintas tareas de asistencia jurídica, reducir los errores humanos y conseguir una mayor eficiencia en el uso de datos masivos, por lo que los letrados/as tenemos que estar capacitados y preparados para el desafío que supone este avance tecnológico.

En todo caso, en el uso de esta tecnología de IA siempre seguirá siendo trascendental la supervisión humana[9], en este caso de los

---

7 López Donaire, B. (2025).

8 En el ámbito parlamentario existen precedentes de soluciones tecnológicas con una estructura común y que luego han sido adaptadas a las necesidades de cada Parlamento:
La aplicación informática Ágora Millenium Ágora Millennium para la tramitación parlamentaria:
https://www.parlamentodegalicia.es/sitios/web/Transparencia/DocsTransparencia/AGORA_es.pdf [fecha de consulta: 5 de mayo de 2025].
El caso de Sedipualba en el ámbito de los servicios digitales:
https://www.sedipualba.es/ [fecha de consulta: 5 de mayo de 2025].

9 El principio de supervisión humana de la IA es citado por el Considerando 27 del Reglamento (UE) 2024/1689 del Parlamento Europeo y del Consejo,

letrados/as, puesto que como señala RIVERO ORTEGA, "el mantenimiento de la supervisión humana (principio de humanidad)[10] será clave, así como la garantía última de que todos aquellos textos o propuestas resultantes del trabajo de aplicaciones deban ser filtradas para evitar errores y daños consiguientes"[11].

En el área de los servicios jurídicos de los Parlamentos, aunque como hemos expuesto anteriormente tienen naturaleza dual, su labor suele ser principalmente consultiva o de asesoramiento, esto es, la emisión de informes jurídicos o resolución de consultas, verbales o escritas.

Una vez señaladas las principales funciones de los servicios jurídicos, se trataría de identificar y conocer cuáles son los cometidos en los que la IA puede ser útil y de ayuda para las labores propias de aquellos.

En este sentido, las principales tareas que puede cumplir la IA en el ámbito jurídico, a través de las denominadas herramientas de legaltech[12], la mayoría de las cuales pueden ser extrapolables a los servicios jurídicos de los Parlamentos, serían las siguientes:

---

de 13 de junio de 2024, por el que se establecen normas armonizadas en materia de inteligencia artificial y por el que se modifican los Reglamentos (CE) nº 300/2008, (UE) nº 167/2013, (UE) nº 168/2013, (UE) 2018/858, (UE) 2018/1139 y (UE) 2019/2144 y las Directivas 2014/90/UE, (UE) 2016/797 y (UE) 2020/1828 (Reglamento de Inteligencia Artificial), que hace mención a los siete principios éticos no vinculantes del Grupo de expertos independientes de alto nivel sobre IA, y el primero es precisamente el de acción y supervisión humana: "se entiende que los sistemas de IA se desarrollan y utilizan como herramienta al servicio de las personas, que respeta la dignidad humana y la autonomía personal, y que funciona de manera que pueda ser controlada y vigilada adecuadamente por seres humanos".

10 Rivero Ortega, R. (2023).

11 Rivero Ortega, R. (2024): 66-83.
Este autor "reivindica al ser humano profesional como opción preferible por muchas razones, y propone seguir confiando al fin en las personas, sin objetar la asistencia de las máquinas".

12 Este concepto anglosajón está referido a la adopción de tecnologías y programas informáticos innovadores para racionalizar y mejorar los servicios jurídicos. Véase, a estos efectos, la obra de Barrio Andrés, M. (2023).

1.- Investigación legal

La tecnología de IA puede procesar grandes cantidades de datos legales en poco tiempo y con un alto grado de precisión, obteniendo resultados relevantes e inmediatos, incluyendo aquí la búsqueda y análisis de jurisprudencia, precedentes legislativos o parlamentarios[13], y doctrina.

En los servicios jurídicos de los Parlamentos es habitual el uso de buscadores legales tradicionales, pero la incorporación de motores que incluyan IA, con infinitamente mayor capacidad de procesamiento y comprensión, supondría un salto cualitativo al proporcionar un análisis más profundo y contextualizado, acotando con mayor precisión los resultados a lo que realmente se está buscando, con un considerable ahorro de tiempo.

2.- Automatización de tareas

Los letrados/as de los servicios jurídicos dedican mucho tiempo a la gestión de grandes cantidades de información mediante la revisión manual de textos y documentos (expedientes de contratación o parlamentarios, normativa legal, jurisprudencia…) y la IA puede realizar estas tareas generando informes personalizados (comparativa de textos legales, resumen ejecutivo de novedades legislativas, análisis detallados de las sentencias…)

3.- Asistencia en la redacción de informes

La IA jurídica con inteligencia artificial permite redactar borradores de documentos legales con apoyo de modelos entrenados en lenguaje jurídico, mediante plantillas y sugerencias basadas en casos similares de modo que la IA puede ayudar a los letrados/as de los Parlamentos a redactar informes con mayor eficiencia a través de propuestas de mejora en la redacción del documento, construcción de argumentos jurídicos…

---

13 A nivel de derecho comparado, en Estados Unidos la Cámara de Representantes ha desarrollado una herramienta denominada “Comparative Print Suite” que permite visualizar cambios en proyectos de ley y compararlos con la legislación existente, facilitando la identificación de modificaciones legislativas y el análisis de textos legislativos. Esta herramienta se puede consultar en el siguiente enlace:
https://www.popvox.org/legitech/comparative-print-suite
[fecha de consulta: 24 de mayo de 2025].

4.- Chatbots

Un chatbot[14] es un software diseñado para simular conversaciones con usuarios humanos, a menudo mediante texto o voz y pueden estar basados en reglas predefinidas o impulsados por IA.

Pues bien, bajo la supervisión de los letrados/as de los servicios jurídicos de las Cámaras legislativas se pueden implementar asistentes virtuales que usen inteligencia artificial para automatizar tareas jurídicas como, por ejemplo, responder consultas frecuentes o dudas jurídicas básicas que puedan plantear los diputados/as en un Parlamento en relación con la normativa de la Cámara.

Este cambio tecnológico en nuestros Parlamentos implica, sin duda, un desafío, puesto que para que sea exitosa esta innovación habrá que conseguir implicar a todos los letrados/as de cada Cámara en este cambio evolutivo, para lo que resultará esencial fomentar la confianza en este tipo de herramientas de IA y conseguir concienciar de su utilidad.

Para ello será esencial conseguir que desde el principio los letrados/as participen activamente en la implementación de la IA en sus servicios jurídicos, de manera que puedan realizar sugerencias y recomendaciones de mejora y tengan capacidad para probarla.

Asimismo, un aspecto en el que será necesario incidir en los Parlamentos es la necesaria formación en el conocimiento y manejo de la IA que tendrán que recibir los letrados/as de los servicios jurídicos, puesto que supone un cambio importante en la forma de desempeñar su trabajo.

El conocimiento de la herramienta IA por los letrados/as, a través de la transparencia y comprensión de esta, es relevante para generar la confianza necesaria para su posterior uso.

En cuanto al manejo de la IA hay que tener en cuenta, a título de ejemplo, que en el caso de las bases legales tradicionales la búsqueda de jurisprudencia funciona principalmente mediante la intro-

---

14 En relación con el uso de chatbots en los despachos españoles como canal de comunicación para proporcionar determinados servicios de asesoramiento legal a los clientes puede consultarse: Consejo General de la Abogacía Española, *Inteligencia artificial & Abogacía*. Abogacía Futura 2021: Prospectiva de negocio emergente, 2021, pp. 12-13.

ducción de palabras clave en filtros predefinidos con indexación de documentos legales, en cambio en las bases legales con IA generativa se pueden enviar la consulta en un lenguaje natural, a través de la búsqueda contextual, para lo que resulta esencial para los letrados/as de los servicios jurídicos el dominio del denominado "legal prompting"[15], que es la habilidad de formular instrucciones precisas para que una IA comprenda y resuelva tareas legales complejas. No cabe duda de que esta competencia profesional digital tendrá que adquirirse por los letrados/as de las Cámaras ya que se debe aprender a preguntar, en la medida que la calidad del prompt condiciona la respuesta del sistema de IA.

Por otra parte, no se puede obviar que el uso de la IA en los servicios jurídicos planteará una serie de riesgos que tienen que ser contemplados:

1.- Privacidad y protección de datos

Las herramientas de IA requieren grandes cantidades de datos para su entrenamiento, lo que puede implicar la recopilación excesiva de información personal.

En las Cámaras Legislativas se realizan múltiples tratamientos de datos personales, por lo que habrá que controlar y tener en cuenta algunas precauciones en el caso de trasvase de esta información (datos) a las herramientas de IA[16].

Existe igualmente el riesgo de que el procesamiento de los datos personales se efectúe sin el consentimiento informado adecuado o que los datos recopilados para las herramientas IA se puedan utilizar para fines no autorizados, lo que plantea preocupaciones de privacidad, cuestiones todas ellas que exigen una supervisión en el ámbito de la protección de datos.

También habrá que ser especialmente cuidadoso con no facilitar a la herramienta de IA información confidencial, sujeta a propiedad intelectual o que contenga datos personales, incluso a través de los

---

15 Un *prompt* es el texto o comando inicial que desencadena la generación de contenido por parte de la IA, que debe proporcionar todo el contexto relevante para que la herramienta sea capaz de procesarlo correctamente para de esta forma obtener resultados precisos y detallados en el ámbito jurídico.

16 Véase la obra de De Alba Bastarrechea, E. (coord.) y otros (2023).

prompts o instrucciones que se proporcionan al sistema para obtener una respuesta.

Finalmente, indicar que para garantizar la privacidad y protección de datos en los Parlamentos se vuelve imprescindible la supervisión que puedan desempeñar los delegados/as de protección de datos[17] de cada Cámara y conseguir trabajar en entornos seguros para lo que resultará necesario igualmente la ayuda y colaboración que presten los servicios TIC[18].

2.- Responsabilidad

Las herramientas de IA no son infalibles y por tanto están sujetas a que puedan producirse potenciales errores, lo que se suele denominar "alucinaciones" que tienen lugar cuando esta tecnología genera respuestas convincentes, bien redactadas e incluso lógicas, pero incorrectas, inventadas o directamente falsas, basadas en fuentes de información no fiables. Lo anterior implica que la supervisión por parte de los letrados/as de los servicios jurídicos es fundamental puesto que son ellos quienes, en todo caso, deberán asumir la responsabilidad profesional[19] de las decisiones adoptadas al aplicar los datos, informes o análisis proporcionados por las herramientas tecnológicas.

3.- Ciberseguridad

La ciberseguridad es una cuestión cada vez más importante para los parlamentos o asambleas legislativas en la medida que van invirtiendo más en el trabajo a distancia y en tecnologías basadas en la

---

17 Los sistemas de IA deben cumplir con las regulaciones de protección de datos existentes, como el Reglamento (UE) 2016/679 del Parlamento Europeo y del Consejo de 27 de abril de 2016 relativo a la protección de las personas físicas en lo que respecta al tratamiento de datos personales y a la libre circulación de estos datos y por el que se deroga la Directiva 95/46/CE y la Ley Orgánica 3/2018, de 5 de diciembre, de Protección de Datos Personales y garantía de los derechos digitales.

18 Sería recomendable que los servicios TIC de los Parlamentos realizaran auditorías independientes para asegurarse de que estos modelos y herramientas de IA cumplen con unas medidas básicas de seguridad.

19 Hidalgo Cerezo, A. (2025).

nube, como ha reconocido la Unión Interparlamentaria en una guía sobre la transformación digital en los Parlamentos del año 2023[20].

La IA depende en gran medida de la recopilación y el análisis de grandes volúmenes de datos por lo que las herramientas que se introduzcan en los Parlamentos pueden convertirse en objeto de ciberataques. Además, no se puede olvidar que en los últimos tiempos han sido objeto de ciberataques varios parlamentos españoles o el Parlamento Europeo.

Lo anterior exigirá que los usuarios de IA de los servicios jurídicos tengan que adoptar una serie de cautelas para no divulgar información que pudiera permitir a terceros atacar este tipo de infraestructuras o eludir las medidas de seguridad existente y que por parte de los departamentos TIC de los Parlamentos se refuerce la protección de los sistemas de IA contra amenazas externas.

4. Conclusiones

Como hemos expuesto, la introducción de la IA en los Parlamentos, que va a suponer un cambio en la forma tradicional de trabajar, haría conveniente que con carácter previo a su implementación efectiva sea abordado un "plan estratégico de IA en los Parlamentos" en el cual efectuar un correcto diagnóstico que permita analizar cuáles son las necesidades tecnológicas precisas para sus servicios jurídicos[21].

Asimismo, a falta actualmente de una regulación legal al respecto[22], se hace igualmente necesario que los Parlamentos aprueben una

---

20 Esta guía se puede consultar en el siguiente enlace: https://www.ipu.org/resources/publications/reference/2023-09/guide-digital-transformation-in-parliaments [fecha de consulta 10-5-25].

21 En esta misma línea Guillem Carrau, J. declara que "Una planificación estratégica del uso de los sistemas de inteligencia artificial en los parlamentos pasa por la identificación de que herramientas se van a poner en marcha y cuál es la finalidad de dicho uso y precisa de un comité de gestión que lidere el desarrollo y ejecución del programa de actuaciones integral" [*Inteligencia artificial y parlamentos modernos*. Corts. Anuari de Dret Parlamentari núm. 38, diciembre 2024, pp. 103-104].

22 La Agencia Española de Supervisión de la Inteligencia Artificial (AESIA) es previsible que acabe publicando recomendaciones o guías sobre los usos de las aplicaciones por parte de los funcionarios/as.

"guía o política sobre el uso de la IA generativa"[23] que contemple los riesgos del uso de esta tecnología y fije una regulación lo más precisa posible con recomendaciones sobre su uso, riesgos y responsabilidades para los letrados/as de las Cámaras legislativas en el ejercicio de sus funciones.

Por otra parte, si bien la implementación de la IA en los servicios jurídicos supondrá una ayuda relevante y generará importantes beneficios para el desempeño de sus tareas principales, resultará también esencial que se comprendan los riesgos y las implicaciones éticas del uso de la IA en el ámbito legal, así como las responsabilidades que puede implicar su utilización incorrecta.

En la medida que actualmente nos encontramos ante un uso todavía incipiente en las Cámaras Legislativas, que no permite evaluar correctamente los beneficios y riesgos de la IA, sería recomendable que los Parlamentos comenzaran a realizar pruebas piloto en los servicios jurídicos en entornos reales y controlados a una escala reducida, lo que se conoce como sandbox, para conocer las capacidades de esta tecnología con aplicaciones concretas y con supervisión de los letrados/as de sus servicios jurídicos.

Otra cuestión trascendental es que las Cámaras legislativas tendrán que inculcar y fomentar una cultura digital que implique la formación transversal en todos los niveles, para asegurar que ningún funcionario/a, y en concreto los letrados/as, queden al margen de este proceso de transformación y adquieran las necesarias competencias digitales en IA. La formación inicial y actualización permanente de competencias y cualificaciones digitales en IA por parte de los letrados/as de los servicios jurídicos será un pilar básico que, sin duda, tendrá que ser reforzado.

En definitiva, la correcta implantación y uso de la IA en los Parlamentos va a suponer un importante reto para los próximos años que

---

https://aesia.digital.gob.es/es

23 El Comité Técnico Estatal de la Administración Judicial Electrónica (CTEAJE), en junio de 2024, aprobó la Política de Uso de la Inteligencia Artificial en la Administración de Justicia.
El documento se puede consultar en el siguiente enlace:
https://www.administraciondejusticia.gob.es/w/aprobada-la-politica-de-uso-de-la-ia-en-la-administracion-de-justicia [fecha de consulta 26-5-25].

tendrá que ser abordado con un análisis profundo de sus beneficios y riesgos en la medida que, como dijo una de las mayores expertas en inteligencia artificial, Fei-fei Li, "la inteligencia artificial es una herramienta; la elección sobre cómo se utiliza depende de nosotros".

II. INTELIGENCIA ARTIFICIAL EN LOS SERVICIOS DE DOCUMENTACIÓN Y ESTUDIO PARLAMENTARIOS: RETOS, APLICACIONES Y PERSPECTIVAS

1. Introducción

La información legislativa es el instrumento esencial para el funcionamiento eficiente de los parlamentos democráticos. En este entorno, los servicios de documentación y estudio juegan un papel crucial al proporcionar a legisladores y letrados parlamentarios los análisis, estudios comparados y apoyo documental que sustentan la toma de decisiones legislativas. El volumen creciente de información normativa, jurisprudencial y doctrinal, sumado a la exigencia de inmediatez en el trabajo parlamentario, han motivado la incorporación de nuevas tecnologías, siendo la inteligencia artificial (IA) una de las más prometedoras.

La aplicación de la IA en los servicios parlamentarios responde a la necesidad de optimizar procesos, mejorar la calidad del asesoramiento técnico y garantizar un acceso más eficiente y equitativo a la información. Lejos de sustituir a los profesionales jurídicos y documentales, la IA se presenta como una herramienta complementaria que potencia sus capacidades, permitiéndoles centrarse en tareas de mayor valor añadido[24].

El objetivo de este trabajo es analizar, con especial referencia al contexto español pero sin ignorar el ámbito internacional, el estado de aplicación de la IA en los servicios de documentación y estudio parlamentarios, sus potencialidades, los riesgos que entraña y las perspectivas de futuro.

---

[24] Servicio de Investigación del Parlamento Europeo. (2022). *How artificial intelligence is changing parliaments: Challenges and opportunities*. EPRS Briefing

2. *Fundamentos tecnológicos de la IA*

La IA puede definirse como el conjunto de sistemas o máquinas que imitan la inteligencia humana para realizar tareas y pueden mejorar iterativamente a partir de la información que recopilan[25].

En el ámbito legislativo y documental, la aplicación de la IA es relativamente reciente pero creciente, debido al aumento de la complejidad de los sistemas normativos y a la necesidad de una gestión más eficiente del conocimiento jurídico[26].

Entre las tipologías de IA relevantes para los parlamentos cabe destacar las siguientes:

- Procesamiento del Lenguaje Natural (PLN), que permite a las máquinas comprender, interpretar y generar lenguaje humano. Sus aplicaciones en los parlamentos incluyen la transcripción automática de debates, la traducción automática de documentos legislativos y la búsqueda semántica en bases de datos normativas[27].
- Sistemas de recomendación, con los que, mediante algoritmos de filtrado colaborativo o basado en contenido, los sistemas de recomendación pueden sugerir documentos legislativos relevantes, estudios comparados o informes técnicos, personalizando la información según las necesidades del legislador, letrado parlamentario o técnico asesor de grupo parlamentario[28].
- Minería de datos y minería de textos, técnicas que permiten descubrir patrones, correlaciones y tendencias en grandes volúmenes de datos legislativos y doctrinales, facilitando la elaboración de análisis prospectivos y el apoyo a la toma de decisiones basadas en evidencia[29].

---

[25] Comisión Europea. (2021). *Artificial Intelligence Act Proposal.* Bruselas.

[26] Sartor, G. (2020). *Artificial Intelligence and Legal Responsibility.* Edward Elgar Publishing.

[27] Jurafsky, D., & Martin, J. H. (2021). *Speech and Language Processing* (3rd ed.). Draft.

[28] Ricci, F., Rokach, L., & Shapira, B. (2015). *Recommender Systems Handbook* (2nd ed.). Springer.

[29] Aggarwal, C. C. (2015). *Data Mining: The Textbook.* Springer.

- Inteligencia Artificial Generativa, capaz de producir textos complejos y coherentes en lenguaje natural. Sus aplicaciones potenciales en el ámbito parlamentario incluyen la asistencia en la redacción preliminar de proyectos de ley, resúmenes ejecutivos de documentos extensos o la generación de borradores de informes de comisiones.

La adopción de sistemas de IA en parlamentos plantea requisitos técnicos específicos, como la interoperabilidad con los sistemas de gestión documental existentes, la garantía de la seguridad de la información y el cumplimiento de principios éticos como la transparencia y la no discriminación[30].

Además, es fundamental una colaboración estrecha entre los técnicos documentales, los letrados de las cámaras y los servicios informáticos parlamentarios para una implantación ética y eficaz de estas tecnologías.

3. Aplicaciones actuales de la IA en los Servicios Parlamentarios

La gestión documental parlamentaria ha sido una de las primeras áreas en beneficiarse de la implementación de la inteligencia artificial. Sistemas de clasificación automática de documentos, basados en aprendizaje supervisado, permiten catalogar textos legislativos, informes y dictámenes en grandes bases de datos, mejorando la accesibilidad y reduciendo la carga manual de los técnicos documentales[31].

Ejemplos prácticos incluyen el uso de clasificadores semánticos que identifican la materia de los proyectos de ley o que sugieren referencias normativas conexas de forma automática, como ocurre en el Parlamento Europeo.[32]

---

30 Foro Económico Mundial. (2022). *AI Governance: A Holistic Approach to Implement Ethics into AI.* Ginebra.

31 Hirtle, P. B. (2020). *Archival Arrangement and Description.* Chicago: Society of American Archivists.

32 Servicio de Investigación del Parlamento Europeo. (2022). *How artificial intelligence is changing parliaments: Challenges and opportunities.* Bruselas: Unión Europea. https://www.europarl.europa.eu/thinktank/en/document/EPRS_BRI(2022)733653

La transcripción de debates parlamentarios constituye una tarea esencial para la transparencia y el acceso ciudadano. La IA ha revolucionado este proceso mediante herramientas de reconocimiento automático del habla (ASR, por sus siglas en inglés), que permiten generar transcripciones casi en tiempo real con niveles de precisión superiores al noventa por ciento.

En España, el Congreso de los Diputados ha adjudicado en 2024 a una empresa el desarrollo de un sistema de transcripción automática de sesiones parlamentarias en castellano y lenguas cooficiales, utilizando tecnología de IA entrenada específicamente en lenguaje jurídico y parlamentario[33].

Complementariamente, los motores de traducción automática neuronal (NMT) permiten traducir documentos legislativos a las diferentes lenguas oficiales del Estado o de la Unión Europea, facilitando la igualdad lingüística y la eficiencia administrativa[34].

Sistemas como *eTranslation* de la Comisión Europea, basados en redes neuronales profundas, están siendo progresivamente adaptados a las necesidades de los parlamentos nacionales.

La IA generativa también ofrece capacidades emergentes para asistir en la redacción preliminar de textos normativos. Aunque su uso en procesos formales de elaboración legislativa aún se encuentra en fase exploratoria, existen ya desarrollos experimentales que permiten sugerir estructuras de proyectos de ley, identificar inconsistencias normativas y generar explicaciones accesibles del contenido legislativo.[35]

El empleo responsable de estas herramientas podría liberar a los letrados parlamentarios de tareas repetitivas y permitirles concentrarse en funciones de garantía jurídica y técnica.

---

33 Pangeanic. (2024). *Pangeanic implementará tecnología de transcripción automática en el Congreso de los Diputados* [Nota de prensa]. Recuperado de https://blog.pangeanic.com

34 Koehn, P. (2020). *Neural Machine Translation.* Cambridge: Cambridge University Press.

35 Cui, L., Wu, Y., Liu, S., & Zhang, M. (2022). *Automatic Legislative Document Drafting: A Survey. Artificial Intelligence Review*, 55, 245-270. https://doi.org/10.1007/s10462-021-10002-2

La incorporación de motores de búsqueda semántica potenciados por IA transforma la recuperación de información legislativa, al no depender únicamente de coincidencias literales de texto sino de la comprensión contextual de las consultas[36].

Esto permite a los usuarios parlamentarios encontrar documentos relevantes, aunque no empleen la terminología exacta, mejorando significativamente la eficiencia de los servicios de documentación.

Los servicios de asesoramiento jurídico en los parlamentos se benefician también del uso de IA para sintetizar grandes volúmenes de literatura científica y datos técnicos, identificando evidencias relevantes para las deliberaciones legislativas.[37]

La Oficina de Ciencia y Tecnología del Congreso de los Diputados, por ejemplo, está explorando estas herramientas para fortalecer la base empírica de los informes parlamentarios.

4. Iniciativas de IA adoptadas por los parlamentos en España

Como se ha expuesto más arriba, en 2024, el Congreso de los Diputados adjudicó a una empresa el contrato para la implantación de un sistema de transcripción automática de los debates parlamentarios, incluyendo la posibilidad de traducción a las lenguas cooficiales del Estado. Esta iniciativa, basada en tecnología de reconocimiento automático del habla entrenada en el lenguaje jurídico parlamentario, representa un paso decisivo en la modernización de los servicios de documentación del Congreso.

Este proyecto no solo busca agilizar la disponibilidad de las actas de sesión, sino también facilitar el acceso ciudadano a los debates, contribuyendo a la transparencia parlamentaria.

La Oficina de Ciencia y Tecnología (Oficina CCT) del Congreso de los Diputados, creada en 2021, tiene como misión proporcionar asesoramiento científico-técnico independiente a los legisladores.

---

36 Manning, C. D., Raghavan, P., & Schütze, H. (2008). *Introduction to Information Retrieval.* Cambridge: Cambridge University Press.

37 Gluckman, P., Bardsley, A., & Kaiser, M. (2021). *Science Advice to Legislatures: New Opportunities for Evidence-Informed Law-Making.* Cham: Palgrave Macmillan. https://doi.org/10.1007/978-3-030-84769-7

En su funcionamiento, la Oficina está comenzando a integrar herramientas de IA para la revisión automatizada de literatura científica, la identificación de tendencias emergentes y la elaboración de resúmenes ejecutivos de informes técnicos[38].

En el seno de la Comisión de Ciencia, Innovación y Universidades del Senado, se constituyó en 2023 una ponencia de estudio sobre "La importancia de la inteligencia artificial en el uso de los datos y en otros campos beneficiosos para la sociedad"[39]. Entre las conclusiones preliminares de la ponencia figura la necesidad de dotar a las cámaras legislativas de herramientas de IA que mejoren la eficiencia documental, la accesibilidad y la calidad del asesoramiento técnico y jurídico.

Aunque aún en fase de desarrollo, este trabajo parlamentario evidencia el interés creciente del Senado en la implementación responsable de la IA para su utilización por los servicios de la Cámara Alta.

En el momento de redacción del presente trabajo, el Senado está trabajando en proyectos piloto para la incorporación de sistemas de búsqueda semántica avanzada en sus bases documentales, así como en el análisis automatizado de las intervenciones parlamentarias, con el fin de elaborar indicadores de actividad legislativa y de control.

En el ámbito de los parlamentos autonómicos podemos destacar al papel del Parlamento de Cataluña, que está siendo pionero en la implantación de un sistema de tramitación electrónica parlamentaria, que incluye módulos de IA para la clasificación automática de iniciativas parlamentarias y la sugerencia de normas relacionadas[40].

Este sistema no solo mejora la eficiencia administrativa, sino que también proporciona a los diputados herramientas de análisis jurídico avanzadas, facilitando la comprensión del contexto normativo de las propuestas legislativas.

En suma, las iniciativas españolas mencionadas reflejan una voluntad clara de modernizar los servicios de documentación parla-

---

38 Ciencia en el Parlamento. (2022). *Oportunidades para el asesoramiento científico parlamentario en España*. Informe.

39 Senado de España. (2023). *Informe de conclusiones preliminares de la Ponencia sobre Inteligencia Artificial y Datos*. Comisión de Ciencia, Innovación y Universidades.

40 Parlament de Catalunya. (2023). *Memoria anual de actividades 2022-2023*.

mentaria mediante la integración de soluciones de IA, si bien todavía se encuentran en fases de despliegue inicial o de prueba piloto.

5. *Comparativa internacional: modelos de referencia*

El desarrollo de herramientas de IA en los parlamentos se manifiesta especialmente en los servicios de estudio, investigación documental y acceso al conocimiento parlamentario. Las siguientes experiencias internacionales ilustran modelos con una aplicación directa en estos ámbitos funcionales.

5.1 Parlamento Europeo

El Servicio de Investigación del Parlamento Europeo[41] ha desarrollado proyectos que integran IA en tareas propias de los servicios de estudio, como la elaboración de informes temáticos y el análisis documental:

- EPRS Briefings Automatizados: mediante herramientas de lenguaje natural y minería de textos, se generan borradores de informes breves sobre temas legislativos, con supervisión de los analistas del servicio.
- Clasificación automatizada de contenidos: en el sistema de la biblioteca parlamentaria se han implementado clasificadores automáticos por tema, tipo de fuente y estado de tramitación.

5.2 Cámara de los Comunes (Reino Unido)

Los servicios de documentación de la Biblioteca de la Cámara de los Comunes han comenzado a aplicar IA en las siguientes funciones:

- Indexación semántica de recursos: a partir de sistemas como Hansard AI, se mejora la recuperación de contenido en los registros de debates y documentos asociados.
- Sistemas de recomendación documental: con base en consultas anteriores y perfiles temáticos de los parlamentarios, el sis-

---

41 Servicio de Investigación del Parlamento Europeo. (2022). *Automated Tools and the Future of Legislative Research.* EPRS Technical Note.

tema sugiere fuentes especializadas de alta relevancia para la preparación de preguntas y debates.

5.3 Bundestag (Alemania)

El Departamento Científico del Bundestag ha promovido herramientas de IA centradas en la investigación legislativa y la organización documental:

- Legislative Text Analysis (LTA): permite a los investigadores del Bundestag analizar la coherencia normativa y detectar similitudes con textos legislativos anteriores.
- Herramientas de análisis temático automatizado: utilizadas para clasificar grandes volúmenes de informes y estudios por materias, legislatura o impacto, facilitando el trabajo de archivo e investigación comparada.

5.4 Unión Interparlamentaria (UIP)

La Unión Interparlamentaria (UIP) ha asumido un papel de liderazgo en el impulso de la inteligencia artificial en los parlamentos a través de una serie de publicaciones y herramientas orientadas a fomentar su adopción responsable. En particular, ha identificado casos de uso prácticos que ya están siendo aplicados o evaluados por diferentes cámaras legislativas.

En 2024, la UIP publicó las *Directrices para el uso de la IA en los parlamentos*, un documento que establece principios éticos fundamentales como la transparencia, la rendición de cuentas, la protección de datos y la inclusión digital. Estas directrices ofrecen orientaciones para la integración gradual de la IA en la actividad parlamentaria, haciendo especial énfasis en el papel de supervisión que deben asumir los parlamentos sobre estas tecnologías[42].

La UIP[43] ha identificado una serie de aplicaciones de IA que responden a las necesidades comunes de muchos parlamentos del mundo. Entre los casos de uso más relevantes se encuentran:

[42] Unión Interparlamentaria. (2024). *Guidelines for AI in parliaments*. Ginebra: UIP.

[43] Unión Interparlamentaria. (2024). *Use cases for AI in parliaments*. Ginebra: UIP.

- Transcripción y traducción automatizadas
- Análisis predictivo de impacto legislativo
- Sistemas de organización y priorización documental
- Asistentes virtuales parlamentarios
- Evaluación de políticas públicas

Junto a las directrices y estudios de caso, la UIP[44] ha puesto a disposición de los parlamentos una serie de recursos técnicos que incluyen:

- Plantillas de evaluación de riesgos algorítmicos.
- Marcos para la auditoría de sistemas de IA utilizados en contextos parlamentarios.
- Recomendaciones para la formación del personal legislativo en competencias digitales avanzadas.

Estas iniciativas buscan acompañar a los parlamentos en una transición tecnológica progresiva, garantizando al mismo tiempo los derechos fundamentales y la integridad del proceso legislativo.

6. *Desafíos y riesgos de la aplicación de la IA en los servicios de documentación y estudio parlamentarios*

La implementación de inteligencia artificial en los servicios de documentación y estudio de los parlamentos conlleva beneficios notables, pero también plantea importantes desafíos éticos, técnicos y funcionales que deben ser abordados con un enfoque multidisciplinar y basado en la función específica de estos servicios.

Uno de los principales desafíos es la llamada "opacidad algorítmica". Muchos sistemas de IA, especialmente los basados en redes neuronales profundas, funcionan como "cajas negras" cuya lógica interna resulta difícil de explicar incluso para sus diseñadores. Esta falta de transparencia pone en cuestión su aplicabilidad en entornos donde el principio de trazabilidad documental es esencial[45].

---

[44] Unión Interparlamentaria. (2024). *New IPU tools to harness the potential of AI in parliament*. Ginebra: UIP.

[45] Burrell, J. (2016). How the machine 'thinks': Understanding opacity in machine learning algorithms. *Big Data & Society*, 3(1), 1-12. https://doi.

En los servicios de documentación parlamentaria, donde los procesos deben ser auditables y basarse en criterios verificables, es indispensable optar por modelos explicables o complementarlos con técnicas de interpretabilidad como LIME o SHAP.

Por otro lado, es preciso tener en cuenta que los modelos de IA aprenden a partir de datos históricos. Si las bases de datos documentales presentan sesgos estructurales —por ejemplo, predominio de unas fuentes sobre otras, invisibilización de actores minoritarios o subrepresentación o sobrerrepresentación de determinadas áreas temáticas—, el sistema puede reproducir y amplificar esas distorsiones. Un sector doctrinal[46] advierte que los sesgos en los sistemas de recomendación y clasificación pueden comprometer la equidad informativa y el rigor del asesoramiento técnico-legislativo.

En consecuencia, los conjuntos de datos utilizados en los servicios de documentación deben ser previamente auditados y validados con criterios de diversidad, calidad y representatividad temática.

La introducción de IA sin una adecuada estrategia de acompañamiento puede derivar en dependencia de soluciones externas y progresiva pérdida de competencias propias. En los servicios de documentación parlamentaria, esta dependencia puede erosionar el juicio experto y la función crítica que cumple el personal técnico especializado en catalogación jurídica, recuperación normativa y elaboración de informes, en este sentido se ha pronunciado el Servicio de Investigación del Parlamento Europeo[47].

Por ello, el diseño institucional debe garantizar que la IA complemente —y no sustituya— la labor intelectual y normativa de documentalistas, bibliotecarios y analistas de estudio.

Los servicios de documentación y estudio manejan información sensible, tanto desde el punto de vista personal (consultas de ciu-

---

org/10.1177/2053951715622512

46 Mehrabi, N., Morstatter, F., Saxena, N., Lerman, K., & Galstyan, A. (2021). A survey on bias and fairness in machine learning. *ACM Computing Surveys*, 54(6), 1-35. https://doi.org/10.1145/3457607

47 Servicio de Investigación del Parlamento Europeo. (2022). *How artificial intelligence is changing parliaments: Challenges and opportunities*. Bruselas: Unión Europea. https://www.europarl.europa.eu/RegData/etudes/BRIE/2022/733653/EPRS_BRI(2022)733653_EN.pdf

dadanos, informes no públicos) como político (documentos de trabajo internos, análisis estratégicos). La Oficina del Comisionado de la Información del Reino Unido[48] ha subrayado que cualquier tratamiento algorítmico de datos personales debe respetar los principios de minimización, legitimación, finalidad y seguridad, que son los mismos principios recogidos en el RGPD aplicable a los estados miembros de la Unión Europea, de la que el Reino Unido ya no forma parte.

En entornos legislativos, la aplicación de IA debe garantizar el cumplimiento normativo en protección de datos, pero también establecer protocolos organizativos internos de control y supervisión.

La automatización de procesos documentales puede generar una desvinculación de los contenidos respecto a sus fuentes originarias. En servicios que trabajan con normas, jurisprudencia y doctrina, la pérdida de trazabilidad puede afectar la fiabilidad del producto documental final. Sartor[49] destaca que los sistemas de IA deben diseñarse de forma que permitan reconstruir la lógica inferencial y la procedencia exacta de cada recomendación o clasificación.

En este sentido, la supervisión humana es ineludible, especialmente en tareas de síntesis legislativa, elaboración de estudios comparados o generación automatizada de informes.

7. *Recomendaciones para un uso ético y eficaz de la IA en los servicios de documentación y estudio parlamentarios*

Frente a los retos identificados, es fundamental que la implementación de inteligencia artificial en los servicios de documentación y estudio parlamentarios se rija por criterios técnicos, éticos y organizativos específicos que aseguren su eficacia y legitimidad. A continuación, se sugieren algunos caminos por los que entendemos debería

---

48 Oficina del Comisionado de la Informacion del Reino Unido. (2023). *Artificial Intelligence and Data Protection: Guidance for Organisations*. Londres: ICO. https://ico.org.uk/for-organisations/guide-to-data-protection/key-data-protection-themes/guidance-on-ai-and-data-protection/

49 Sartor, G. (2020). *Artificial Intelligence and Legal Responsibility*. Cheltenham: Edward Elgar Publishing. https://doi.org/10.4337/9781788971982

transitar la incorporación de la IA al ámbito parlamentario español en los servicios de documentación y estudio.

Implantación progresiva y modular

La integración de sistemas de IA debe comenzar con proyectos piloto en funciones específicas de bajo riesgo, como la clasificación automática de documentos legislativos o la sugerencia de bibliografía complementaria. Esto permite ajustar los modelos a la especificidad documental parlamentaria y construir confianza institucional antes de pasar a aplicaciones más complejas como la redacción automatizada de resúmenes o el análisis prospectivo.

Gobernanza compartida entre perfiles profesionales

Es esencial una colaboración efectiva entre los letrados parlamentarios, los documentalistas y los especialistas informáticos. Los primeros aseguran la coherencia normativa y la legalidad de los procedimientos; lo segundos aportan conocimientos sobre organización del conocimiento y criterios de catalogación jurídica, y los terceros garantizan la calidad algorítmica y la integración técnica. Esta gobernanza colegiada es indispensable para preservar el valor epistemológico del trabajo documental.

La experiencia de los parlamentos más avanzados en digitalización demuestra que los resultados más consistentes y sostenibles surgen cuando las decisiones tecnológicas se construyen desde la cooperación entre cuerpos profesionales, en lugar de imponerse de forma vertical.

Desarrollo de repositorios de entrenamiento auditados y validados

Los modelos de IA utilizados en entornos parlamentarios deben ser entrenados con corpus documentales cuidadosamente validados: bases de datos legislativas estructuradas, informes técnicos institucionales validados, actas de sesiones, estudios jurídicos comparados. Esto previene la introducción de sesgos y refuerza la pertinencia del contenido generado o sugerido por los sistemas.

Formación continua del personal documentalista y de estudio

Es imprescindible diseñar programas formativos específicos para documentalistas, bibliotecarios parlamentarios y analistas de estudios que incluyan competencias en interpretación de resultados algorítmicos, validación de fuentes automatizadas, trazabilidad de los datos y principios de ética algorítmica. Esta capacitación permitiría al personal técnico asumir un papel activo y crítico frente a las herramientas de IA[50].

Mecanismos de verificación documental automatizada con supervisión humana

Toda herramienta de IA incorporada en los servicios de estudio debe prever un sistema de doble validación: resultados algorítmicos auditables y revisión por expertos humanos. Esto resulta especialmente relevante en tareas como la generación de resúmenes legislativos o la identificación de jurisprudencia relevante, donde la comprensión del contexto y la precisión técnica son irrenunciables. Esta tarea requiere una colaboración simbiótica entre los letrados y los técnicos informáticos parlamentarios.

Fomento de una cultura organizativa basada en la calidad de la información

La introducción de IA debe ir acompañada de una estrategia institucional que refuerce el valor del conocimiento auditado y validado, la trazabilidad documental y la validación de las fuentes. La IA debe entenderse como una herramienta que potencia, pero no reemplaza, la responsabilidad técnica y el juicio profesional de quienes elaboran los estudios y gestionan los fondos documentales del parlamento.

8. *Perspectivas de evolución y líneas de acción futuras*

El uso de IA en los servicios de documentación y estudio debe dejar de ser entendido como una simple herramienta técnica y pasar a considerarse una dimensión estratégica del ecosistema parlamentario digital. Las líneas de evolución más prometedoras apuntan hacia una integración progresiva de la IA con los sistemas de tramitación legislativa, los repositorios de conocimiento parlamentario y las plataformas de acceso ciudadano.

Ahora bien, la calidad de los resultados dependerá de la implicación activa de los equipos profesionales de archivo, documentación,

50 Servicio de Investigación del Parlamento Europeo. (2022). *How artificial intelligence is changing parliaments: Challenges and opportunities.*

análisis y con el apoyo de los servicios jurídicos e informáticos. Las figuras del documentalista especializado en IA, del informático con competencias en supervisión algorítmica y del letrado conocedor de los procedimientos y la técnica jurídica aplicables a la gestión y análisis de datos parlamentarios deberán ser incorporadas en las estructuras orgánicas con funciones estables, reconocimiento institucional y medios económicos y materiales adecuados.

Es necesario también avanzar hacia modelos interoperables entre parlamentos que permitan compartir buenas prácticas, conjuntos de datos de entrenamiento, módulos de código abierto y protocolos de auditoría técnica y ética. En la Conferencia de Presidentes de Parlamentos Autonómicos (COPREPA) se ha adoptado la iniciativa de crear una plataforma para que los diferentes parlamentos puedan compartir este tipo de herramientas. Si bien es todavía un proyecto embrionario, no cabe duda de que puede llegar a alcanzar un importante protagonismo en la digitalización parlamentaria.

Toda aplicación de IA en entornos documentales parlamentarios debe estar sujeta a evaluación continua: medición del rendimiento técnico, evaluación de impacto informativo, encuestas de satisfacción del usuario y revisión de sesgos. Esta retroalimentación permitirá ajustar dinámicamente los modelos y mantener la calidad del servicio.

Finalmente, el futuro del uso de IA en estos servicios debe articularse con los principios fundamentales de los parlamentos democráticos: accesibilidad documental, control ciudadano del poder legislativo, trazabilidad de la información y fortalecimiento de la cultura parlamentaria.

III. BIBLIOGRAFÍA

AGGARWAL, C. C. (2015). *Data Mining: The Textbook.* Springer.

BARRIO ANDRÉS, M. (2023). *Legal Tech. La transformación digital de la abogacía.* Wolters Kluwer, Madrid.

BURRELL, J. (2016). How the machine 'thinks': Understanding opacity in machine learning algorithms. *Big Data & Society*, 3(1), 1-12.

Ciencia en el Parlamento. (2022). *Oportunidades para el asesoramiento científico parlamentario en España.* Informe. https://cienciaenelparlamento.org

Comisión Europea. (2021). *Artificial Intelligence Act Proposal.* Bruselas.

Comisión Europea. (s.f.). *eTranslation: Machine translation for public administrations.* Recuperado de https://ec.europa.eu/info/resources-partners/machine-translation-public-administrations-etranslation_en

Consejo General de la Abogacía Española (2021). Inteligencia artificial & Abogacía. *Abogacía Futura 2021*: Prospectiva de negocio emergente, pp. 12-13.

CUI, L., WU, Y., LIU, S., & ZHANG, M. (2022). *Automatic Legislative Document Drafting: A Survey. Artificial Intelligence Review*, 55, 245-270.

DE ALBA BASTARRECHEA, E. (coord.) y otros (2023). *La protección de datos en el ámbito parlamentario: guía práctica.* Asociación de Delegados y Delegadas de Protección de Datos de Parlamentos (ADPDP). Bilbao. 2ª ed.

Foro Económico Mundial. (2022). *AI Governance: A Holistic Approach to Implement Ethics into AI.* Ginebra.

GLUCKMAN, P., BARDSLEY, A., & KAISER, M. (2021). *Science Advice to Legislatures: New Opportunities for Evidence-Informed Law-Making.* Cham: Palgrave Macmillan.

GUILLEM CARRAU, J. (2024). Inteligencia artificial y parlamentos modernos. *Corts. Anuari de Dret Parlamentari* núm. 38, diciembre 2024, pp. 103-104.

HANSARD AI. (s.f.). *Indexación y recuperación semántica en debates parlamentarios.* Biblioteca de la Cámara de los Comunes.

HIDALGO CEREZO, A (2025). Sesgo de automatización en la abogacía: Uso de inteligencia artificial, mala praxis y responsabilidad del abogado. *Diario LA LEY*, nº 92, Sección Ciberderecho, 4 de marzo de 2025, La Ley.

HIRTLE, P. B. (2020). *Archival Arrangement and Description.* Chicago: Society of American Archivists.

JURAFSKY, D., & MARTIN, J. H. (2021). *Speech and Language Processing* (3rd ed.). Draft.

KOEHN, P. (2020). *Neuronal Machine Translation.* Cambridge University Press.

Oficina del Comisionado de Información del Reino Unido (ICO). (s.f.). AI and data protection: Explaining decisions made with AI. https://ico.org.uk

Oficina del Comisionado de la Informacion del Reino Unido. (2023). *Artificial Intelligence and Data Protection: Guidance for Organisations.* Londres: ICO. https://ico.org.uk/for-organisations/guide-to-data-protection/key-data-protection-themes/guidance-on-ai-and-data-protection

LÓPEZ DONAIRE, B. (2025). *Aplicación de la Inteligencia Artificial en las Asesorías Jurídicas: Una mirada al ámbito público,* en Kit Básico para la implantación de la Inteligencia Artificial en el Sector Público. El Consultor de los Ayuntamientos. Aranzadi-La Ley.

MANNING, C. D., RAGHAVAN, P., & SCHÜTZE, H. (2008). *Introduction to Information Retrieval.* Cambridge: Cambridge University Press.

MEHRABI, N., MORSTATTER, F., SAXENA, N., LERMAN, K., & GALSTYAN, A. (2021). A survey on bias and fairness in machine learning. *ACM Computing Surveys*, 54(6), 1-35.

Pangeanic. (2024). *Pangeanic implementará tecnología de transcripción automática en el Congreso de los Diputados* [Nota de prensa]. Recuperado de https://blog.pangeanic.com

Parlamento de Cataluña. (s.f.). Sistema de tramitación electrónica parlamentaria con módulos de IA. Cataluña, España.

Parlamento de Cataluña. (2023). *Memoria anual de actividades 2022-2023.*

Reglamento (UE) 2016/679 del Parlamento Europeo y del Consejo, de 27 de abril de 2016, relativo a la protección de las personas físicas en lo que respecta al tratamiento de datos personales y a la libre circulación de estos datos (Reglamento General de Protección de Datos - RGPD). DOUE L 119/1, de 4 de mayo de 2016.

RICCI, F., ROKACH, L., & SHAPIRA, B. (2015). *Recommender Systems Handbook* (2nd ed.). Springer.

RIVERO ORTEGA, R. (2023). Empleados públicos locales e inteligencia artificial: principio de humanidad, *Revista de Estudios Locales,* número 267.

RIVERO ORTEGA, R. (2024). ¿Puede la Inteligencia Artificial preparar informes? *Revista de estudios Locales* - CUNAL 277, pp. 66-83.

SARTOR, G. (2020). Artificial Intelligence and Legal Responsibility. In B. H. Mittelstadt & L. Floridi (Eds.), *The Ethics of Artificial Intelligence: Principles, Challenges and Opportunities* (pp. 109-126). Oxford University Press.

Senado de España. (2023). Ponencia de estudio sobre la importancia de la inteligencia artificial en el uso de los datos y en otros campos beneficiosos para la sociedad. Comisión de Ciencia, Innovación y Universidades.

Servicio de Investigación del Parlamento Europeo (EPRS). (s.f.). Briefings Automatizados. Parlamento Europeo.

Servicio de Investigación del Parlamento Europeo. (2022). *How artificial intelligence is changing parliaments: Challenges and opportunities.* EPRS Briefing

Servicio de Investigación del Parlamento Europeo. (2022). *Automated Tools and the Future of Legislative Research.* EPRS Technical Note.

Unión Interparlamentaria. (2024). Directrices para el uso de la inteligencia artificial en los parlamentos. UIP. https://www.ipu.org/resources/publications.

Unión Interparlamentaria. (2024). *Casos de uso para la IA en parlamentos.* Ginebra: UIP.

Unión Interparlamentaria. (2024). *New IPU tools to harness the potential of AI in parliament.* Ginebra: UIP.

Proceso de implantación de sistemas de Inteligencia Artificial en los parlamentos. Papel de los DPD

ROBERTO MAYOR GÓMEZ
Letrado de las Cortes de Castilla La Mancha
Delegado de Protección de Datos de las Cortes de Castilla La Mancha

SUMARIO: I. INTRODUCCIÓN. 1. Evolución y noción de inteligencia artificial. 2. El Reglamento de Inteligencia Artificial Europeo. 3. La protección de datos como pilar básico en el reglamento de inteligencia artificial europeo. II. PROCESO DE IMPLANTACIÓN DE SISTEMAS DE IA EN LOS PARLAMENTOS. III. PAPEL DE LOS DPD DE LOS PARLAMENTOS. IV. CONCLUSIONES. V. BIBLIOGRAFÍA

RESUMEN: Este capítulo contiene un breve análisis del concepto y la evolución de la inteligencia artificial que ha culminado, en el ámbito de la Unión Europea, con la aprobación de un reglamento de inteligencia artificial en el cual el derecho a la protección de datos personales se encuentra presente como un aspecto importante que tiene que ser garantizado. Se aborda la conexión existente entre inteligencia artificial y protección de datos personales, así como las pautas a tener en cuenta en el proceso de implantación de cualesquiera de los sistemas de inteligencia artificial en los Parlamentos. Finalmente se analiza el papel crucial que tendrán que desempeñar los/las delegados/as de protección de datos en relación con la introducción y uso de los sistemas de inteligencia artificial en los Parlamentos.

ABSTRACT: This chapter contains a brief analysis of the concept and evolution of artificial intelligence, which has culminated in the European Union with the approval of an artificial intelligence regulation in which the right to personal data protection is presented as an important aspect that must be guaranteed. It addresses the connection between artificial intelligence and personal data protection, as well as the guidelines to be taken into account in the implementation of any artificial intelligence systems in Parliaments. Finally, it analyzes the crucial role that data protection officers will have to play in relation to the introduction and use of artificial intelligence systems in Parliaments.

PALABRAS CLAVE: Parlamento, inteligencia artificial, protección de datos, implantación, delegado de protección de datos.

KEY WORDS: Parliament, artificial intelligence, data protection, implementation, data protection officer.

I. INTRODUCCIÓN

La irrupción de la Inteligencia Artificial (IA) en un entorno tecnológico que está experimentando una rápida e imprevisible evolución va a tener un impacto relevante en los parlamentos o asambleas legislativas en su doble condición de poder legislativo donde se aprobarán leyes sobre la IA y órganos destinatarios de la implantación de sistemas de IA, por lo que resultará vital tratar de conseguir un equilibrio entre el impulso de la innovación y la adopción de la inteligencia artificial como herramienta digital que, con carácter general, permita evolucionar y mejorar la actividad parlamentaria en todas sus fases, al mismo tiempo que se respeten los derechos fundamentales.

En efecto, no cabe duda de que el desarrollo del conjunto de tecnologías que representa la IA puede generar importantes beneficios a la actividad parlamentaria, aunque también hay que prever que, dependiendo de las circunstancias relativas a su aplicación, utilización y nivel de desarrollo tecnológico específico, la IA puede llegar a generar riesgos y menoscabar los intereses públicos y los derechos fundamentales.

A través de este capítulo se pretende abordar el proceso de implantación de sistemas de IA en los Parlamentos y los retos a los que se enfrenta la protección de datos personales ante los avances generados por la inteligencia artificial, en concreto la necesidad de compatibilizar el impulso y desarrollo tecnológico que supone ésta, con la necesaria garantía de los derechos, particularmente con el derecho a la protección de datos personales y el rol fundamental que, a estos efectos, puede desempeñar el/la DPD de cada parlamento o asamblea legislativa.

Para ello, en esta introducción partiendo de la delimitación conceptual y evolución de lo que se puede entender por inteligencia artificial y las tecnologías asociadas a la misma, se realizará un breve análisis del Reglamento de Inteligencia Artificial Europeo, en adelante Reglamento IA, que se configura como una iniciativa legislativa emblemática en el marco de la UE al ser la primera norma armonizada trasnacional en materia de inteligencia artificial, para delimitar su impacto y regulación en el ámbito de la protección de datos personales en los parlamentos.

1. Evolución y noción de inteligencia artificial

Las primeras investigaciones en torno al uso y aplicaciones de la actualmente denominada IA se atribuyen a Warren McCulloch y Walter Pitts con la publicación de su modelo neuronal[1] en el año 1943, si bien es Alan Turing, matemático británico, a quien se considera como el auténtico precursor de la Inteligencia Artificial, ya que en 1950 es el primero en dar una visión de dicha tecnología a través de su artículo "Máquinas de computar e inteligencia"[2], introduciendo el denominado test de Turing mediante el cual se prueba la capacidad de una máquina para razonar de manera similar a un ser humano.

Asimismo, muchos investigadores consideran que el nacimiento de la IA moderna surge durante la Conferencia de Dartmouth (New Hampshire, EE. UU.) en 1956, en el momento en que los científicos John McCarthy, Marvin Minsky, Claude Shannon y Allen Newell utilizan por primera vez el término de Inteligencia Artificial[3], se establecen las bases para su desarrollo y se comienza a desarrollar una teoría sobre las máquinas inteligentes[4].

Un aspecto esencial, como punto de partida, es delimitar y definir el concepto de IA que desde un punto de vista doctrinal y a lo largo de la historia ha tenido distintos enfoques, centrados en los humanos o en torno a la racionalidad, que ha condicionado su concepto y así ha sido definido como "El estudio de cómo lograr que los computadores realicen tareas que, por el momento, los humanos hacen

---

1 McCulloch, W. S y Pitts, W. (1943):115-133.

2 Turing, A. M. (1950).

3 McCarthy acuña el término de Inteligencia Artificial, para referirse a la disciplina dentro de la Informática o la Ingeniería que se ocupa del diseño de sistemas inteligentes.

4 https://raysolomonoff.com/dartmouth/boxa/dart564props.pdf

mejor"[5] (Rich y Knight, 1991) o como todo aquello estaría relacionada con conductas inteligentes en artefactos[6] (Nilsson, 1998).

Por otra parte, y desde un punto de vista normativo, el concepto y definición de la IA ha sido recientemente configurado en el Reglamento de Inteligencia Artificial Europeo teniendo en cuenta las siguientes notas características:

a. Claridad, para facilitar su comprensión y garantizar la seguridad jurídica.
b. Amplia aceptación a escala internacional, al ser una materia trasversal de ámbito global.
c. Flexibilidad, para dar cabida a los rápidos y previsibles avances tecnológicos en este ámbito.
d. Capacidad de inferencia[7], que es una de las principales características técnicas propias de la IA, diferenciadoras de otras tecnologías.

A partir de las anteriores notas, el Reglamento 2024/1689 del Parlamento Europeo y del Consejo, 13 de junio de 2024, por el que se establecen normas armonizadas en materia de inteligencia artificial, ha definido en su artículo 3, apartado 1), los sistemas de IA como "un sistema basado en una máquina que está diseñado para funcionar con distintos niveles de autonomía y que puede mostrar capacidad de adaptación tras el despliegue, y que, para objetivos explícitos o implícitos, infiere de la información de entrada que recibe la manera de generar resultados de salida, como predicciones, contenidos, recomendaciones o decisiones, que pueden influir en entornos físicos o virtuales"[8].

---

5 Rich, E. and Knight, K. (1991).

6 Nilsson, N. J. (1998).

7 En el considerando 12 del Reglamento de IA se refiere a la capacidad de inferencia como el "proceso de obtención de resultados de salida, como predicciones, contenidos, recomendaciones o decisiones, que puede influir en entornos físicos y virtuales, y a la capacidad de los sistemas de IA para deducir modelos o algoritmos, o ambos, a partir de información de entrada o datos" y que "trasciende el tratamiento básico de datos, al permitir el aprendizaje, el razonamiento o la modelización".

8 Esta definición se identifica con la diseñada por la OECD (Organización para la Cooperación y el Desarrollo Económicos) que el Reglamento adopta con la

2. *El Reglamento de Inteligencia Artificial Europeo*

Como punto de partida, a efectos de conocer brevemente el iter procedimental seguido en la elaboración del Reglamento de Inteligencia Artificial Europeo, hay que remontarse a octubre de 2020, cuando los dirigentes de la UE comenzaron a debatir sobre la denominada "transición digital", elaborando una serie de conclusiones[9] a través de las cuales el Consejo Europeo invitaba a la Comisión a proponer, entre otras, formas de aumentar las inversiones europeas y nacionales públicas y privadas en la investigación, la innovación y el despliegue de la inteligencia artificial o proporcionar una definición clara y objetiva de los sistemas de inteligencia artificial de alto riesgo.

En abril de 2021 la Comisión Europea planteó formalmente una propuesta[10] de Reglamento de IA que tenía por principal objeto la armonización de las normas en materia de inteligencia artificial, así como asegurar un plan coordinado que incluyera una serie de acciones conjuntas para la Comisión y los Estados miembros con una doble finalidad que ha estado siempre presente en los dirigentes de la UE, por una parte fomentar el desarrollo y la actualización de la tecnología de IA a través de un marco regulatorio que otorgue seguridad jurídica a todos los operadores y, por otro lado, que ello sea implementado con las debidas garantías y confianza del respeto a los derechos de la ciudadanía.

Un hito relevante en la tramitación procedimental de la futura normativa en IA se produce en diciembre de 2022, cuando el Consejo acuerda su posición, "orientación general", sobre el Reglamento

---

finalidad de facilitar la convergencia de nociones a escala internacional. Véase la Recommendation of the Council on Artificial Intelligence, OECD, 2019 (modificada en mayo de 2024): https://legalinstruments.oecd.org/en/instruments/OECD-LEGAL-0449#mainText [fecha de consulta 3 de junio de 2025].

9 Disponible en el siguiente enlace: https://www.consilium.europa.eu/media/45932/021020-euco-final-conclusions-es.pdf [fecha de consulta, 25 de marzo de 2025].

10 Disponible en el siguiente enlace: https://digital-strategy.ec.europa.eu/en/library/proposal-regulation-laying-down-harmonised-rules-artificial-intelligence [fecha de consulta, 22 de abril de 2025].

de IA con una propuesta[11] que estaba dirigida fundamentalmente a tratar de garantizar que los sistemas de inteligencia artificial que fueran incorporados y utilizados en la UE tendrían que ser seguros y respetar la legislación en materia de derechos fundamentales, así como los principios y valores propios de la Unión Europea.

El 9 de diciembre de 2023, tras varios meses de negociaciones, el Consejo y el Parlamento Europeo alcanzaron un acuerdo provisional sobre el Reglamento de IA siendo que, finalmente, el pasado 21 de mayo de 2024 el Parlamento Europeo y el Consejo de la Unión Europea aprobaron una norma pionera a nivel mundial sobre la regulación jurídica de la Inteligencia Artificial, el Reglamento 2024/1689 del Parlamento Europeo y del Consejo, 13 de junio de 2024, por el que se establecen normas armonizadas en materia de inteligencia artificial que ha sido publicado en el Diario Oficial de la Unión Europea de 12 de julio de 2024[12].

El Reglamento IA, que resulta obligatorio en todos sus elementos y directamente aplicable en cada Estado miembro, ya ha entrado en vigor y es aplicable desde el 2 de agosto de 2024, aunque en su articulado, debido a la complejidad técnica y legal que dificulta su adopción inmediata por parte de los agentes del mercado y de la importancia del objeto de la norma, se prevén plazos distintos para determinados preceptos, que oscilan entre los seis meses para las prácticas prohibidas[13], los doce meses para ciertas normas de gobernanza[14], y los treinta y seis meses para las reglas sobre sistemas de riesgo alto vinculados a la legislación armonizada sobre seguridad de productos[15].

Respecto del ámbito de aplicación objetivo, el Reglamento IA parte de una definición general de lo que se debe entender por in-

---

11 Disponible en el siguiente enlace: https://data.consilium.europa.eu/doc/document/ST-14954-2022-INIT/es/pdf [fecha de consulta, 25 de marzo de 2025].

12 Disponible en el siguiente enlace: https://eur-lex.europa.eu/legal-content/ES/TXT/?uri=OJ:L_202401689 [fecha de consulta, 5 de marzo de 2025].

13 Los capítulos I y II del Reglamento IA.

14 El capítulo III, sección 4, el capítulo V, el capítulo VII y el capítulo XII y el artículo 78, a excepción del artículo 101.

15 El artículo 6, apartado 1, y las obligaciones correspondientes del Reglamento.

teligencia artificial[16], dejando fuera de su ámbito de aplicación sólo algunas manifestaciones concretas de estos sistemas con finalidades concretas y específicas (fines militares, de defensa o de seguridad nacional, investigación y el desarrollo científico…).

La finalidad del Reglamento IA al establecer su ámbito subjetivo ha sido garantizar que las reglas que establece resulten de aplicación al impacto de los sistemas de IA en la UE, pero ello con independencia de la ubicación de los sujetos, por lo que también se producirán supuestos de aplicación del principio de extraterritorial al prever, entre otros supuestos, que sea aplicable a los proveedores que introduzcan en el mercado o pongan en servicio sistemas de IA o que introduzcan en el mercado modelos de IA de uso general en la UE, con independencia de si dichos proveedores están establecidos o ubicados en la UE o en un tercer país; o a los proveedores y responsables del despliegue de sistemas de IA que estén establecidos o ubicados en un tercer país, cuando la información de salida generada por el sistema de IA se utilice en la UE.

Asimismo, el Reglamento IA pretende establecer un estándar global y armonizado para la regulación de la IA en la Unión Europea[17] fundamentado en un enfoque basado en el riesgo, lo que implica que cuanto mayor sea el riesgo de causar daño a la sociedad, más estrictas y exigentes serán las reglas. Asimismo, tiene como objetivo buscar el equilibrio entre fomentar el desarrollo y la adopción de sistemas de IA potenciando la innovación de esta tecnología pero que ello, en todo caso, sea realizado siempre a través de sistemas IA se-

---

16 El artículo 3, apartado 1) del Reglamento IA define el sistema de IA "como un sistema basado en una máquina que está diseñado para funcionar con distintos niveles de autonomía y que puede mostrar capacidad de adaptación tras el despliegue, y que, para objetivos explícitos o implícitos, infiere de la información de entrada que recibe la manera de generar resultados de salida, como predicciones, contenidos, recomendaciones o decisiones, que pueden influir en entornos físicos o virtuales".

17 Téngase en cuenta que determinados ámbitos están excluidos (fines militares, de defensa o de seguridad nacional…), de conformidad con el artículo 3 del Reglamento IA.

guros y confiables[18] que garanticen y respeten los valores y derechos fundamentales de los ciudadanos de la UE.

Así, el Reglamento IA prohíbe terminantemente una serie de prácticas de inteligencia artificial que considera inaceptables y por tanto prohíbe (artículo 5), para, a continuación, categorizar como de riesgo alto[19] ciertos sistemas que suponen un peligro significativo de causar daños a la salud, la seguridad o los derechos fundamentales, estableciendo requisitos muy exigentes que deben reunir los sistemas de alto riesgo, así como una serie de obligaciones para los proveedores, para los responsables del despliegue, así como para otros sujetos afectados (artículo 6). Los demás sistemas de inteligencia artificial que sean calificados como riesgo bajo pueden, en principio, desarrollarse y utilizarse con arreglo a la legislación vigente, sometidos a un régimen relativamente sencillo de obligaciones de información y de respeto a los derechos de propiedad intelectual, de autor y similares, sin perjuicio de que se impongan obligaciones específicas de transparencia en determinadas circunstancias.

Para garantizar que sea respetada la normativa sobre la inteligencia artificial prevista en el Reglamento IA se obliga a los Estados miembros[20] a fijar uno o varios órganos competentes[21] para la su-

---

18 En el considerando 27 del Reglamento IA se enuncia la vigencia de las Directrices éticas para una IA fiable (2019) y los siete principios éticos no vinculantes para la IA que tienen por objeto contribuir a garantizar la fiabilidad y el fundamento ético de la IA: acción y supervisión humanas; solidez técnica y seguridad; gestión de la privacidad y de los datos; transparencia; diversidad, no discriminación y equidad; bienestar social y ambiental, y rendición de cuentas.

19 Los criterios son actualizables por la Comisión Europea.

20 En el ordenamiento jurídico español la Ley 22/2021, de 28 de diciembre, de Presupuestos Generales del Estado para el año 2022, ya recogía en su Disposición adicional centésimo trigésima, la "creación de la Agencia Española de Supervisión de Inteligencia Artificial" (al igual que en la posterior Ley 28/2022, de 21 de diciembre, de fomento del ecosistema de las empresas emergentes), cuyos estatutos han sido aprobados en el Real Decreto 729/2023, de 22 de agosto, por el que se aprueba el Estatuto de la Agencia Española de Supervisión de Inteligencia Artificial (BOE núm. 210, de 02/09/2023).

21 A nivel europeo, la Oficina Europea de Inteligencia Artificial, creada por la Decisión de la Comisión de 24 de enero de 2024 (DOUE-Z-2024-70007), será el organismo de control al que corresponderán importantes funciones, especialmente en la supervisión de los modelos de IA de uso general.

pervisión del cumplimiento de las obligaciones que impone, otorgándoles potestad sancionadora[22] en caso de incumplimiento.

3. La protección de datos como pilar básico en el Reglamento de Inteligencia Artificial Europeo

Hay que partir de la base de que la conexión entre inteligencia artificial y protección de datos personales está fundamentada en que el diseño, el desarrollo o el uso de sistemas de IA implica necesariamente el tratamiento de datos masivos, dentro de los cuales se pueden incluir diferentes categorías de datos personales[23], puesto que la mayoría de las aplicaciones de IA requieren grandes volúmenes de datos para su aprendizaje y toma de decisiones inteligentes, razones que explican que en el propio articulado del Reglamento IA se contengan numerosas menciones y referencias a la protección de datos personales, como posteriormente analizaremos con mayor detalle.

No cabe duda, además, de la existencia de aplicaciones de IA que pueden tener un impacto significativo en la protección de datos personales (técnicas de reconocimiento facial y utilización de datos biométricos, uso de sistemas de IA en los procesos de gestión de datos y de toma de decisiones, el uso de IA con funciones predictivas, la elaboración de perfiles...), algunas de las cuales ya se hayan implementado o acaben resultando de aplicación en el ámbito parlamentario.

Una primera cuestión básica a destacar y tener en cuenta del Reglamento IA es que el mismo, que adopta un enfoque global basado en el riesgo que puede derivarse del uso de sistemas de IA, no altera el régimen jurídico ni el sistema de garantías ya fijado en materia de protección de datos personales en el ámbito de la UE, representado por Reglamento (UE) 2016/679 del Parlamento Europeo y del Con-

---

22 Las multas por infracciones del Reglamento de Inteligencia Artificial se han fijado como un porcentaje del volumen de negocios anual global de la empresa infractora en el ejercicio financiero anterior o un importe predeterminado, si este fuera superior, y pueden llegar hasta los 35 millones de euros o el 7% del volumen de negocios anual total a escala mundial del infractor durante el ejercicio financiero anterior, si este importe fuera superior (artículo 99.3 del Reglamento IA).

23 Martínez Devia, A. (2019):7.

sejo, de 27 de abril de 2016, relativo a la protección de las personas físicas en lo que respecta al tratamiento de sus datos personales y a la libre circulación de estos datos y por el que se deroga la Directiva 95/46/CE (DO L 119 de 4.5.2016, p. 1), en adelante Reglamento General de Protección de Datos (RGPD)[24].

Además, se puede comprobar como a lo largo de su articulado el colegislador europeo reconoce y trata de garantizar que en todas las fases del ciclo de vida del sistema de IA sean respetados los valores de la Unión y los derechos fundamentales consagrados en la Carta de los derechos fundamentales de la Unión Europea[25], efectuando una particular y expresa mención en numerosas ocasiones[26] al derecho a la protección de datos personales como límite infranqueable.

Aunque protección de datos e inteligencia artificial sean ámbitos diferenciados, la relación existente entre ambas ha supuesto que el propio Reglamento IA designe al Supervisor Europeo de Protección de Datos (SEPD) como organismo notificado, autoridad de vigilancia del mercado y autoridad competente para la supervisión del desarrollo, suministro o uso de sistemas de inteligencia artificial por parte de las instituciones, órganos y organismos de la UE, y al que, además, se le atribuye la potestad de imponer multas administrativas

---

24 En efecto, el Reglamento de IA no afecta a las obligaciones que impone el Reglamento General de Protección de Datos a los proveedores y responsables del despliegue en su papel de responsables o encargados del tratamiento cuando el desarrollo o la utilización de los sistemas de IA implique el tratamiento de datos personales (Considerando 10 del Reglamento IA).

25 La Carta de los Derechos Fundamentales de la Unión Europea (DO C 202 de 7.6.2016, pp. 389-405) protege los derechos fundamentales de los que disfrutan las personas en la Unión Europea (UE) y en su artículo 8 dispone, en relación con la protección de datos personales, que:
"Protección de datos de carácter personal
1. Toda persona tiene derecho a la protección de los datos de carácter personal que le conciernan.
2. Estos datos se tratarán de modo leal, para fines concretos y sobre la base del consentimiento de
la persona afectada o en virtud de otro fundamento legítimo previsto por la ley. Toda persona tiene
derecho a acceder a los datos recogidos que le conciernan y a obtener su rectificación
3. El respeto de estas normas estará sujeto al control de una autoridad independiente".

26 Considerandos 10, 28, 45, 48...del Reglamento IA.

a las instituciones, órganos y organismos de la Unión comprendidos en el ámbito de aplicación del Reglamento IA[27] en caso de incumplimiento (artículos 100 y ss. del Reglamento IA).

Esta decisión, sin duda, ayudará a fortalecer la garantía de respeto del derecho fundamental a la protección de datos en el ámbito de la inteligencia artificial europea, a la expectativa del acuerdo que sea adoptado en cada uno de los estados miembros relativo a si mantienen este criterio y atribuyen las funciones de supervisión y sanción a las autoridades nacionales en materia de protección de datos, o, en su caso, crean un nuevo organismo específico para este fin.

La asignación por el Reglamento IA al Supervisor Europeo de Protección de Datos (SEPD), uno de los organismos más cualificados y prestigiosos de la UE, como autoridad de vigilancia del mercado y autoridad competente para la supervisión del desarrollo, suministro o uso de sistemas de inteligencia artificial por parte de las instituciones, órganos y organismos de la UE es por tanto, a mi modo de ver, un acierto siempre que lógicamente vaya acompañado de la dotación económica y de personal que les permita acometer esta importante función. En efecto, se trata de una institución con una contrastada experiencia en el ámbito de la protección de datos en el ámbito europeo, lo que va a permitir que puedan aportar pautas y criterios esenciales que doten a los sistemas de IA, en todas sus fases, de las necesarias garantías en el campo de la privacidad.

II. PROCESO DE IMPLANTACIÓN DE SISTEMAS DE IA EN LOS PARLAMENTOS

Hay que partir de la base de que la implantación de cualesquiera de los sistemas de IA en los Parlamentos supondrá previamente un proceso reflexivo que debería implicar a la práctica totalidad de los departamentos de la organización parlamentaria[28].

---

27 Salvo en relación con el Tribunal de Justicia de la Unión Europea cuando actúe en el ejercicio de su función judicial (artículo 74.9 del Reglamento IA).

28 Un análisis más exhaustivo se puede visualizar en las Directrices para el uso de la IA en los Parlamentos (julio de 2024):

En este proceso de implantación de los sistemas IA en los Parlamentos se pueden identificar las siguientes fases:

1. *Definición de los objetivos*

En primer lugar, en la organización parlamentaria se tendrá que identificar, analizar y evaluar cuales son los procesos que la implantación de los sistemas IA puedan suponer una mejora o mayor eficacia.

Para esta tarea resultará crucial la participación de todos los departamentos de cada parlamento o asamblea legislativa, para que puedan referir los problemas e ineficiencias que detecten y, específicamente, de los responsables de tecnologías de la información, que podrán conocer qué sistemas de IA se pueden adaptar mejor a dichas necesidades.

En un entorno o ecosistema con particularidades organizativas propias como son los Parlamentos, y con problemáticas en muchos casos similares, resultará muy útil y provechoso la experiencia de otras Cámaras Legislativas en la implantación de esta tecnología, para lo que puede ser muy apropiado el establecimiento de canales de comunicación sólidos sobre el uso y aprovechamiento de sistemas de IA entre los distintos parlamentos o asambleas legislativas.

Por tanto, una vez que ya se haya identificado de forma clara las mejoras que pueden efectuarse con la tecnología de la IA en cada departamento, lo que es objeto de estudio en otros capítulos de esta obra, se podrán fijar de forma nítida los objetivos a conseguir, que posteriormente podrán ser susceptible de análisis y evaluación.

2. *Configuración de un equipo multidisciplinar en IA*

La implantación, desarrollo, mantenimiento y evaluación de los sistemas de IA requeriría que en los Parlamentos se constituya un grupo de trabajo o equipo transversal (ingenieros informáticos, juristas, DPD...), a modo de órgano asesor y supervisor, que permita

---

https://www.wfd.org/sites/default/files/2025-04/wfd-ai-guidelines-for-parliaments-2024-spanish.pdf [fecha de consulta: 24-5-25].

abordar con garantías todos los proyectos que pueden realizarse en este campo en las Cámaras.

En este sentido, y dada la importancia que puede acabar implicando la adopción de sistemas de IA en los parlamentos o asambleas legislativas, tendría que ser objeto de estudio la necesidad de incorporar en las ofertas de empleo público determinadas exigencias para la captación de perfiles de naturaleza tecnológica y especializados en sistemas IA para fortalecer este ámbito.

3. Evaluación de la calidad y tipología de los datos

Los sistemas de IA se basan en los datos que previamente sean introducidos por lo que en esta fase es fundamental para un correcto y acertado resultado la calidad de los datos, esto es, que cumplan unas notas características básicas: precisión, integridad, coherencia, adecuación, transparencia...

Estos datos, que tendrán un origen diverso, habrán de ser almacenados y unificados en un formato óptimo para el sistema de IA para lo que nuevamente será esencial el papel de los responsables de los servicios de tecnologías de la información (TIC) de cada Cámara Legislativa.

Asimismo, en esta fase embrionaria será conveniente que el/la DPD del parlamento o asamblea legislativa supervise qué tipología de datos se van a introducir en el sistema de IA para verificar si tienen o no la condición de personales para garantizar el cumplimiento de la normativa en materia de protección de datos personales en fases ulteriores.

4. Selección de la tecnología de IA

La selección entre los distintos sistemas de IA más adecuados será determinante en las Cámaras Legislativas para lo que se habrá de fijar, como anteriormente se ha expuesto, las necesidades detectadas.

Los sistemas de IA son variados y tienen distintos objetivos, siendo algunos de los sistemas de IA más utilizados los siguientes:

a.- Chatbots y asistentes virtuales

b.- Sistemas de recomendación

c.- Sistemas de reconocimiento de voz

d.- Aprendizaje automático

5. *Generar una cultura de IA*

Los Parlamentos habrán de tratar de involucrar a todos los empleados/as en las innovaciones que pueden generar los sistemas de IA, para que participen activamente en este cambio tecnológico en las Cámaras. Para ello, habrá que invertir en la formación y el desarrollo de habilidades en IA.

III. PAPEL DE LOS DPD

En el Reglamento de IA no se prevé ni exige implementar con carácter preceptivo ninguna figura específica a modo de responsable o supervisor, IA Officer, en el ámbito de la inteligencia artificial de cada organización ni tampoco atribuye competencias directas en este ámbito a los DPD, por lo que ante este vacío normativo se plantea la conveniencia o no de introducir esta figura en los parlamentos o asambleas legislativas y, en su caso, atribuir sus funciones principales a los delegados/as de protección de datos.

En este sentido, un aspecto positivo a destacar favorable a la posibilidad de atribuir la asunción de funciones adicionales en materia de IA al delegado/a de protección de datos es que los parlamentos o asambleas legislativas son organizaciones de una dimensión reducida en cuanto al número de empleados/as públicos, por lo que el hecho de tener ya perfiles profesionales cualificados en el rol de delegado/a de protección de datos de las Cámaras parlamentarias, en la mayoría de los casos con experiencia, conocimientos jurídicos y familiarizados con el ámbito tecnológico y normativo de la IA puede resultar una opción adecuada.

No obstante lo anterior, existirían también ciertos aspectos relevantes a tener en cuenta a los efectos de valorar y decidir si el DPD es la figura idónea para asumir el rol principal en el ámbito de la IA en los parlamentos o asambleas legislativas, y así habrá que analizar de forma específica si las notas esenciales de autonomía e independencia del DPD se verían comprometidas si asumiera responsabilidades directas en la implementación de IA, ya que ello podría afectar a sus posteriores funciones de supervisión[29] debiendo valorarse por tanto su incidencia y si ello pudiera llegar a generar una situación de conflicto de intereses[30].

La Confederación de Organizaciones Europeas de Protección de Datos (CEDPO) considera que los/as delegados/as de protección de datos podrían asumir la función de responsable de la IA (AI Officer) en determinadas situaciones, ya que existe un solapamiento significativo en los aspectos éticos, jurídicos y de gobernanza de estas dos funciones y el/la DPD debe contar con mayores responsabilidades, como mínimo para garantizar que los sistemas de IA cumplen los requisitos de protección de datos[31].

En todo caso, hay que considerar que, ya sea la decisión finalmente adoptada en cada Cámara Legislativa, el/la DPD en el ejercicio de sus funciones va a tener un papel relevante y útil en los procesos de integración y/o supervisión de la IA en los parlamentos o asambleas legislativas, en la medida que los sistemas o aplicaciones de IA hagan uso de datos personales o puedan tener un impacto significativo en la protección de datos personales.

A continuación, trataremos de exponer aquellas facetas en relación con las cuales los/las DPD de los parlamentos o asambleas legislativas desarrollarán una labor relevante para asegurar que las políticas y procedimientos de IA se alineen con la normativa de protección de datos teniendo siempre en cuenta que, con carácter general, lo tendrán que efectuar en directa colaboración y conexión con otras

---

[29] Esta interesante cuestión fue abordada por Mendoza Balladares, C. P. (2024):282.

[30] El artículo 38.6 del RGPD dispone que "El delegado de protección de datos podrá desempeñar otras funciones y cometidos. El responsable o encargado del tratamiento garantizará que dichas funciones y cometidos no den lugar a conflicto de intereses".

[31] En el informe de la Confederación de Organizaciones Europeas de Protección de Datos (CEDPO) de julio de 2024, se analiza si ¿Es el DPO la persona adecuada para ser el Responsable de IA?, cuyo documento puede verse en el siguiente enlace:
https://cedpo.eu/wp-content/uploads/the-dpo-and-the-ai-officer-es.pdf [fecha de consulta: 10-5-25].

áreas de la organización, como por ejemplo el departamento de Tecnologías de la Información (TIC).

En particular y como punto de partida inicial, a los efectos de poder concretar el papel que puede desempeñar el/la DPD en el ámbito de la inteligencia artificial será necesario realizar un inventario de los sistemas de IA que se pretendan implantar en cada parlamento o asamblea legislativa, para que el/la DPD pueda verificar y realizar un estudio preliminar de si los citados sistemas hacen uso de datos personales o puedan tener un impacto significativo en la protección de datos personales. Este análisis debería abarcar todo el ciclo de vida o fases de un sistema de IA (diseño, el desarrollo o uso...)[32] de manera que el/la DPD pueda comprobar que se respeta la normativa de protección de datos[33] en todas ellas[34].

En el momento actual en el que nos encontramos debe tenerse en cuenta que seguramente la mayoría de los sistemas de IA de los que hagan uso los parlamentos o asambleas legislativas no serán de configuración interna, sino que serán adquiridos de proveedores externos a los mismos, por lo que en este caso se deberá garantizar que aquellos cumplan con las normativas de protección de datos y los requisitos contractuales que haya supervisado el/la DPD a estos efectos en el proceso de contratación.

El DPD tendrá un papel importante como garante para evitar el uso de la IA para fines no autorizados en el ámbito del derecho a la protección de datos, para lo que resultará esencial que se garantice el respeto de su normativa específica, principalmente el RGPD[35] y sus

---

32 Considerando (10) RIA, párrafo segundo.

33 Como indica Jiménez López, J. (2024): 162, en el Tratado sobre el Reglamento de Inteligencia Artificial de la Unión Europea, "[...] el RGPD es de plena aplicación a todo el ciclo de vida del SIA y a toda su cadena de valor, si en su contexto y con cualquier alcance se produce un tratamiento de datos personales o, a partir de ellos, el interesado resulta afectado por decisiones automatizadas, siendo el cumplimiento normativo, también en lo referido al RGPD, uno de los cimientos de una IA ética".

34 Mendoza Balladares, C. P. (2024): 285 y 286, tiene un cuadro gráfico y una explicación muy útil comparativo del ciclo de vida de una IA y de los datos.

35 El establecimiento de requisitos para el tratamiento de datos personales se concreta en los denominados principios de tratamiento (artículo 5 y siguientes RGPD).

principios rectores (transparencia, minimización[36], limitación de la finalidad, exactitud, integridad...) e incluso, es previsible que acabe resultando necesario efectuar cambios legislativos en la propia normativa de protección de datos para actualizarla y garantizar el uso de las tecnologías de IA con todas las garantías exigibles.

Un aspecto principal que tendrá que supervisar el/la DPD en los sistemas de IA será el cumplimiento del RGPD en el particular que se refiere al reconocimiento de los derechos de los interesados/as[37] (artículos 12 y siguientes RGPD), especialmente en el caso de las decisiones automatizadas conforme al artículo 22 RGPD, todo ello en relación con los datos personales tratados en cualquier momento del ciclo de vida de los sistemas de I.A.

Asimismo, el DPD se va a configurar en cada Cámara legislativa como un actor relevante para garantizar la privacidad o protección de datos desde el diseño y por defecto (art. 25 RGPD)[38] y para el asesoramiento en las Evaluaciones de Impacto en la Protección de Datos (EIPD)[39] de los sistemas de IA[40] (Art. 35 RGPD). En ambos casos, el DPD tendrá que supervisar el cumplimiento de lo dispuesto

---

36 El/La DPD de las Cámaras Legislativas tendrá una función esencial para asegurar que los sistemas de IA. solo utilicen los datos necesarios para su propósito específico y no recojan ni procesen datos innecesarios.

37 En concreto, los derechos de información y acceso (arts. 12 a 15 RGPD), rectificación y supresión (arts. 16 y 17 RGPD), limitación de tratamiento (art. 18 RGPD) y oposición al tratamiento (art. 21 RGPD).

38 Véase Araújo Díaz de Terán, M. en el capítulo "La privacidad desde el diseño en el ámbito parlamentario" de la obra "La protección de datos en el ámbito parlamentario: guía práctica". Asociación de Delegados y Delegadas de Protección de Datos de Parlamentos (ADPDP). pp. 181-200.

39 Véase Auzmendi del Solar, M. y Mayor Gómez, R. en el capítulo "Evaluación de impacto en protección de datos en los parlamentos" de la obra "La protección de datos en el ámbito parlamentario: guía práctica". Asociación de Delegados y Delegadas de Protección de Datos de Parlamentos (ADPDP). pp. 141-166.

40 Resulta interesante el Modelo de Evaluación de Impacto sobre los Derechos Fundamentales (EIDF) en el diseño y desarrollo de la IA de la Autoridad Catalana de Protección de Datos (APDCAT), disponible en el siguiente enlace:
https://www.dpdenxarxa.cat/pluginfile.php/2468/mod_folder/content/0/FRIA_es_2.pdf
[fecha de consulta 10-5-25].

en la normativa en materia de protección de datos y desempeñar una importante labor de asesoramiento al responsable del tratamiento[41].

Especial importancia, sin duda, tendrá la labor del DPP en el caso de uso de sistemas de IA de identificación biométrica en los parlamentos o asambleas legislativas. El uso de sistemas que traten datos biométricos en el ámbito de la protección de datos de los parlamentos o asambleas legislativas es una cuestión sensible[42], que tiene connotaciones particulares en el caso de que además se efectúe a través de sistemas de IA.

En efecto, dentro de las prácticas de inteligencia artificial prohibidas en el Reglamento IA, una de las que mayor conexión específica tendría con la protección de datos personales, tiene un riesgo elevado de intrusión en la vida privada y que mayor preocupación[43] en este ámbito puede provocar sería la relativa al uso de sistemas de identificación biométrica.

El uso de las tecnologías biométricas no cabe duda que tiene el potencial de impactar prácticamente en todos los derechos fundamentales de las personas (la protección datos personales, la no discriminación, los derechos del niño y de los mayores, los derechos de

---

41 En cuanto a las Evaluaciones de Impacto en la Protección de Datos (EIPD) de los sistemas de IA, la actuación del delegado o delegada de protección de datos (DPD) tendrá que quedar debidamente documentada. Asimismo, y continuando con el papel del DPD en esta función, éste también debe controlar la realización de la EIPD de los sistemas de IA, tal como exige el artículo 39.1. c) RGPD.

42 Esta cuestión fue abordada ampliamente en el capítulo de Auzmendi del Solar, M. y Mayor Gómez, R. "Evaluación de impacto en protección de datos en los parlamentos" de la obra "La protección de datos en el ámbito parlamentario: guía práctica". Asociación de Delegados y Delegadas de Protección de Datos de Parlamentos (ADPDP). pp. 141-166.

43 Téngase en cuenta que ya en el Dictamen conjunto 5/2021 del CEPD y del SEPD, relativo a la Propuesta de Reglamento inicial de la Comisión sobre la propuesta de Reglamento del Parlamento Europeo y del Consejo por el que se establecen normas armonizadas en materia de inteligencia artificial (Ley de Inteligencia Artificial), de 18 de junio de 2021, se reclama la necesidad de un enfoque más estricto y piden una prohibición general del uso de la IA para el reconocimiento automatizado de rasgos humanos en espacios de acceso público, como los rostros, pero también la marcha, las huellas dactilares, el ADN, la voz, las pulsaciones de teclas y otras señales biométricas o conductuales, en cualquier contexto.

las personas con discapacidad, la libertad de reunión y asociación, la libertad de expresión...), y como señala COTINO HUESO[44] "no sólo hay que apreciar el impacto concreto de estos sistemas en los derechos fundamentales como derechos subjetivos de personas determinadas. El uso de sistemas biométricos impacta en el ser humano y en la misma la dignidad y se produce de forma colectiva, no sólo en perspectiva meramente individual, puede quedar afectado el orden político y la paz social (art. 10. 1 CE) [...]. También, que el potencial control generalizado lleva a que el impacto en las personas puede ser tan importante que afecte a su capacidad de vivir una vida digna".

En particular, los derechos vinculados a la privacidad, intimidad y protección de datos quedan especialmente atraídos y afectados cuando se utilizan los sistemas biométricos y, consecuentemente, en el propio articulado del Reglamento IA que regula este supuesto se contiene una previsión expresa a la protección de datos, indicando que la anterior previsión se entiende sin perjuicio de lo dispuesto en el artículo 9 del Reglamento General de Protección de Datos (RGPD), en lo que respecta al tratamiento de datos biométricos con fines distintos de la garantía del cumplimiento del Derecho[45].

Hay que tener en cuenta que los datos biométricos son catalogados en el RGPD como una categoría especial de protección de datos sujeta a una mayor protección puesto que pueden implicar serias amenazas para los derechos y libertades de las personas[46].

---

44 Cotino Hueso, L. (2023):359.

45 El artículo 9 del Reglamento (UE) 2016/679 del Parlamento Europeo y del Consejo, de 27 de abril de 2016, relativo a la protección de las personas físicas en lo que respecta al tratamiento de datos personales y a la libre circulación de estos datos y por el que se deroga la Directiva 95/46/CE (Reglamento general de protección de datos) declara que quedan prohibidos el tratamiento de datos personales que revelen el origen étnico o racial, las opiniones políticas, las convicciones religiosas o filosóficas, o la afiliación sindical, y el tratamiento de datos genéticos, datos biométricos dirigidos a identificar de manera unívoca a una persona física, datos relativos a la salud o datos relativos a la vida sexual o las orientación sexuales de una persona física, salvo las tasadas excepciones que contempla en su apartado segundo.

46 El Comité Europeo de Protección de Datos (European Data Protection Board, EDPB), en sus Guidelines 3/2019 on processing of personal data through video devices, adoptadas el 29 de enero de 2020, reincide en los mayores riesgos que para los derechos de los afectados implica el empleo de tecnologías de reco-

A pesar de que en los considerandos y en el articulado del Reglamento IA se fijan nociones básicas esenciales de términos que ayudan a la comprensión y delimitación conceptual de la práctica prohibida en cuestión, un análisis jurídico en profundidad de esta confirma que entraña una evidente complejidad interpretativa que supone la antesala de que pueda originar conflictividad.

La regulación jurídica que se contiene en el Reglamento IA permite, en todo caso, subsanar una laguna que se había detectado por las autoridades nacionales de protección de datos personales, y así, por ejemplo, la Agencia Española de Protección de Datos (AEPD), en el informe 010308/2019 había concluido que la "regulación actual se considera insuficiente para permitir la utilización de técnicas de reconocimiento facial en sistemas de videovigilancia empleados por la seguridad privada (...) siendo necesario que se aprobara una norma con rango de ley que justificara específicamente en qué medida y en qué supuestos, la utilización de dichos sistemas respondería a un interés público esencial, definiendo dicha norma legal [...]".

El concepto de "datos biométricos"[47] que se contiene en el Reglamento IA, si bien se indica que parte y debe interpretarse a partir de la definición construida en el RGPD, amplía el elenco de rasgos humanos que constituirían estos datos biométricos incluyendo, por ejemplo, el reconocimiento de las emociones de las personas físicas[48].

---

nocimiento facial, y la necesidad de que las mismas respeten los principios del RGPD: "73. The use of biometric data and in particular facial recognition entail heightened risks for data subjects' rights. It is crucial that recourse to such technologies takes place with due respect to the principles of lawfulness, necessity, proportionality and data minimisation as set forth in the GDPR. Whereas the use of these technologies can be perceived as particularly effective, controllers should first of all assess the impact on fundamental rights and freedoms and consider less intrusive means to achieve their legitimate purpose of the processing".

47 En el Reglamento IA se definen los "datos biométricos" como los datos personales obtenidos a partir de un tratamiento técnico específico, relativos a las características físicas, fisiológicas o conductuales de una persona física, como imágenes faciales o datos dactiloscópicos (art. 3 del Reglamento IA).

48 En el Reglamento General de Protección de Datos se definen los "datos biométricos" como los datos personales obtenidos a partir de un tratamiento técnico específico, relativos a las características físicas, fisiológicas o conductuales de

Por otra parte, el término "identificación biométrica"[49] se configura como el reconocimiento automatizado de características humanas de tipo físico, fisiológico o conductual, fijando una serie de ejemplo como la cara, el movimiento ocular, la forma del cuerpo, la voz, la entonación, el modo de andar, la postura, la frecuencia cardíaca, la presión arterial, el olor o las características de las pulsaciones de tecla… a fin de determinar la identidad de una persona comparando sus datos biométricos con los datos biométricos de personas almacenados en una base de datos de referencia, independientemente de que la persona haya dado o no su consentimiento.

A partir de estas definiciones básicas, el sistema de identificación biométrica se articula como un sistema de IA que está destinado a identificar a personas físicas sin su participación, generalmente a distancia, comparando sus datos biométricos con los que figuren en una base de datos de referencia, con independencia de la tecnología, los procesos o los tipos de datos biométricos concretos que se usen.

Un aspecto relevante desde el punto de vista de la protección de datos de los sistemas de identificación biométrica que tendrá que analizar el/la DPD de cada parlamento o asamblea legislativa será el relativo a la justificación de la licitud de su tratamiento, esto es su base de legitimación.

Hay que partir de que el artículo 9.1 del RGPD prohíbe el tratamiento de datos biométricos dirigidos a identificar de manera unívoca a una persona física, aunque se contienen varias excepciones en su apartado segundo, por lo que el primer presupuesto que tendrán que salvaguardar los sistemas de IA que traten este tipo categorías especiales de datos es conseguir estar incluido en alguno de los supuestos excepcionales que lo amparan.

En este sentido, a mi modo de ver, resulta complejo que ello pueda realizarse basándose en el consentimiento de los interesados/as,

---

una persona física que permitan o confirmen la identificación única de dicha persona, como imágenes faciales o datos dactiloscópicos".

49 En el Reglamento IA se define la "identificación biométrica" como el reconocimiento automatizado de características humanas de tipo físico, fisiológico, conductual o psicológico para determinar la identidad de una persona física comparando sus datos biométricos con los datos biométricos de personas almacenados en una base de datos (art. 3 del Reglamento IA).

como también lo aprecian expertos en esta materia como COTINO HUESO para quien el consentimiento estaría excluido en todas las relaciones asimétricas donde no hay libertad, de manera que para implantar sistemas biométricos y de reconocimiento facial no se podría partir del consentimiento[50].

De todos los supuestos enumerado en el artículo 9 del RGPD todo apunta, a priori, a que sería la letra g) del artículo 9.2 del RGPD la que ampararía y daría cobertura a la posibilidad del tratamiento de esta categoría especial de datos personales, siempre y cuando se respetara el cumplimiento de todos sus presupuestos: "el tratamiento es necesario por razones de un interés público esencial, sobre la base del Derecho de la Unión o de los Estados miembros, que debe ser proporcional al objetivo perseguido, respetar en lo esencial el derecho a la protección de datos y establecer medidas adecuadas y específicas para proteger los intereses y derechos fundamentales del interesado".

En cuanto a las bases jurídicas por las cuales el tratamiento de datos personales de los sistemas de IA se puede considerar lícito (artículo 6 del RGPD) dependerá del ciclo de IA en el que nos encontremos y de sus características particulares, aunque se intuye la preponderancia que se puede otorgar al interés legítimo, razones de interés público o ejercicio de poderes públicos, o el cumplimiento de obligaciones legales[51].

La normativa de protección de datos tendrá igualmente un impacto en los sistemas de identificación biométrica, exigiendo que sean sistemas de responsabilidad proactiva en dicho campo, que se facilite información sobre el tratamiento de los datos personales, que se lleve a cabo el correspondiente registro de actividades de tratamiento,

---

50 Cotino Hueso, L (2023): 359 y 381.

51 Téngase en cuenta que las dos últimas bases jurídicas enumeradas requieren que esté previsto en una norma de rango apropiada de derecho de la Unión Europea o del estado miembro, aunque como afirma COTINO HUESO "hay que partir de que el RIA no vale como norma legal que legitime un tratamiento de datos o una restricción de derechos fundamentales o colme una exigencia de legalidad penal, sancionadora o procesal. Seguirá siendo necesaria una ley que habilite la existencia de un concreto sistema de alto riesgo de los regulados con carácter general en el RIA". [Cotino Hueso, L (2024): 505].

un análisis de riesgos, medidas de seguridad adecuadas, evaluación de impacto[52]...

Además, en el caso de sistemas de IA que sean exclusivamente automatizados, sin intervención humana, que supongan el tratamiento de datos personales resultará de aplicación la regulación jurídica contenida en el artículo 22 del RGPD que si bien, como regla general, contempla que todo interesado tiene derecho a no ser objeto de una decisión basada únicamente en el tratamiento automatizado, incluida la elaboración de perfiles, que produzca efectos jurídicos en él o le afecte significativamente de modo similar, en su apartado segundo excepciona una serie de supuestos que ampararían su uso[53].

Cabe destacar como una garantía adicional que establece el Reglamento IA para supervisar la protección de datos en el uso del sistema de identificación biométrica en tiempo real la exigencia de que sea notificado a la autoridad nacional de protección de datos, que a su vez deberá presentar un informe anual a la Comisión Europea sobre este ámbito (artículos 5.4 y 5.6 del Reglamento IA).

Otro aspecto a destacar que tendrá que ser analizado por el DPD será el relativo a la cesión, duración del tratamiento y el mantenimiento de los datos personales como consecuencia del uso de los sistemas de IA en cada parlamento o asamblea legislativa, puesto que es un elemento también muy relevante y sensible que, además, no se aborda de forma específica en el Reglamento IA, más allá de una previsión genérica de que se conservarán durante un período de tiempo

---

52 El artículo 26.9 del Reglamento IA prevé que "Cuando proceda, los responsables del despliegue de sistemas de IA de alto riesgo utilizarán la información facilitada conforme al artículo 13 del presente Reglamento para cumplir la obligación de llevar a cabo una evaluación de impacto relativa a la protección de datos que les imponen el artículo 35 del Reglamento (UE) 2016/679 o el artículo 27 de la Directiva (UE) 2016/680".

53 Los supuestos excepcionales que contempla el RGPD son los siguientes:
a) es necesaria para la celebración o la ejecución de un contrato entre el interesado y un responsable del tratamiento;
b) está autorizada por el Derecho de la Unión o de los Estados miembros que se aplique al responsable del tratamiento y que establezca asimismo medidas adecuadas para salvaguardar los derechos y libertades y los intereses legítimos del interesado, o
c) se basa en el consentimiento explícito del interesado

adecuado para la finalidad prevista del sistema de IA de alto riesgo, de al menos seis meses, salvo que el Derecho de la Unión o nacional aplicable, en particular el Derecho de la Unión en materia de protección de datos personales, dispusiera otra cosa[54].

Por otra parte, y de todo lo que hemos expuesto, se comprueba que el/la DPD de los parlamentos o asambleas legislativas deberá estar plenamente capacitado para comprender y poder evaluar los riesgos asociados con el uso de la Inteligencia Artificial en el tratamiento de datos personales con el objeto de salvaguardar el derecho fundamental a la protección de datos de las personas cuando existan tratamientos de datos personales en el marco de soluciones IA. Esto implicará, sin duda, la exigencia de un aprendizaje continuo y la necesidad de procurar formación adecuada a los/las DPDs de los parlamentos o asambleas legislativas para que a su vez puedan potenciar la cultura de la privacidad y protección de datos ante el impacto de esta tecnología IA en nuestras Cámaras.

La formación y sensibilización sobre el uso y riesgos asociados de la IA con respeto a la protección de datos personales será otra tarea en la que el/la DPD desempeñará un papel fundamental en las Cámaras Legislativas. Así, será esencial que el/la DPD fomente y desarrolle programas de formación específicos para los diferentes niveles de la organización, con el objetivo de que todos los/las empleados/as comprendan sus responsabilidades en relación con la IA y la protección de datos, promoviendo una cultura organizacional en los Parlamentos que valore la privacidad y el cumplimiento de la normativa, especialmente en tecnologías que utilicen IA.

---

54 La valoración y determinación del plazo máximo de conservación de los datos personales es una cuestión ciertamente compleja en la que también deben valorarse los plazos de conservación derivados de las obligaciones legales y las circunstancias específicas de cada asamblea o parlamento, con el objetivo de garantizar la protección de los datos de carácter personal de los afectados en los sistemas IA. Puede verse a este respecto el informe del gabinete jurídico de la Agencia Española de Protección de Datos (AEPD) nº 148/2019, que aborda específicamente una consulta sobre la adecuación a la normativa de protección de datos de la guía de plazos máximos de conservación de datos personales.

IV. CONCLUSIONES

La implantación de los sistemas de IA en los Parlamentos va a suponer un enorme desafío para los/las DPD en el ámbito de la protección de datos personales dada la complejidad que deriva de las múltiples variables que pueden producirse de quién, cómo, dónde y para qué se realiza el tratamiento, y si estos afectan a datos personales, por lo que nos enfrentamos a una casuística difusa que exigirá valorar en cada caso concreto la intensidad de la afección al derecho a la protección de datos personales.

En todo caso, resulta necesario e imprescindible que nuestras Cámaras Legislativas tomen conciencia de la situación que se avecina con los sistemas de IA, que se acabarán implementando en los Parlamentos, y que nos va a afectar en mayor o menor medida a todos, pues como bien resume el profesor COTINO HUESO, uno de los mayores expertos en la materia, y actual presidente de la Agencia Española de Protección de Datos (AEPD) "La sociedad no parece consciente de que éste no es un peaje más del mundo digital, a pagar para disfrutar y seguir zombificados o abducidos con las dichosas redes y plataformas. Tampoco se trata una cesión más de nuestra libertad a favor de la seguridad. Se trata de un auténtico salto cualitativo"[55].

En definitiva, en los próximos tiempos se presenta una tarea ardua y compleja en la que será necesario que todos los colectivos implicados en los parlamentos o asambleas legislativas, particularmente los DPD, participen activamente en aras de conseguir una concienciación de que los sistemas IA pueden entrañar una serie de importantes amenazas a nuestra privacidad y a otros derechos fundamentales básicos, sin perjuicio de las ventajas que, sin duda, nos pueden aportar para mejorar en múltiples campos y que por ello no deben ser estigmatizados.

Por lo anterior, será necesario exigir un compromiso firme en nuestras Cámaras Legislativas para que la implantación de los sistemas de IA sea efectuada con el respeto y las garantías indispensables que hagan conciliable este desarrollo tecnológico con el respeto de sus derechos fundamentales, particularmente el derecho a la pro-

---

[55] Cotino Hueso, L. (2022):78.

tección de los datos personales, para lo que será vital la función de supervisor y garante del DPD de cada Cámara.

En efecto, en las fases de implantación, desarrollo y ejecución de los sistemas de IA en los Parlamentos la figura del DPD está destinada a convertirse en un actor trascendental, como se ha reconocido por la propia AEPD[56] y otros organismos autonómicos análogos[57], implicando nuevas responsabilidades y tareas.

Con la introducción de sistemas de IA en los parlamentos o asambleas legislativas el/la DPD probablemente evolucione hacia un perfil más estratégico y transversal, convirtiéndose en un actor clave en la gobernanza tecnológica en las instituciones parlamentarias.

V. BIBLIOGRAFÍA

DE ALBA BASTARRECHEA, E. (coord.) y otros autores (2013). La protección de datos en el ámbito parlamentario: guía práctica. *Asociación de Delegados y Delegadas de Protección de Datos de Parlamentos (ADPDP)*. Bilbao. 2ª ed.

---

56 En la guía de la AEPD sobre la Adecuación al RGPD de tratamientos que incorporan Inteligencia Artificial (febrero de 2020) ya se declaraba que "[...] el DPD, aun en los casos que no sea obligatorio, puede ser de gran utilidad en aquellas entidades que emplean soluciones basadas en IA y que tratan datos personales, o que desarrollan soluciones de IA que hacen uso de datos personales para el entrenamiento de los modelos. El DPD se convierte en un elemento clave para poder gestionar el riesgo y aplicar de forma efectiva los mecanismos de responsabilidad proactiva. En particular, el artículo 35 identifica al DPD como un rol fundamental en la realización de la EIPD y una de las herramientas para implementar la transparencia de cara al usuario".
Se puede consultar en el siguiente enlace: https://www.aepd.es/guias/adecuacion-rgpd-ia.pdf
[fecha de consulta: 21-4-25].

57 La Autoridad Catalana de Protección de Datos (APDCAT) presentó en el Parlamento de Cataluña en enero de 2025 un modelo pionero en Europa para desarrollar soluciones de inteligencia artificial (IA) respetuosas con los derechos fundamentales declarando que "[...] Con esta finalidad, como ya se ha observado con la aplicación del RGPD, es absolutamente necesario que, desde el primer momento, los delegados de protección de datos se impliquen en las estrategias y proyectos de transformación digital a implementar en cada organización. De esta manera, estos riesgos puedes ser analizados desde el principio y por defecto, y se pueden tomar las medidas técnicas y organizativas necesarias".

COTINO HUESO, L. Y SIMÓN CASTELLANO, P. (dirs.) y otros autores (2024). Tratado sobre el Reglamento de Inteligencia Artificial de la Unión Europea. Aranzadi, p. 162.

COTINO HUESO, L. (2023). Reconocimiento facial automatizado y sistemas de identificación biométrica bajo la regulación superpuesta de inteligencia artificial y protección de datos, en AA.VV.: Derecho Público de la Inteligencia Artificial (coord. por Balaguer Callejón, F. y Cotino Hueso, L.), *Fundación Manuel Giménez Abad,* Madrid, pp. 359 y 381.

COTINO HUESO, L. (2022). Sistemas de inteligencia artificial con reconocimiento facial y datos biométricos. Mejor regular bien que prohibir mal, en *El Cronista del Estado Social,* IUSTEL, monográfico Inteligencia artificial, nº 100, septiembre-octubre 2022, p. 78.

COTINO HUESO, L. (2024). El uso jurisdiccional de la inteligencia artificial: habilitación legal, garantías necesarias y la supervisión por el CGPJ, *Actualidad Jurídica Iberoamericana* nº 21, agosto 2024, ISSN: 2386-4567, p. 505.

MARTÍNEZ DEVIA, A. (2019). La Inteligencia Artificial, el Big Data y la Era Digital: ¿Una amenaza para los datos personales?, *Revista de la Propiedad Inmaterial* n° 27. Enero-junio 2019, p. 7.

MCCULLOCH, W. S. Y PITTS, W. (1943). A logical calculus of the ideas immanent in neurons activity, Bull. Math. Biophys., 5, pp. 115-133.

MENDOZA BALLADARES, C. P. (2024). El rol del delegado de protección de datos en el sector público y el uso de la IA, *Revista Canaria de Administración Pública* (RCAP) nº 4, pp. 282, 285 y 286.

NILSSON, N. J. (1998). Artificial Intelligence: A New Synthesis. Morgan Kaufmann, San Mateo, California.

RICH, E. AND KNIGHT, K. (1991). Artificial Inteligence (second edition). McGraw-Hill, New York, p. 2.

TURING, A. M. (1950). Computing machinery and intelligence. Mind, New Series, Vol. 59, nº 236, pp. 433-460.